현시기 유럽 좌파당 운동

박석삼

타흐리르

현시기 유럽 좌파당 운동

지은이 : 박석삼

초판 인쇄 : 2020. 8. 28.
초판 발행 : 2020. 9. 1

발행인 : 박석삼
발행처 : 타흐리르

출판등록 : 제 301-2012-013 (2012.1.12.)
주소 : 04555 서울 중구 충무로 29, B204 (초동, 아시아미디어타워)
e-mail : pss21pro@gmil.com
*유통문의 : 02-716-5616

값 20,000원

ISBN 978-89-968164-5-4 93300

이 도서의 국립중앙도서관 출판예정도서목록(CIP)은 서지정보유통지원시스템 홈페이지(http://seoji.nl.go.kr)와 국가자료종합목록 구축시스템(http://kolis-net.nl.go.kr)에서 이용하실 수 있습니다. (CIP제어번호 : CIP2020035227)

펴내는 글

이 글은 현시기 유럽 좌파의 존재와 처지에 관한 논의이고, 주로 경험주의적 입장에 서 있는 주류 비교정치학자들에 대한 반론과 좌파적 연구자들에 대한 비판의 형태를 취하고 있다. 이러한 반론과 비판의 근저에 있는 유럽 좌파들의 고민과 실천은 본질상 지구화된 신자유주의 시대의 고민과 실천이고, 사민당이 주류가 되어본 적이 없을지라도 한국의 좌파들도 공유하는 것이다. 그리고 그 근저에는 혁명성과 대중성의 모순이 있다.

혁명성과 대중성의 모순은 좌파의 숙명이기도 하다. 혁명적 시기가 아니면 혁명적 대중도 없고, 혁명적 대중정당도 없고, 혁명적 실천도 없다. 비혁명적 시기에 세상이 바뀌어야 한다고 믿고 혁명을 꿈꾸는 사람들, 그들은 '혁명 없는 혁명가'들이다.

'혁명 없는 혁명가들', 그들은 어떻게 존재하고 어떻게 실천해야 하는가? 조금도 우호적이지 않은 현실에서 자신이 추구하는 이상이 옳다고 믿는 사람들은 불가피하게 경직되어 있고, 방어적이고, 폐쇄적이기 쉽다. 한쪽 끝에는 독선적이고 엘리트적이고 끝없는 자기기만과 자기 위안 속에 사는 사람들이 있다. 다른 한쪽 끝에는 자본이 강요하는 당장의 부당한 현실을 막아내기에도 벅찬 사람들이 있다. 한편에는 언제 올 줄 모르는 생일날에 잘 먹기 위해 한 달 내내 굶자는 사람들이 있고, 다른 한편에는 그날보다 오늘이 절박한 사람들이 있다.

이 글은 자본의 세상이 반드시 바뀌어야 하고 바뀌야 한다고 믿는 사람들을 위한 글이고, 특히 혁명 없는 시기의 진지한 혁명가들을 위해 쓴 글이다. 한편으론 변증법과 총체성에 대한 초보적인 훈련도 되어있지 않으면서 혁명적 언사주의와 엘리트주의에 찌든 혁명 잡상인들이나 페이스북 좌파들을 설득하려는 글이기도 하다.

존재와 현실이란 인간의 의지로부터 독립된 실재이기도 하고, 인간이 그 일부로서 참여하여 만든 실재이자 인간을 제약하는 실재이기도 하다. 인간이 타인 혹은 사회와 맺는 관계 즉 질서와 구조도 같다. 진정한 혁명가란 현실을 인정하지만 굴복하지 않는 것이지 현실에 눈감은 주의주의자들을 가리키는 말이 아니다.

필자의 박사학위 논문(「당운동 접근법과 경쟁관계 접근법을 통해 본 현시기 유럽 좌파당」)을 단행본으로 바꾸어 내는 이 글이 우리 운동의 지적 풍토와 토론 수준의 발전에 조금이나마 기여하길 희망한다.

2020. 8.

저자

목차

표 / 그림 목록

약어표

AAA	Anti-Austerity Alliance, 아일랜드
AKEL	Anorthotiko Komma Ergazomenou Laou/Progressive Party of the Working People, 키프로스
ANEL	Anexartitoi Ellines/Independent Greeks - National Patriotic Alliance, 그리스
Antarsya	Antikapitalistiki Aristeri Synergasia gia tin Anatropi/Anticapitalist Left Cooperation for the Overthrow, 그리스
BE/Bloco	Bloco de Esquerda/Left Block, 포르투갈
C's	Ciudadanos/Citizens, 스페인
CDU	Christlich Demokratische Union Deutschlands/Christian Democratic Union of Germany
CDU	Coligação Democrática Unitária/Democratic Unitarian Coalition, 포르투갈
CPBM/KSČM	Komunistická strana Čech a Moravy/Communist Party of Bohemia/Moravia and Czech Republic, 체코
CPRF/KPRF	Kommunisticheskaya partiya Rossiiskoi Federatsii/Communist Party of the Russian Federation, 러시아
CPSU	Communist Party of the Soviet Union, 구 소련
DimAr	Dimokratiki Aristera/Democratic Left, 그리스
DISY	Dimokratikós Sinagermós/Democratic Rally, 키프로스
DLFP	Democratic League for the Finnish People
EAL/EACL	European Anti-Capitalist Left
EAR	Elliniki Aristera/Greek Left
ECR	European Conservatives and Reformists, 유럽의회 정치 그룹
EDEK	Kinima Sosialdimokraton/Movement for Social Democracy, 키프로스

EL/PEL	Party of the European Left
EL/RGA	Enhedslisten-De Rød-Grønne/Unity List-Red-Green Alliance, 덴마크
EPP	European People's Party, 유럽의회 정치그룹
FdG	Front de Gauche/Left Front, 프랑스
FF	Fianna Fáil/Soldiers of Destiny - The Republican Party, 아일랜드
FG	Fine Gael/Family of the Irish, 아일랜드
FI	La France Insoumise/Unbowed France
GJM	Global Justice Movement
Greens-EFA	Greens-European Free Alliance, 유럽의회 정치그룹
Grexit	Greek withdrawal/exit from the eurozone
GUE/NGL	Gauche unitaire européenne/Gauche verte nordique/Confederal Group of the European United Left/Nordic Green Left, 유럽의회 정치그룹
HSP	Hungarian Socialist Party
ID	Identity and Democracy/far-right, 유럽의회 정치그룹
IMCWP	International Meeting of Communist and Worker's Parties
Initiative	Initiative of Communist and Workers' Party
IU	Izquierda Unida/United Left, 스페인
KKE	Kommounistikó Kómma Elládas/Communist Party of Greece
KPÖ	Kommunistische Partei Österreichs/Communist Party of Austria
KPRF/CPRF	Kommunisticheskaya partiya Rossiiskoi Federatsii/ Communist Party of the Russian Federation, 러시아
KSČM/CPBM	Komunistická strana Čech a Moravy/Communist Party of Bohemia/Moravia and Czech Republic, 체코
KSS	Komunistická strana Slovenska/Communist Party of Slovakia
LCR	Ligue communiste révolutionnaire/Revolutionary Communist League, 프랑스
LO	Lutte Ouvrière/Workers' Struggle, 프랑스
LP	Déi Lénk/the Left, 룩셈부르크

LP	Die Linke/the Left, 독일.
LSP	Latvian Socialist Party
M5S	Movimento 5 Stelle/Five Star Movement, 이탈리아
MeRA25	*M*étopo Evropaikís Realistikís Anypakoís/European Realistic Disobedience Front, 그리스
NATO	North Atlantic Treaty Organization
ND	Nea Dimokratia/New Democracy, 그리스
NGL/NGLA	Nordic Green Left Alliance
NPA	Nouveau Parti Anticapitaliste/New Anticapitalist Party, 프랑스
PAH	Plataforma de Afectados por la Hipoteca/Platform for People Affected by Mortgages, 스페인
PASOK	Panellínio Sosialistikó Kinima/Panhellenic Socialist Movement, 그리스
PBPA	People Before Profit Alliance, 아일랜드
PCE	Partido Comunista de España/Communist Party of Spain
PCF	Parti Communiste Français, French Communist Party
PCI	Partito Comunista Italiano/Italian Communist Party
PCP	Partido Comunista Português/Portuguese Communist Party
PCRM	Party of Communist of the Republic of Moldova
PD	Partito Democratico/Democratic Party, 이탈리아
PdA	Partei der Arbeit der Schweiz/Swiss Party of Labour
PdCI	Partito dei Comunisti Italiani/Party of Italian Communists
PDS	Partei des Demokratischen Sozialismus/Party of Democratic Socialism, 동독
PEL/EL	Party of the European Left
PG/PdG	Parti de Gauche Left Party, 프랑스
Podemos	We Can, 스페인
PP	Partido Popular/People's Party, 스페인
PRC/Rifondazione	Partito della Rifondazione Comunista/Communist Refoundation Party/이탈리아
PSOE	Partido Socialista Obrero Español/Spanish Socialist

	Workers' Party, 스페인
PS	Parti socialiste/Socialist Party, 프랑스
PSR	Partido Socialista Revolucionário/Revolutionary Socialist Party, 포르투갈
PSRM	Party of Socialists of the Republic of Moldova
PvdA/PTB	Partij van de Arbeid van België/Parti du Travail de Belgique/Workers' Party of Belgium
RE	Renew Europe/liberal, 유럽의회 정치그룹
RGA/EL	Enhedslisten-De Rød-Grønne/Unity List-Red-Green Alliance, 덴마크
RLS	Rosa Luxemburg Stiftung
S&D	Progressive Alliance of Socialists and Democrats, 유럽의회 정치그룹
SDRP	Social Democracy of the Republic of Poland
SED	Sozialistische Einheitspartei Deutschlands/Socialist Unity Party of Germany, 동독
SF	Sinn Féin/Ourselves, 아일랜드
SF	Socialistisk Folkeparti/Socialist People's Party, 덴마크
SPD	Sozialdemokratische Partei Deutschlands/Social Democratic Party of Germany
SP	Socialist Party, 네덜란드, 아일랜드
SSP	Scottish Socialist Party
SV	Sosialistisk Venstreparti/Socialist Left Party, 노르웨이
SWP	Socialist Workers Party, 영국
SYN	Synaspismós tīs Aristerás kai tīs Proódou/Coalition of the Left and Progress, 그리스
Synaspismos	Synaspismós tīs Aristerás tōn Kinīmátōn kai tīs Oikologías/ Coalition of the Left, of Movements and Ecology, 그리스
Syriza	Synaspismós Rizospastikís Aristerás/Coalition of the Radical Left, 그리스
UDP	União Democrática Popular/People's Democratic Union, 포르투갈
UP	Unidas Podemos/United We Can, 스페인
V	Vänsterpartiet/Left Party, 스웨덴

VAS	Vasemmistoliitto/Left Alliance, 핀란드
VG	Vinstrihreyfingin-grænt framboð/Left-Green Movement, 아이슬란드
WASG	Arbeit & soziale Gerechtigkeit - Die Wahlalternative/Electoral Alternative for Labour and Social Justice, 독일
WSF	World Social Forum
XA	Chrysí Avgí/Golden Dawn, 그리스
ZL/L	Združena levica/United Left, levica/Left, 슬로베니아

1장

서론

- 글의 대상과 주제

1989-91년 소비에트 블록의 붕괴는 '역사의 종언'과 '대안은 없다'는 전망과 확신을 낳았고, 자본주의와 시장이 승리한 것처럼 보였다. 그러나 1990년대 중반부터 2000년대 초반에 걸쳐 유럽에서는 '좌파의 귀환'이라고 할 만큼 많은 나라(프랑스, 독일, 이탈리아, 스페인, 포르투갈, 그리스, 키프로스, 러시아, 체코, 몰도바)에서 좌파당의 성장이 있었다. 특히 키프로스와 몰도바에서는 공산당이 집권당이 되었고, 러시아와 체코에서는 계승공산당이 제1야당의 지위를 차지하기도 하였다(March 2011; Hudson 2012; March and Keith 2016; Holubec 2016; Chiocchetti 2017). 그리고 2008년 경제위기와 그에 이은 경기 대후퇴Great Recession는 그리스의 씨리자(Syriza, '급진좌파연합'의 그리스어 약자)의 집권은 물론 스페인의 뽀데모스(Podemos, '우리는 할 수 있다'는 뜻), 아일랜드의 신페인(Sinn Féin, '우리 자신'이라는 뜻), 아이슬란드

의 적녹운동(VG) 등의 큰 성장을 보여주었다(Daiber et al. 2012; March and Keith 2016; Príncipe and Sunkara 2016, Amini 2016). (최근 선거에서 그리스와 키프로스에서는 좌파당이 야당으로 밀려나고, 체코와 몰도바에서는 계승공산당이 군소정당으로 전락하였다). 그러나 이처럼 많은 좌파당들의 성장과 성공에도 불구하고 파편화되고 주변화된 수많은 좌파당들이 있다.

돌이켜보면 유럽의 좌파들은 여러 역사적 계기를 거치면서 변화를 강요받거나 주체적인 대응을 통해 다양한 변화를 만들어 내었다. 1917년 러시아혁명 후 사민당과 공산당의 분립과 68혁명 후 1970년대에 녹색당과 유로코뮤니즘의 출현은 물론, 1989-91년 소비에트 블록의 붕괴와 1990년대 신자유주의 지구화와 유럽통합의 과정에서 좌파의 재편/재구성과 새로운 유럽 좌파의 출현이 있었다(Bensaid et al. 2011; Hudson 2012; Heilig 2016). 이에 따라 현시기 유럽 좌파는 전통적인 좌파당만 아니라 여성과 생태 등 신좌파 의제와 결합한 적녹당, 사민당 이탈파와 혁명적 좌파까지 합류한 급진좌파당에 이르기까지 다양한 모습으로 존재하고 있다.

이 글은 이처럼 다양한 모습으로 존재하고 다양한 처지에 있는 현시기 유럽 좌파당 운동의 배후에 있는, 1989년을 경계로 시작된 유럽 좌파의 재편/재구성과 새로운 유럽 좌파의 출현 그리고 1990년대 중반부터 시작된 '좌파의 귀환'과 경기 대후퇴 이후 '일부 좌파의 성장'이라는 현상과 관련하여, 현시기 유럽 좌파당 운동을 어떠한 틀로 파악하고, 좌파당들의 서로 다른 성장과 부진을 어떻게 설명하고 어떠한 교훈을 얻어야 하느냐는 물음에서 시작되었다.

먼저 이 글의 대상인 '현시기 유럽 좌파당 운동'이란, 1989-91년 소비에트 붕괴 이후부터 현재(2019년 말 혹은 코로나 19 발생 이전)까지, 서유럽만이 아니라 동유럽을 포함한 전체 유럽의, 혁명적 좌파를 포함한 모든 좌파의, 당적 실천 혹은 당적 운동을 말한다.

좌파란 흔히 사민주의 왼편에 있는 세력을 지칭하지만, 자본주의의 현실을 비판하고 반대하면서 사회주의의 이상과 가치를 추구한다는 점에서 사민당 또는 다른 정치세력과 구분되는 세력이다. 따라서 이 글은 비계급 정당인 녹색당이나 해적당 그리고 신자유주의를 수용하면서 우경화한 중도좌파인 사민당을 좌파로 보지 않는다. 또한 당이란 자신의 이상 혹은 강령의 실현을 위해 정치권력의 장악을 목표로 하거나 정치권력을 다투는 특수한 사회적 집단인데, 여기에서 사용하는 '좌파당'left party이란 좌파적인 당leftist party 혹은 좌파에 속하는 당을 말한다. 그리고 당적 실천 혹은 당적 운동이란 당이라는 조직적 틀을 통한 혹은 조직적 차원의 실천이나 운동을 뜻한다. 또한 좌파가 아닌 좌파당으로 표현하는 이유는 좌파이지만 당적 수준에 미달하는 세력의 실천을 배제하기 때문이다.

특히 이 글에서는 '당운동'과 '좌파당 운동'이란 개념을 사용하고 있다. 흔히 당/운동 혹은 정당/사회운동을 서로 구분하여 사용하는 경우가 있다. 그런데 운동이란 집단적인 사회적 실천이고, 이 의미에서 정당운동은 사회운동과 대비되는 운동이기도 하고, 사회운동의 특수한 형태이기도 하다. 한편 좌파에게 당이란 조직체이자 운동체 혹은 조직이나 운동이고, 이때 사용되는 운동이란 당적인 실천 또는 당이라는 조직적 차원의 운동을 말한다. 좌파 내에는 공산주의를 추구하면서도 당이라는 조직운동을 거부하는 아나키스트, 생디칼리스트, 평의회 사회주의자 등의 운동이 있고, 이들은 당이라는 조직운동 등에 대해 공산당 운동과 구분되는 운동론을 가지고 있다. 또한 당적인 운동을 추구하는 좌파 내에도 혁명적 전위당 운동을 추구하는 트로츠키주의당, 다당제 민주주의를 수용하고 대중정당을 추구하면서 노동계급의 이해를 대변하는 개혁공산당, 다양한 좌파들이 하나의 당으로 결집한 급진좌파당 등이 있고, 이들은 모두 당과 관련한 운동론이 다르다. 이런 점에서 서로 다른 당운동론을 가진 좌파당들의 실천을 좌파당 운동들로 표현하려는 것이다. 즉 현시기 유럽 좌파당 운동이란 서로 다른 당운동론을 가진 다양한 좌파당들로 이루어진 현시기 유럽 좌파당들의 당적 실천 혹은 당적 운동을 뜻한다.

현시기 유럽 좌파당 운동을 대상으로 하는 이 글은 다양한 모습으로 존재하고 다양한 처지에 있는 현시기 유럽 좌파를 '포괄적이고 체계적으로' 파악하기 위해, 1) 현시기 유럽 좌파당 운동은 어떠한 틀로 파악되어야 하고, 어떻게 규정하고 분류해야 하는가, 2) 현시기 유럽 좌파의 가장 큰 특징을 이루는 새로운 좌파당 운동인 급진좌파당 운동은 어떠한 배경에서 출현하였고 그 보편적인 특질은 무엇인가? 3) 현시기 유럽 좌파는 어떻게 부침해 왔고 그 원인은 무엇인가 혹은 좌파의 귀환과 일부 좌파의 성장 현상과 관련하여 좌파당들의 서로 다른 성장과 부진은 어떤 방법론 즉 어떤 설명요소와 설명틀을 통해 파악해야 하는가? 4) 이런 현상에서 끌어내어야 할 교훈은 무엇인가라는 질문에서 출발하였다.

이러한 질문은 1) 현시기 유럽 좌파의 성격과 구성, 2) 급진 좌파당의 성립계기와 특질, 3) 좌파당 성장의 설명요소와 설명틀, 4) 좌파의 귀환과 일부 좌파의 성장 혹은 좌파당들의 서로 다른 성장과 부진의 설명이라는 주제로 이어진다. 즉 이 글은 현시기 유럽 좌파당 운동의 존재와 처지를 규명하기 위한 관련 주제들에 대한 설명방법의 탐구가 주를 이루고 있다.

현실 속의 좌파는 다양한 좌파 세력들로 이루어져 있다. 좌파들이 나뉘어 있고 그들의 고민과 실천이 서로 다른 것은 운동론과 전략이 다르기 때문이고, 운동론과 전략의 차이란 좌파가 처한 현실 즉 좌파의 존재와 처지 그리고 전망에 대한 평가와 판단이 서로 다르기 때문이다. 따라서 현시기 유럽 좌파의 존재와 처지에 대한 포괄적이고 체계적인 이해를 목표로 하는 이 글은 보다 포괄적인 운동론과 전략의 수립에 도움을 줄 것이다. 전망 또한 존재와 처지에 대한 평가로부터 시작한다는 점에서 이 논의는 중요하다.

- 다양한 논의들

현시기 유럽 좌파(당)에 관한 연구는 2015년 그리스의 Syriza의 집권과 스페인의 Podemos의 성공을 계기로 많은 연구들이 쏟아지고 있지만 대부분 사례연구나 소개에 그치고 있다. "급진좌파에 대한 체계적인 연구에 관여하는 연구자는 아직 거의 없다"는 류크 마치와 다니엘 케이스(Luke March and Daniel Keith 2016: 2)의 주장처럼 현시기 유럽 좌파를 포괄적이고 체계적으로 파악하려는 노력은 매우 드물다. 이렇게 된 이유에는 '역사의 종언'이라는 전망이 나올 만큼 좌파의 영향력이 축소되어 학술적 관심이 적었기 때문이다(March 2011: 1-6).

한편 좌파적 입장의 연구자들은 전체 좌파의 전략적 고민과 실천 혹은 특정한 좌파당들의 사례연구에 집중하는 경우가 많았고 전체 좌파당 운동을 포괄적이고 체계적으로 이론화하려는 노력이 드물었다. 좌파적 연구자들의 현시기 유럽 좌파를 포괄적으로 파악하려는 노력에는 1990년대 이후 유럽 좌파의 귀환과 갱신 노력을 분석한 케이트 허드슨(Kate Hudson 2000, 2012), 전체 유럽 좌파당들의 연구보고서인 코넬리아 힐데브란트와 비어길 다이버(Cornelia Hildebrandt and Birgit Daiber 2009)와 비어길 다이버, 코넬리아 힐데브란트와 아나 스트릳호스트(Birgit Daiber, Cornelia Hildebrandt and Anna Striethorst 2012), 경기대후퇴 이후 유럽 좌파를 분석한 바박 아미니(Babak Amini 2016), 유럽 좌파당 운동의 역사적 맥락을 조망한 도미닉 하일리히(Dominic Heilig 2016), 1989년 이후의 서유럽 좌파의 성장과 부진을 분석한 빠올로 키오케티(Paolo Chiocchetti 2017) 등이 있는데, 키오케티(2017)를 제외하면 이론적 틀을 동원한 체계적인 연구라고 보기 어렵다.

이 글의 주제와 관련하여, 2000년대 초반부터 유럽 좌파당에 대해 선구적으로 그리고 왕성한 연구작업을 하고 있는 비교정치학자인 류크 마치(Luke March)와 그의 동료들은 관련 논의에서 주류를 이루고 있다(March and Mudde 2005; March 2008, 2011, 2012; Bale and Dunphy 2011; March and Keith 2016).

특히 류크 마치(March 2011)는 극단좌파extreme left는 물론 동유럽 좌파까지 포괄한 연구에서 좌파의 귀환을, 그리고 류크 마치와 다니엘 케이스(Luke March and Daniel Keith 2016)는 경기 대후퇴 이후 일부 좌파의 성장을 분석/평가하고 있다. 이를 위해 전체 유럽 좌파를 규정짓는 정의와 분류 그리고 좌파당들의 성장요인을 분석한다. 마치 등의 이런 작업은 좌파당 운동의 현실과 흐름을 분석/평가하고 전망을 세우려고 하는 좌파적 연구자들의 연구대상이나 연구주제와 겹친다.

이를 좀 더 살펴보면, 마치 등은 사민주의 왼편의 세력을 '급진좌파'radical left로 부르면서 "반자본주의적이지만 반민주주의적이지는 않은" 정치세력으로 정의한다(March and Mudde 2005: 24-25; March 2011: 8-9). 이러한 정의들은 많은 비교정치학자들이 수용하고 있고 심지어 좌파적 연구들에서도 빈번하게 인용되는 통설의 지위에 있다(Chiocchetti 2017: 9-11; Amini 2016: 12).

또한 마치 등은 사민주의 왼편의 세력을 이데올로기를 기준으로 몇 개의 하위그룹으로 나눌 수 있는 '하나의 당가족'a party family이라고 주장한다(March 2011: 15-20; March and Keith 2016: 5). 이에 대해 좌파의 정의나 분류 기준에 관하여는 일부 반론이 있기는 하지만, 좌파가 하나의 당가족이라는 주장은 대체로 수용되고 있다(Daiber et al. 2012; Gomez at al. 2016; Chiocchetti 2017).

나아가 마치와 케이스는 현시기 "수많은 좌파당들이 포퓰리스트적 반기득권층 호소를 사용하고 있다"고 주장하고, 좌파당을 행위자로 보면서 좌파당의 성장요인을 내외의 수요와 공급요인으로 나누어 파악하는 방법론을 적용하여, 좌파당의 성장에는 경제위기(수요요소)와 포퓰리즘(공급요소)이 큰 기여를 하였다고 주장한다(March 2011: 25-44; March and Keith 2016: 9-17, 360-377). 그리고 지오르고스 카쌈베키스와 알렉싼드로스 키웊키올리스(Giorgos Katsambekis and Alexandros Kioupkiolis 2019)의 공동연구는 현시기 유럽 좌파당들의 성격과 전략과 실천을 포퓰리즘의 틀로 분석하고 있다. 한마디로 말하면 카스 무데(Cas Mudde 2004)가 포퓰리즘을 시대정신이라고 주장한 이래 비교정치학계에서는 현시기 유럽 좌파당 운동을 포퓰리즘의 틀로 분석하는 것이 대유행이다.

그런데 현시기 유럽의 수많은/대부분의 좌파당들이 포퓰리즘을 채택하였다든지, 포퓰리즘이 좌파당의 성장에 큰 영향을 끼쳤다는 주장은 좌파적 정서를 가진 사람들은 동의하기 어려운 것인데, 이에 대한 체계적 반론이 아직 없다.

마치 등의 주장을 요약하면, 현시기 유럽 좌파는 이데올로기를 기준으로 분류할 수 있는 하나의 당가족이며, 반자본주의적이지만 반민주주의적이지 않고, 대부분 포퓰리즘을 채택하고 있으며, 좌파당의 성장에 포퓰리즘이 큰 영향을 미쳤다는 것이다. 이런 주장을 뒷받침하는 이들의 방법은 당가족 접근법, 이데올로기 접근법, 행위자 접근법, 포퓰리즘 접근법으로 부를 수 있다.

한편 빠올로 키오케티(Paolo Chiocchetti)는 급진좌파란 중기적으로 반신자유주의 강령을 채택한 사민주의와 구분되는 경향을 이루는 계급좌파라고 정의하면서, 각국 좌파들의 합으로 이루어진 전제 서유럽 좌파를 '새로운 급진좌파 당가족'으로 파악한다(Chiocchetti 2017: 3, 8). 즉 키오케티는 현시기 유럽 좌파를 하나의 당가족으로 보면서도 마치 등과 달리 이데올로기가 아니라 반신자유주의를 중심으로 파악하면서, 좌파 내부의 차이를 경시하고 1990년대 이후에 출현한 급진좌파당 혹은 좌파통합당 운동을 독립된 당운동으로 보지 않는다. 그는 서유럽 17개국 좌파를 전체와 개별 국가로 나누어 분석하고 여러 설명요소들을 병렬적으로 평가하면서 좌파의 성장요인으로 사회적 동원을 강조하면서도 포퓰리즘이 Syriza와 Podemos의 성장에 기여했다고 평가한다(Chiocchetti 2017: 10, 24, 208). 키오케티의 이러한 방법은 당가족 접근법, 반신자유주의 접근법, 병렬적/종합적 접근법이라고 부를 수 있다.

이처럼 서로 다른 주장과 접근법은 현시기 유럽 좌파당을 포괄적이고 체계적으로 연구하기 위한 분석틀과 관련된 논쟁에서 나온 것이고, 이 논쟁은 좌파의 정의와 분류, 새로운 유형의 좌파(당) 운동에 대한 평가 그리고 좌파당의 성장과 부진을 설명하는 요소와 틀에 관한 논쟁을 포함하고 있다.

그런데 좌파의 정의와 분류에 관하여는 최근에 활발한 논의들이 이루어지고 있지만(Gomez et al. 2016; Katsourides 2016;, Chiocchetti 2017), 좌파당의 성장요소를 포함한 좌파당 운동의 포괄적이고 체계적인 분석은 관련 논의가 광범위할 뿐 아니라 비교적 최근에 시작된 논의이고, 특히 마치 등의 주장과 접근법이 비교적 견고한 이론체계와 방법론을 갖추고 있기 때문에 많은 비교정치학자들이 수용하고 있다.

물론 좌파의 역사 혹은 좌파의 성장과 부진을 평가하는 설명틀이나 설명요소에 관하여 이들과 다른 많은 고찰들이 있기는 하지만, 이론적으로 체계화되거나 정돈되어 있지 않다(Sassoon 2010; Hildebrandt and Daiber 2009; Hudson 2012; Kulke and Khan 2012; Heilig 2016). 그러므로 이 글이 이 주제들에 관하여 기왕의 성과들을 정돈하고 체계화한 독자적인 접근법과 설명틀을 제시하면서 최근에 시작된 이 논쟁에 개입하는 것은 큰 의의가 있을 것이다.

- 방법론과 주장 및 구성

다양한 모습과 다양한 처지에 있는 현시기 유럽 좌파를 포괄적이고 체계적으로 파악하려는 이 글은 마치 등이나 키오케티처럼 좌파 내의 동질성을 강조하는 '당가족 접근법'이 아니라, 좌파에게 있어서 당은 운동이며 좌파당들은 서로 다른 당운동론에 따라 구분되어 활동한다는 점에서 이질성을 강조하는 '당운동 접근법'을 취하고 있다.

그리고 좌파당은 기본적으로 외적 조건에 대응하는 행위자라기보다는 다른 정치세력과 경쟁관계 속에 있는 행위자이자 경쟁자로 파악해야 한다는 입장을 취한다.

이 글의 이런 입장은 '당운동 접근법'과 '경쟁관계 접근법'으로 부를 수 있다. 좌파의 존재와 처지와 관련한 서로 다른 주장의 배경에는 서로 다른 접근법이 작동하고 있다. 여러 소주제에 관한 이 글과 여러 학자들의 서로 다른 입장과 주장과 접근법과 함의는 각 소주제를 다루는 본론에서 보다 자세히 다룰 것이다.

위와 같은 입장과 접근법을 취하는 이 글의 주된 주장을 정돈하면 다음과 같다.

첫째, 현시기 유럽에서 사민주의 왼편에 있는 세력은 급진좌파가 아니라 좌파이며, 급진좌파는 좌파의 일부이다.

둘째, 현시기 유럽 좌파는 당운동론에 따라 '국제적 연계'를 지표로 서로 구분되어 활동하는 혁명적 좌파당, 스탈린주의당, 개혁공산당, 적녹당, 급진좌파당, 좌파 포퓰리스트당의 6개의 '당운동 소가족'으로 이루어진 대가족이다.

셋째, 현시기 유럽 좌파당 운동의 가장 큰 특징을 이루는 '급진좌파당'은 1990년대 이후에 출현하였고, '다양한 좌파가 하나의 당으로 결집한' 새로운 유형의 당운동 소가족이고, 본질상 지구화된 신자유주의 시대에 채택된 좌파통합당 운동이며, '사회주의 위신의 추락', '노동계급의 구성과 위상의 변화', '신자유주의 지구화와 유럽통합'이라는 세 가지 성립계기가 있고, 개량과 혁명의 이분법의 폐기, 당 내외의 다원주의의 수용과 민주집중제의 폐지, 신좌파 의제의 수용을 특질로 한다.

넷째, 좌파당들의 서로 다른 성장과 부진은, 1) 역사적 배경과 제도 위에서 형성되어 온 지역별로 서로 다른 '경쟁관계'와, 2) 여기에 장기적이고 점진적인 영향을 미치는 '잠재적 지지계층의 변화', 그리고 3) 단기적으로 급속한 영향을 미치는 '계급투쟁'의 세 축을 통합한 '경쟁관계 접근법'으로 설명된다.

다섯째, 현시기 유럽 좌파당 운동은 포퓰리즘의 틀로 파악할 이유나 가치가 없고, 현시기 유럽 좌파당들의 성장에 포퓰리즘이 기여했다는 주장은 Podemos의 경우를 제외하고는 수용되기 어렵다.

여섯째, 2차대전 후 형성된 '노동계급의 지지유형'의 차이에 따라 남부유럽에서는 공산당이, 중부유럽에서는 녹색당이 그리고 북부유럽에서는 적녹당이 성장하였고, 동부유럽에서는 '구 공산당 해체유형'의 차이에 따라 최소한의 정치적 자산을 가진 계승공산당만이 성장할 수 있었다.

일곱째, 1990년대 이후 유럽 좌파당의 선거실적은 1990년대 말과 2015년의 두 번의 고점이 있다. 전자는 유럽통합 반대, 노동의 탈규제와 복지의 삭감 반대 등 반신자유주의 투쟁에 힘입은 것이고, 후자는 경제위기와 결합된 반긴축 투쟁에 힘입은 것이다. 극우를 포함한 다른 세력과의 관계에서 좌파의 성장을 결정짓는 요소는 '계급투쟁'이고, 적녹당과

> 녹색당의 서로 다른 성장과 부진 그리고 좌파당들 사이의 서로 다른 성장과 부진을 결정짓는 요소는 '잠재적 지지계층'과 결합하는 능력이다.

이 책의 구성은, 1장 서론과 6장 결론을 제외하면, 2장과 3장은 현시기 유럽 좌파의 존재와 그 특수성을 규명하기 위한 논의이다. 특히 2장은 현시기 유럽 좌파의 성격과 구성 즉 좌파의 정의와 분류에 관한 논의이고, 이와 관련된 좌파, 급진좌파, 당가족 등의 개념에 대한 논의를 포함하고 있다. 3장은 현시기 유럽 좌파당 운동의 가장 큰 특징을 이루는 급진좌파당의 성립계기와 특질에 관한 논의이다. 4장과 5장은 현시기 유럽 좌파의 처지에 관한 논의인데, 4장은 좌파당들의 서로 다른 성장과 부진을 설명하려는 설명요소와 설명틀에 관한 논의이고, 포퓰리즘과 경쟁관계 접근법에 관한 논의를 포함한다. 5장은 경쟁관계 접근법을 적용하여 좌파당들의 서로 다른 성장과 부진을 설명하는 것과 이 과정에서 경쟁관계를 유형화하고 사례분석을 통해 좌파당들의 성장에 기여한 요소와 교훈을 추출하려는 논의로 이루어져 있다. 끝으로 6장 결론에서는 이상의 논의를 종합하고 이 글의 의의와 한계를 서술할 것이다.

2장

현시기 유럽 좌파의 성격과 구성: 좌파와 급진좌파의 정의와 분류

이 장의 주제인 현시기 유럽 좌파가 어떻게 존재하고 있는가는 현시기 유럽 좌파당 운동을 어떻게 파악할 것인가 혹은 어떠한 틀로 파악할 것인가의 문제와 긴밀한 연관이 있다. 즉 이 주제는 현시기 유럽 좌파의 성격과 구성에 관한 논의인데 이 논의는 좌파와 급진좌파의 정의와 분류에 관한 논의로 치환된다. 그 핵심은 1) 사민주의 왼편의 세력을 좌파로 부를 것인지 급진좌파로 부를 것인지, 2) 이 세력의 성격 혹은 정의는 무엇인지, 3) 이 세력이 하나의 당가족a party family으로 볼만큼 비교적 동질적인 집단인지 이질적인 집단인지, 4) 이 세력은 어떻게 구성되어 있는지, 혹은 어떤 기준으로 분류해야 하는가이다. 이들 여러 쟁점에 대해 다양한 주장이 있고 각각의 주장은 서로 다른 접근법을 가지고 있다. 따라서 이 장의 목표는 이들 쟁점에 대한 설득력 있는 대안과 접근법을 찾는 것이다.

2-1. 좌파와 급진좌파의 외연과 성격

- 좌파와 급진좌파의 외연

류크 마치와 다니엘 케이스는 극단좌파extreme left를 포함하는 극좌파far left를 대체하는 개념으로 급진좌파radical left를 도입하고 사민주의 왼편의 모든 세력을 하나의 당가족으로 보면서 급진좌파 또는 급진좌파당(radical left party: RLP)으로 부르고 있다(March and Keith 2016: 5; March 2011: 7-9, 15).

그러나 대부분의 좌파들은 사민주의 왼편에 있는 다양한 세력들을 모두 수식어 없는 '좌파'left로 부르고, 급진좌파당으로 불리는 새로운 유형의 당에 대해서는 신좌파(New Left/new left)와 구분하여 새로운 좌파당(new party of the left, new Left party)으로 표시한다. 예를 들어 공산주의적 입장에서 쓴 케이트 허드슨(Kate Hudson 2012)의 책 제목은 *The New European Left*이고, 독일 좌파당(Die Linke)의 연구소인 로자 룩셈부르크 재단(RLS)에서 발간된 도미닉 하일리히(Dominic Heilig 2016)의 연구논문의 제목은 *Mapping the European Left*이고, 역시 RLS에서 출판한 유럽 22개국의 정당과 정당연합에 대한 사례연구집인 *The Left in Europe*(Hildebrandt and Daiber 2009)을 보면 급진좌파라는 개념을 매우 제한적으로 사용하고 있다. 또한 제4인터내셔널 계열에서 발간한 *New Parties of the Europe*(Bensaid et al. 2011)의 서문의, "이 과정[사민당의 우경화 등]은 급진좌파와 혁명적 맑스주의자들이 채워야 할 의무가 있는 사민주의 왼편의 정치적 공간을 열었다. … 필요한 것은 독립적인 노동계급을 대변하는 급진좌파와 맑스주의 좌파 둘 다 포용하는 넓은 다원주의적 당들이다"라는 프레드 레플라(Fred Leplat 2011)의 언급에서 보듯, 급진좌파는 혁명적 맑스주의자들이나 맑스주의적 좌파와 구분되는 새로운 좌파 즉 좌파의 일부를 지칭하는 말로 사용되고 있다.

그런데 RLS에서 발간된 유럽 좌파당에 대한 2차 분석보고서(Daiber et al. 2012)의 편집자 서문을 보면 "우리의 탐구는 사민주의와 녹색 대안 가족을 제외한 스스로의 규정에 따라 정치적 좌파에 속한다는 좌익left wing 정당들로 한정한다. 우리는 이들을 좌파당left parties으로 부른다. 약 60개 당이 이 당가족의 일부로 간주될 수 있다"고 하면서 사민주의 왼편을 모두 좌파로 부르고 하나의 당가족으로 간주한다. 그러면서 급진좌파당란 용어를 별다른 정의 없이 사용하고 있고, 동 보고서의 제목도 동일한 대상을 다루고 있는 1차 보고서(Hildebrandt and Daiber 2009)의 '유럽 좌파'와 달리 '유럽의 급진좌파당'이란 표현을 사용하고 있다. 또한 2차 보고서의 저자들 중에는 좌파와 급진좌파를 명백히 구분하여 사용하기도 하고 그렇지 않은 경우도 있다.

즉 대부분의 좌파들은 사민주의 왼편에 있는 다양한 세력들을 수식어 없는 좌파로 그리고 급진좌파는 좌파의 일부를 지칭하는 데에 반해, 마치 등 비교정치학자들은 사민주의 왼편을 모두 급진좌파(당)로 부르고 있고, 좌파 내부에서도 마치 등의 용법을 수용하는 경우가 늘어나고 있다. 따라서 이 개념의 외연과 내포가 같지 않은 데서 오는 혼동이 있다.

이 개념의 수용과정을 보면, 마치와 무데(March and Mudde 2005)의 논문 제목인 "Towards a New Radical Left"를 보면 급진좌파radical left를 보통명사로 취급하고 있는데, 마치(2009)의 "Contemporary far left parties in Europe"라는 논문 제목이나 마치(2011)의 저서 제목(*Radical Left Parties in Europe*)을 보면 사실상 동일한 대상에 대한 호칭이 새로운 급진좌파 > 극좌파 > 급진좌파(new radical left > far left > radical left)로 바뀌고 있다. 즉 새로운 유형의 좌파 혹은 급진좌파당은 1990년대 출현하였지만 급진좌파라는 용어는 2000년대에 사용되기 시작하고 나아가 정착하거나 광범위하게 사용된 것은 2010년대 이후인 것을 알 수 있다. 이러한 점은 유럽 좌파(당)들의 통사인 제프 일리(Geoff Eley 2002)와 도날드 싸쑨(Donald Sassoon 2010)의 저서에서 급진좌파란 용어가 거의 등장하지 않는 데서도 알 수 있다.

'급진좌파'의 본래적인 의미는 혁명적 좌파, 변혁좌파, 급진좌파, 온건(중도) 좌파라는 스펙트럼에서 보는 것처럼 체제에 대한 특정한 태도를 가리키는 말일 뿐만 아니라, 그리스의 Syriza가 완고한 스탈린주의당인 그리스 공산당(KKE)과 혁명적 좌파들과 경쟁하면서 그들과 차이를 드러내기 위해 2004년에 채택한 개념이다. 즉 Syriza의 정식명칭인 '급진좌파연합'(Syriza는 Coalition of the Radical Left의 그리스어 약자)이란 명칭에서 보듯, 급진좌파란 보수적인 좌파와 혁명적 좌파와 구분되는 새로운 세력과 운동을 지칭한다.

마치는 부정적인 의미를 갖는 강성좌파hard left나 극좌파far

left의 대안으로서 급진좌파radical left를 선호한다면서 이 개념이 리챠드 던피(Dunphy 2004: 2)의 변혁좌파transformative left와 유사하다고 말한다(March 2011: 9). 그런데 극좌파는 좌파의 일부이고 따라서 사민당을 포함하는 넓은 의미의 좌파 속에서 보다 왼편의 좌파를 지칭하는 용법이다. 그리고 극좌파는 극단좌파 extreme left를 자신의 일부로 포함할 수 있는 개념이지만 급진좌파는 극단좌파와 서로 충돌하기 때문에 포함할 수가 없다. 이 점은 급진주의와 극단주의는 구분된다는 주장이나 "급진좌파당들은 민주주의를 받아들이지만, 극단좌파당들extreme left parties은 보다 분명하게 혁명적이라고 자기규정을 하고 자유민주주의에 대해 훨씬 큰 적개심을 신봉하고 부르주아 정치세력과의 모든 타협을 비난한다"면서 급진좌파당과 극단좌파당을 구분하는 마치의 설명에서도 명백하다(March 2011: 9, 16-18). 즉 급진좌파는 급진좌파와 극단좌파를 포함한다는 말은 성립할 수가 없음에도 마치는 사전적 정의에서도 성립할 수 없는 분류를 하고 있는 것이다. 예를 들어 영국의 사회주의노동자당(SWP)이나 그리스의 '전복을 위한 반자본좌파연합'(Antarsya)과 같은 혁명적 좌파는 극좌파나 극단좌파로 분류하는 데에 문제가 없지만, 어떤 경우에도 급진좌파의 일부라고 하기 어렵고, 급진좌파를 개량주의로 보는 당사자들은 이런 호칭을 모욕으로 받아들일 수밖에 없다. 또한 완고한 스탈린주의당인 그리스 공산당(KKE)이나 혁명적 좌파들의 우산정당인 안따르시아(Antarsya)가 모두 급진좌파로 분류된다면, Syriza는 스스로를 급진좌파로 불러야 할 이유가 없게 된다.

그리고 "공산당과 신좌파/좌파 사회주의의 물결이 급진좌파 당들을 낳았다"는 라울 고메즈 등(Raul Gomez et al. 2016: 3)의 주장이나, "여러 저자들이 1990년대에 구 공산당 운동은 죽고 묻혔을지라도 새로운 급진좌파 당가족이 그 폐허로부터 태어났다고 주장하기 시작했다(Hudson 2000, 2012; March and Mudde 2005). 이후 이러한 통찰은 수용된 전제가 되었다"는 키오케티(Chiocchetti 2017: 10)의 지적에서 보듯, 이때 급진좌파당이란 구 좌파당 운동과는 구별되는 1990년대 이후에 출현한 새로운 좌파당이다. 그러므로 현시기 유럽 좌파의 성격이 전반적으로 급진좌파적이라는 말은 성립될 수 있지만, 구 좌파당이 여전히 남아 있고 마치와 케이스(2016: 5-8)가 분류한 '혁명적 극단좌파'가 존재하는 한 좌파 전체를 급진좌파로 부르는 것은 무리다.

1990년대 이후 좌파 내에는 혁명적 좌파는 물론 스탈린주의당, 개혁공산당, 적녹당, 급진좌파당 등 다양한 세력이 있다. 그리고 다양한 좌파세력은 선거연합이나 통합정당을 만들 때 수식어 없는 '좌파'left라는 용어를 채택하지 않을 수 없었다. 예를 들어 서독의 사민당 이탈파와 민주사회주의를 표방한 동독 공산당(SED)의 계승당(PDS)이 통합한 독일의 좌파당(Die Linke/The Left)은 물론, 룩셈부르크의 좌파당(Déi Lénk/The Left), 핀란드의 좌파동맹(Vasemmistoliitto/Left Alliance: VAS), 스웨덴의 좌파당(Vänsterpartiet/Left Party: V), 포르투갈의 좌파블록(Bloco de Esquerda/Left Block: BE), 영국의 좌파통합(Left Unity), 슬로베니아의 통합좌파(Združena levica/United Left: ZL), 스페인의 통합좌파(Izquierda Unida/United Left: IU), 프랑스의 좌파전선(Front de Gauche/Left Front: FdG)이 모두 다양한 좌파들이 모인 자신의 정체성을 나타내는 말로 '좌파'를 채택하고 있다. 개혁공산당과 다양한 좌파당이 모인 유럽 좌파당들의 연대기구인 유럽좌파당(Party of the European Left: PEL)도 같은 용법이다. 즉 현시기 유럽에서 사민주의 왼편의 정치세력은 스스로를 좌파로 부르고 있다.

이런 모든 점에서 사민주의 왼편을 모두 급진좌파로 부르는 것은 잘못이고, 수식어 없는 좌파로 부르는 것이 맞고, 이것이 이 개념들의 역사적 맥락은 물론 당사자인 좌파들의 용법에도 맞고, 혼란을 피할 수 있는 유일한 방안이다. 이상으로 급진좌파란 사민주의 왼편에 있는 전체 좌파의 일부로서 1990년대부터 출현하기 시작한 새로운 좌파당 운동이고, 보수적인 공산당 운동이나 혁명적 좌파 운동으로부터 스스로를 구분하는 세력에 한정된 개념임이 분명해졌을 것이다.

- 현시기 유럽 좌파의 성격과 정의

마치 등은 사민주의 왼편에 있는 세력을 급진좌파로 부르면서, 급진좌파를 "급진주의란 정치체제의 발본적인 체제 변화를 향한 이념적이고 실천적인 지향"이라는 사전적 정의에서 출발하여 "반자본주의적이지만 반민주주의적이지는 않은" 정치세력으로 규정한다(March and Mudde 2005: 24-25; March 2011: 1, 8-9; March and Keith 2016: 1).

그러나 급진좌파는 "덜 이념적이고 더 실용적"으로 되었다든지(March 2011: 19; March and Keith 2016: 8), 급진좌파당의 성명서에서 반자본주의가 항상 명료하게 나타나지는 않는다면서, "독일의 좌파당은 사유재산에 대한 입장이나 자본주의 분석과 같은 결정되지 않은 중요한 주제와 함께, 반신자유주의당인지, 반자본주의당인지 혹은 자본주의에 대해 비판적인 당인지에 대하여 근본적으로 불명확하다"는 힐데브란트와 스트릴호스트(Hildebrandt and Striethorst 2010)의 언급의 인용이나(March 2011: 9-10), "반자본주의는 사용하기에 너무 애매하고, 정확하게는 포스트 1989 급진좌파가 일반적으로 약화시켜온 요소들 중의 하나"라는 키오케티(2017: 10)의 주장을 감안하면, 현시기 유럽 좌파의 성격을 반자본주의라고 일률적으로 규정하는 것은 무리라고 해야 할 것이다. 예를 들어 노동계급을 언급하지 않는 좌파 포퓰리스트당인 스페인의 Podemos는 물론 사회당과 상시적으로 협력하면서 체제 내로 제도화된 프랑스 공산당(PCF)이나 사민당의 하위 파트너로 협력하는 북유럽의 적녹당들을 반자본주의당이라고 부르기 어렵다.

한편 "극단주의자는 그 자체로 반민주주의적이고, 급진주의자는 반자유민주주의적이지만 그 자체로 반민주주의적이지는 않다"는 무데(2006)의 주장이나, "선거과정에 정규적으로 참여하는 이들 행위자들의 극단주의의 수준은 의심스럽다"는 마치(2011: 18)의 지적은 혁명적 극단좌파들이 갈수록 소수화되고 주장과 실천도 과격성이 완화되고 있다는 점에서 유의미하기는 하다. 그러나 레닌이 『좌익소아병』(Lenin 1970)에서 혁명적 시기가 아닌 한 공산주의자는 기만적인 의회에도 참여해야 한다고 주장한 이래 좌파들의 선거참여는 자연스러운 것이고, 이것만으로는 민주와 반민주를 가를 수 없다. 오히려 혁명과 전복을 중심으로 하느냐 아니냐에 따라 민주와 반민주를 갈라야 할 것이다. 따라서 영국의 SWP나 그리스의 Antarsya('전복을 위한 반자본좌파연합'의 그리스어 약자)에서 보는 것처럼 혁명과 전복을 주장하는 혁명적 좌파가 여전히 존재하고 있는 것을 부정할 수 없는 한 사민주의 왼편의 좌파를 모두 "반민주주의적이지는 않은" 세력으로 부르는 것은 정당화될 수 없다.

마치 등은 "급진좌파는 평등과 국제주의에 대한 헌신에 의해 좌파이고 자본주의의 근본적 변혁을 열망하기 때문에 급진적이라는 마치와 무데의 정의"에 따라 좌파의 특성으로 국제주의를 강조한다(March and Mudde 2005; March 2011: March and Keith 2016: 5). '만국의 노동자는 단결하라'는 프롤레타리아 국제주의 정신이 좌파의 중요한 가치인 것은 사실이지만 코민테른이나 소비에트 블록의 해체 후 국제당 운동은 사실상 소멸하였고 국제주의는 약화되어 왔다. 유럽의회에서 보듯 유럽의 모든 세력은 정치그룹을 이루어 유럽정치에 대응한다. 이런 대응 외에 2차대전 후나 소비에트 붕괴 후 사민당은 남부유럽이나 동부유럽에 자신들의 세력을 확장하려고 하였고, 녹색당들은 전 지구적으로 자기 세력과 주장을 확장하려고 노력하고 있다. 이와 비교하여 다양한 좌파들이 국제적인 협력과 연대를 도모하는 것을 넘어, 그리고 트로츠키주의자들이 자기 정파를 수출/복제하는 것을 넘어, 과거와 같은 국제공산당 운동이나 좌파운동을 확장하는 데에 열정적이라고 말할 수 없게 되었다. 많은 민족적 좌파나 스탈린주의 계승당들이나 갈수록 일국적 해법을 추구하면서 사민주의 당으로 되어가고 있는 개혁공산당들이 특별히 국제주의적이라고 말하기 어렵다. 그러므로 마치 등이 좌파의 당위를 넘어 현시기 유럽 좌파가 다른 정치세력과 구분되는 특징으로 국제주의를 거론하는 것은 현실과 맞지 않다.

즉 좌파의 반자본주의적 요소와 국제주의적 요소는 일관되게 약화되어 온 요소이고 소수이지만 혁명과 전복을 주장하는 반민주적 세력이 있다. 따라서 현시기 유럽 좌파가 '반자본주의적이지만 반민주주의적이지는 않고 국제주의적이다'는 마치 등의 주장은 좌파 전체에 적용할 수도 없고, 급진좌파에게도 적용할 수 없다.

이아노스 카쑤리데스(Yiannos Katsourides)는 "무엇이 급진좌파를 구성하는지(March 2012: 315-20)에 대한 사실상 상대적인 동의"가 있고, 여러 저자들(March and Mudde(2005: 25), March(2011, 2012), Bale and Dunphy(2011))에 의존하여 급진좌파에 대해 다음과 같은 정의에 도달했다면서, "현존하는 사회적 정치적 엘리트로부터 자원의 대대적인 재분배를 포함하는 대안적인 경제구조와 권력구조를 옹호하면서, 현시기 자본주의의 현존하는 사회경제적 구조와 그 가치와 실천을 거부하는 사민주의 왼편에 있는 당이다"는 마치(2011: 8)의 정의를 그대로 수용하고 있다(Katsourides 2016: 4).

특히 "사회적 정치적 엘리트로부터 자원의 대대적인 재분배를 포함"한다는 주장은 "수많은 급진좌파당들이 포퓰리스트적 반기득권층 호소를 사용하고 있다"는 마치 등의 핵심적인 주장에 기초하고 있다(March 2011; March and Keith 2016: 12). 그런데 특정한 인간이나 계층, 집단이 아니라 사회의 구조적 모순에 비판의 초점을 맞추는 것은 좌파의 오래된 전통이고, 따라서 대부분의 좌파는 지배계급, 자본가계급, 자본가 정당, 자본주의 체제 등에 대립하는 것이지 사회적 정치적 엘리트와의 대립을 중심에 두지 않는다. 따라서 설령 그런 선동의 사례가 있다고 하더라도 이를 보편화시키거나 본질적 특성이라고 할 수는 없을 것이다. (포퓰리즘과 연관된 인민과 엘리트/기득권층의 대립은 4-1절에서 자세히 다룰 것이다). 그리고 대부분의 급진좌파당이 "덜 이념적이고 더 실용적"으로 되었다는 주장을 받아들이면서, 현시기 자본주의의 현존하는 사회경제적 구조와 그 가치와 실천을 비판하거나 반대하는 것이 아니라 '거부한다'reject고 하는 것은 그 자체로 비논리적이다.

바박 아미니(Babak Amini)는 "급진좌파당들은 많은 당들이 사민당들을 좌파에 속한다고 간주하지 않고 따라서 그들은 사민당과의 관련 속에서 항상 자신을 규정하지는 않을지라도 정치적 스펙트럼상에서 사민당의 왼편에 있는 당들이다. … 그들은 반자본주의적이고 친민주주의적이다"라고 말한다(Amini 2016: 12). 그러나 사민당이 좌파에 속하지 않는다면서도 즉 사민당의 왼편에 있는 세력은 좌파뿐인데도 이들을 좌파가 아니라 급진좌파로

부르는 것은 잘못이고, 좌파가 자기를 다른 세력 즉 사민당과의 관계에서 규정하고 있지 않다면서도 이를 준거로 제시하는 것은 논리를 포기한 것이다.

한편 키오케티는 급진좌파를 하나의 당가족으로 다루면서도 마치 등과는 달리 사실상 급진좌파가 경시하여 온 반자본주의를 지표로 급진좌파를 규정할 수 없으며 사민주의 왼편의 계급좌파 class left와 반신자유주의를 준거로 제시한다(Chiocchetti 2017: 9-10). 그러나 좌파를 사민주의와의 관계 속에서 규정할 이유가 없고, 특히 급진좌파를 계급좌파로 볼 때 급진좌파의 중요한 특징 중의 하나인 비계급적 의제인 여성과 생태 의제를 수용한 것을 설명할 방법이 없다. 생태사회주의자들이 노동계급의 헤게모니를 부정하면서도 사회주의를 이상으로 제시할 수 있는 것은 자본주의적 생산방식이나 체제가 낳는 불합리에 착목하기 때문에 가능한 것이다. 즉 좌파의 규정에서 자본주의를 중심에 둠으로써 자본주의가 낳은 불의와 불합리에 저항하는 세력이 될 수 있는데, 구좌파처럼 단순히 노동계급을 중심에 두고 좌파를 규정하면 비계급적 의제가 탈락된다.

좌파가 항상 다른 정치세력과 구분되는 것은 자본주의와 사회주의에 대한 태도에서 다르기 때문이다. 그리고 이 태도는 끊임없이 변하여 왔다. 과거의 좌파가 '현 사회의 주된 문제점의 근원을 자본주의 체제에서 찾고 자본주의에 반대하고 사회주의를 추구하는 세력'이었다면, 현시기 유럽 좌파들은 자본주의에 대한 태도에서 그 정도에 따라 회의하고, 비판하고, 반대하고, 거부하고, 도전하는 세력으로 나누어져 있고, 급진적 개조, 근본적 변혁, 혁명 등으로 처방이 다르고, 선거와 의회 내에서의 투쟁, 거리에서의 투쟁, 반란과 봉기 등 이행의 전망과 전략이 서로 다른 다양한 세력들이 모여 있다.

자본주의에 대한 다양한 태도 즉 반자본주의와 반신자유주의를 포괄하는 입장은 자본주의 체제가 아니라 자본주의의 현실을 비판하고 반대한다는 점이다. 그리고 많은 좌파들이 사회주의를 선반 위에 올려놓았든지 그렇지 않든 간에 그들에게 공통적인 점은 사회주의의 이상과 가치를 추구한다는 점이다. 여기서 사회주의가 아니라 사회주의의 이상과 가치라고 표현하는 것은 소비에트 사회주의, 민주사회주의, 생태사회주의, 자주관리 사회주의, 시장사회주의, 민주적 계획경제 등등 사회주의의 내용과 운영원리에 대해 좌파 내부의 합의가 없고 실천의지도 다양하고 따라서 공유하는 것은 연대와 평등이라는 사회주의에 대한 이상과 가치이기 때문이다. 유럽 좌파당들의 연대기구인 유럽좌파당(PEL)이 합의한 5대 공동의제는 "평화, 민주주의, 사회정의, 성평등과 자연 존중"이다(Heilig 2016). 즉 31개 좌파당이 모였지만 이들이 합의한 것은 사회주의가 아니라 사회주의자들이 동의할 수 있는 이상과 가치들이다. 사회정의와 여성주의, 생태주의 등을 내세우는 적녹당들의 강령도 마찬가지다. 이것이 현시기 대다수 유럽 좌파들이 공유하거나 합의한 정체성이다.

요약하면 현시기 유럽 좌파가 중기적으로 반신자유주의 전략을 채택한 사민주의 왼편의 계급좌파라는 키오케티의 정의는 긍정적인 점이 많지만, 좌파를 사민주의와의 관계에 의지하여 정의할 이유가 없고, 현시기 많은 좌파들이 비계급적 의제를 수용하고 있기 때문에 계급이 아니라 자본과의 관계에서 정의되어야 하고, 좌파가 타 정치세력과 구분되는 사회주의에 대한 태도를 포함해야 한다. 그러므로 '현시기 유럽 좌파는 자본주의의 현실을 비판하고 반대하면서 사회주의의 이상과 가치를 추구하는 세력'이라는 정의를 대안으로 제시한다.

2-2. 좌파의 구성과 분류를 둘러싼 논의

- 당가족 접근법에 대한 비판

당가족party family이란 비교정치학에서 사민당이나 녹색당 등 동일한 정체성 또는 유사성을 갖는 여러 나라의 당들을 하나의 가족으로 묶어 파악하는 비유적 개념이다. 피터 메어와 카스 무데(Peter Mair and Cas Mudde 1998)는 정당정치의 비교연구를 위해 '당가족'이라는 개념의 역할과 유용성을 강조하면서, 기왕에 제출되었던 당가족을 분류하는 지표들을 4가지(당의 기원과 사회학sociology[당들은 역사적으로 형성된 사회 내의 다양한 균열의 반영이라는 의미], 국제적 연계international links, 정책과 이데올로기, 당의 이름)로 분류하여 장/단점을 평가한 뒤에 당가족들을 구분하는 지표로 그 중 당의 기원과 이데올로기를 중심축으로 나머지를 보조축으로 삼을 것을 제안했다. 즉 이것은 당가족들 간의 경계에 관한 논의이다.

또한 메어와 무데(Mair and Mudde 1998)에서 보듯, 예를 들어 보수당, 자유당, 기민당, 사민당의 경우처럼 유럽의 여러 나라에서 같은 이름의 당 또는 비슷한 이름과 성격의 당이 나타나는 것은 이들 나라의 사회의 핵심적인 균열 구조cleavage structure가 비슷하기 때문인데, 이것을 슈타인 로칸(Stein Rokkan 1970)의 '균열cleavage 모델'로 부르고, 폰 바이메(von Beyme 1985)는 분류의 기준으로 이데올로기를 비판하면서 '가족정신'familles spirituelles을 강조한다.

> 어떤 당들이 급진좌파인가? 나는 주로 이데올로기적 유사성affinity에 따라 급진좌파당들을 식별하겠다. 물론 당의 기원, 역사적 전통, 국제적 연계를 포함하는 다른 방법도 있다. 어쨌든 이데올로기에 집중하는 것('당가족' 접근법the 'party family' approach)이 선거전술이나 특별한 정책적 지향의 점에서 당이 무엇을 하느냐는 단기적인 문제보다 이데올로기와 전략과 정체성이라는 점에서 당은 무엇이냐는 장기적인 문제에 집중하는 장점이 있다(Mair 1997: 20-24; Mair and Mudde 1998). … 어쨌든 당들의 자기규정과 국제적 연계도 이 문제를 명료화하는 데 도움을 준다(March 2011: 15).

마치는 이런 접근법에 따라 급진좌파를 이데올로기적 입장에 따라 4개의 주된 하위 그룹sub-group(공산주의, 민주사회주의, 포퓰리스트 사회주의, 사회적 포퓰리스트)으로 나누었는데(March 2011: 16), 마치와 케이스는 "포퓰리즘의 횡단적 성격 때문에 (교조적인 그리스 공산당(KKE)과 아일랜드의 사회당(SP)과 같은 트로츠키주의당들을 포함하는) 수많은 급진좌파당들이 포퓰리스트적 반기득권층 호소를 사용하고 있기" 때문에 포퓰리스트를 따로 구분하지 않는다면서 "급진좌파의 하위 유형subtype을 보수적 공산주의, 개혁공산주의, 민주사회주의, 혁명적 극단좌파"로 수정하였다(March and Keith 2016: 8-12).

이 표현들만 보면 사민주의 왼편의 세력을 하나의 당가족으로 보는지 애매한데, "뒤의 저자들[March and Mudde 2005; Bale and Dunphy 2011]처럼 급진좌파당들이 현재 무관심에서 비교정당학의 중심으로 되는 것을 정당화할 만큼 충분한 공동의 정책과 실천을 가진 하나의 정상적인 당가족을 구성한다"는 주장이나(March 2011: 7), "급진좌파를 당가족으로서 개념적 명료함을 주는" 연구로 마치(2011)를 거론하는 점이나, "급진좌파 당가족의 핵심 멤버에 대한 일반적인 동의가 있다"는 표현 등을 보면(March and Keith 2016: 2, 5), 마치 등이 급진좌파당들을 사민당 당가족이나 녹색당 당가족과 대비되는 하나의 당가족으로 간주하는 점은 분명하다.

달리 말하면 마치 등은 사민주의 왼편의 세력을 좌파가 아니라 급진좌파로 부르기 때문에, 마치 등의 급진좌파에 대한 연구와 주장은 사민주의 왼편에 있는 좌파의 일부가 아니라 좌파 전체에 대한 연구이고 주장일 뿐만 아니라, 전체 좌파를 이데올로기를 지표로 몇 개의 하위 유형으로 나눌 수 있는 하나의 당가족으로 보는 입장이다(당가족 접근법).

또한 당가족의 네 가지 분류지표(당의 기원과 사회학, 국제적 연계, 정책과 이데올로기, 당의 이름) 중 이데올로기와 당의 기원을 중시하는 메어와 무데의 접근법은 당가족들 간의 경계에 관한 논의인데 마치는 이를 좌파 내의 분류에 적용하였다. 그러면서 동독 공산당(SED)의 계승당(PDS)과 서독의 사민당 이탈파(WASG)가 통합한 독일 좌파당(Die Linke)의 경우처럼 다양한 기원을 가진 좌파들이 하나의 당으로 결집한 경우가 많아지고 있기 때문에 당의 기원을 부차화하면서 이데올로기를 가장 중요한 지표로 삼은 것이다(March 2011: 15-16)(이데올로기 접근법).

당가족들이 이데올로기를 포함한 여러 지표들에서 구분되는 것은 확실한데, 다시 하나의 당가족의 성원들을 이데올로기로 구분할 수 있다는 자체가 좌파가 하나의 당가족을 이룬다는 주장과 충돌한다. 마치 등이 급진좌파당이나 급진좌파 당가족이 아니라 한사코 "급진좌파를 분류한다"(March 2011: 15-16; March and Keith 2016: 8)고 표현한 것도 당가족의 경계와 구성에 관한 이론상의 충돌을 의식했기 때문인 것으로 보인다.

그런데 어떤 경우에건 하나의 당가족이란 다른 당가족과 구분되는 정체성이 있어야 될 뿐만 아니라 가족이라는 개념 자체가 내포하는 것처럼 같은 당가족들 간에는 유사성이나 가족정신이 있어야만 한다. 그렇다면 현시기의 유럽 좌파가 하나의 당가족을 이루고 있는가가 문제가 된다.

2차대전 이전은 물론 68혁명 때까지 사민주의 왼편의 좌파는 수적으로 극히 미약한 트로츠키주의자들을 제외하면 사실상 공산당밖에 없었다. 또한 스탈린주의자건 트로츠키주의자건 간에 그들은 모두 맑스레닌주의자를 자처했다. 이때 좌파 전체를 하나의 당가족으로 보는 것은 큰 무리가 없었다. 그러나 68혁명 이후 혹은 1989-91년 소비에트 블록의 붕괴 이후 공산당이 프롤레타리아 독재와 혁명의 문제를 둘러싸고 분열하거나 공산당의 좌우에서 새로운 좌파세력과 당이 출현하였다. 일국일당 원칙에 따라 한 나라에 하나의 당 즉 공산당밖에 없던 시절과 달리 오늘날 유럽의 여러 나라에서는 서로 격렬하게 비난하고 경쟁하고 배척하는 다양한 좌파당들이 활동하고 있다. 예를 들어 완고한 스탈린주의당(KKE)과 혁명적 좌파세력(Antarsya)과 급진좌파당(Syriza)이 격렬하게 경쟁하는 그리스, 완고한 공산당(PCP)과 급진좌파당(BE)이 경쟁하는 포르투갈, 개혁공산당(PCF)과 혁명적 좌파당들(LCR/NPA, LO)과 범좌파당(PG)이 경쟁 또는 공존하는 프랑스, 좌파 포퓰리스트당(Podemos)은 물론 개혁공산당(PCE)과 다양한 좌파당들이 선거연합(IU)을 이루어 공생하는 스페인이 그렇다. 프롤레타리아 국제주의에 입각해서 만국의 노동자는 단결해야 하지만, 현실은 이처럼 서로 배척하고 경쟁하고 협력하는 다양한 좌파당들로 이루어져 있다.

유럽 여러 나라에 존재하는 기민당, 사민당, 녹색당과 같은 당가족들은 뚜렷한 정체성과 동류의식을 공유하고 있고, 가족 내에서 서로 비난하고 경쟁하는 당들로 이루어져 있지 않다. 이들은 하나의 당가족으로 묶어도 문제가 없지만, 신자유주의를 포함하여 자본주의의 현실을 비판하고 반대한다는 점에서는 일치하지만, 각 당이 갖는 정체성이나 다른 당들에 대한 평가 때문에 서로 뚜렷이 구분되고 서로 비난/배척하는 관계에 있는 좌파당들을 통상적인 의미에서 하나의 당가족으로 보기 어렵다.

그리고 혁명당을 고수하는 영국의 트로츠키주의당인 SWP나 맑스레닌주의의 진정한 후계자임을 주장하는 그리스의 완고한 스탈린주의당인 KKE, 의회주의를 중심에 두는 독일의 좌파당이나 노동계급 헤게모니와 계급정치를 거부하는 스페인의 Podemos를 하나의 당가족으로 간주하는 것은 무리할 뿐만 아니라 실익이 없다.

무엇보다 중요한 점은 지난 수십 년 동안 격렬하게 대립하면서 분열되어 있는 현실 속의 좌파들을 하나로 묶어서 파악하려고 하는 순간 "덜 이념적이고 더 실용적"이라는 평균적인 평가나 과도한 일반화의 문제뿐만 아니라, 차별성보다 동질성을 강조함으로써 좌파당들이 어떻게 발전해왔고 앞으로 어떻게 발전해갈 것인지에 대한 방향성을 놓칠 위험이 있다. 이러한 위험은 현시기 유럽 좌파를 각국 좌파들의 합으로 이루어진 전체 서유럽 급진좌파 당가족이라는 틀로 파악하는 키오케티(2017)의 경우도 마찬가지다.

이로써 서로 대립하고 배척하면서 경쟁하는 현실 속의 좌파를 하나의 당가족으로 보는 것은 유사성과 가족정신을 전제하는 당가족이라는 개념의 통상적인 관행에 반할 뿐만 아니라, 동질성을 우선하면서 차별성을 경시할 위험 때문에, 즉 현실과도 맞지 않고 실익도 없기 때문에 동의될 수 없다고 할 것이다.

그러므로 서로 배척하고 경쟁하는 다양한 좌파들로 이루어진 현시기의 유럽 좌파는 다른 정치세력과 비교하여 하나의 당가족이 아니라 여러 소가족으로 이루어진 대가족으로 보아야 할 것이다. 그리고 하위 유형으로 이루어진 하나의 당가족이나 소가족으로 이루어진 대가족이나 모두 비유적 개념인데, 전자가 동질성을 전제한다면 후자는 이질성을 강조한다는 차이가 있다.

- 좌파의 분류지표에 관한 다양한 논의들

좌파가 하나의 당가족을 이룬다는 주장은 지지될 수 없다고 밝혔지만, 좌파를 하나의 당가족으로 보든 안 보든 좌파가 어떻게 구성되어 있는가 혹은 어떻게 분류할 것인가는 현시기 좌파당 운동을 어떻게 파악할 것인가와 관련된 중대한 문제이다.

좌파는 분류의 목적이나 좌파당 운동에 대한 관점에 따라 이데올로기, 체제에 대한 태도나 전략, 조직의 구성과 운영원리, 지향, 가치, 당의 기원, 국제적 연계 등등의 지표를 단독 또는 조합하여 다양한 분류가 가능하다. 따라서 예를 들어 영국의 트로츠키주의당인 SWP와 같은 혁명적 좌파들처럼 체제에 대한 태도를 기준으로 자신들의 오른편을 사회개량주의와 사회자유주의로 구분할 수도 있고, 제4인터내셔널의 베어틸 비데(Bertil Videt 2011)의 주장처럼 개량과 혁명으로 나누는 것이 아니라 반자본주의당과 반신자유주의당으로 나눌 수도 있고, 앞서 언급한 메어와 무데(1998)의 지표나 마치(2011)의 이데올로기적 입장에 따른 분류도 성립할 수 있고, 신좌파 의제의 수용 여부(Gomez et al. 2016)나 EU에 관한 태도(Katsourides 2016)를 기준으로 분류할 수도 있다. 문제는 좌파당 운동의 역사와 현실을 파악하기 위해서 어떤 분류지표를 사용해야 할 것인가이다.

좌파는 다양한 지표를 기준으로 분류할 수 있지만, 그 기준이 자의적이지 않기 위해서는 그 근거가 설득력이 있어야 한다. 좌파의 유의미한 분류를 위해서는 현실 속의 다양한 좌파들이 서로 어떻게 구분되어 활동하는지와 그러한 구분된 활동을 낳은 역사적 현실적 배경은 무엇인가를 먼저 파악하는 것이고, 나아가 그 분류가 현실과 역사적 맥락의 반영이어야 한다.

이런 점에서 갈수록 "덜 이념적이고 더 실용적"으로 되어가고 있는 현실 속의 유럽 좌파를 마치 등이 이데올로기를 기준으로 구분하는 것은 카쑤리데스(2016)나 키오케티(2017)의 주장처럼 별로 적실성이 없다.

라울 고메즈, 라우라 모랄레스와 루이스 라미로(Raul Gomez, Laura Morales and Luis Ramiro 2016)는 "마치의 급진좌파당(RLP)의 정의에 대한 넓은 동의에도 불구하고 동의의 정도가 다양"하며, 당의 이념이나 기원의 차이에도 불구하고 공산당과 포스트 공산주의적 급진정당 가족들은 점차 반신자유주의적 주장을 강화하면서 반자본주의의 주장을 희석함에 따라 신좌파 의제의 수용 정도에 따라 유효하게 구분될 수 있다면서 전통적 급진좌파당과 신좌파 급진좌파당(Traditional RLP와 New Left RLP)의 두 그룹으로 나눈다.

물론 신좌파 의제의 수용의 정도에 따라 좌파를 분류하는 것은 가능하고 유의미한 분류이기는 하지만, 1990년대 이후에 출현한 급진좌파당이 갖는 운동사적 특성을 파악하기에는 부족하다. 그들은 1970년대 이후에 신좌파 의제의 수용을 위해 구좌파 운동과 결별한 녹색당이나 적녹당이 아니기 때문이다.

이아노스 카쑤리데스는 좌파 전체를 하나의 당가족으로 보는 것이 문제가 있고, 구좌파와 신좌파와 구분되는 새로운 좌파만이 급진좌파당이고, 극단좌파당extreme left party인 강성좌파와 달리 급진좌파당은 연성좌파로 부를 수 있다고 주장한다. 나아가 "EU는 점차 각 국가별 영역에서 그리고 현재의 유럽에서 권력투쟁이 전개되는 주된 영역에서 급진좌파당의 정책과 전략 선택에 영향을 미치는 가장 중요한 요소"라면서 국유화와 중앙계획경제를 선호하고 보통 EU를 떠날 것을 권유하는 극단좌파당인 강성좌파와 달리, 급진좌파당은 연성좌파이고 새로운 탈물질주의적인 정체성 운동에 더 공감하고, 케인스주의적 경제정책을 선호하고, EU를 의심하지만 EU 탈퇴를 권장하지 않는다고 주장한다 (Katsourides 2016: 3-6).

EU가 급진좌파당의 탈급진주의와 불가분하게 연관되어 있고, "급진좌파당의 정책과 전략 선택에 영향을 미치는 가장 중요한 요소"라는 주장은 유의미한 시사점을 제공하지만, 탈급진화는 복지국가의 성립과 제도 민주주의의 정착 과정에서 일관되게 진행되었는데 과연 EU가 급진좌파당의 탈급진화에 영향을 미친 '가장' 중요한 요소인지 그리고 급진좌파당의 정책과 전략 선택에 영향을 미치는 '가장' 중요한 요소인지는 검증이 필요한 의심스러운 주장이라고 아니할 수 없다.

EU 거부와 탈퇴는 현시기 극우들의 대표적 선동인데, 노동과 환경 그리고 이주민 등에 대한 공동의 기준/규제를 벗어나려는 것이다. 즉 지구화된 자본주의에 대한 복지 쇼비니즘에 입각한 일국적이고 배외적인 해법이다. 한편 녹색당은 탄소제로나 기후정의와 같은 녹색의제의 실현을 위한 가장 효과적인 경로가 전 유럽적 결의와 규제이므로 유럽통합에 적극적이고 따라서 극우와 정반대의 입장에 서 있다. 이에 비해 좌파의 입장은 통일되어 있지 않다.

1990년대 이전에 대부분의 공산당들은 진영논리와 레닌의 제국주의론에 입각하여 NATO와 유럽통합을 본능적으로 반대하였다. 그리고 자본의 입장에서 추진되는 유럽통합의 과정에서 노동계급에 희생이 강요될 것이기 때문에 많은 좌파들이 EU 통합에 반대한 것도 사실이다(Hudson 2012: 9-10). 그럼에도 유럽통합은 현실로 되어갔고 화폐동맹까지 진행되었다. 현시기 유럽 좌파들의 EU에 대한 태도는 강력한 거부부터 참여 하의 개혁과 비판적 수용까지 다양하다. 문제는 오늘 현재의 EU에 대한 태도를 기준으로 강성좌파와 연성좌파로 나눌 수는 있을지라도, 그 태도는 끊임없이 흔들리고 있다. 예를 들어 Syriza의 전신인 씨나스삐스모스(Synaspismos, 통합/연합을 뜻하는 그리스어)는 유로코뮤니스트적인 KKE 국내파가 중심이었고, Syriza는 유로존 잔류를 내걸고 집권하였다. 그러나 트로이카(IMF, EU, ECB: 국제통화기금, 유럽연합, 유럽중앙은행)가 강요하는 구조조정을 둘러싸고 유로존 탈퇴를 주장하는 '플랜 B'를 주장하는 '좌파강령'(Left Platform) 그룹이 탄생했다. 또한 2015년 Syriza의 굴복을 보면서 많은 사람들이 EU 또는 유로존에 대해 회의적으로 되었다. 이에 대해 아미니는 "급진좌파당들은 갈수록 유럽통합 거부주의에서 유럽 회의주의로 변했지만, Syriza의 실패 후 유럽 거부주의로의 이동이 있다"고 진단한다(Amini 2016: 12-13). 물론 이 진단은 현재 대다수의 좌파가 EU 탈퇴를 주장하고 있지 않기 때문에 과도하다.

그런데 EU 탈퇴나 거부를 전면에 내세우는 극우와 달리 좌파의 의견은 통일되어 있지 않을 뿐만 아니라 EU의 부정적 측면은 해소나 붕괴 혹은 일국적 탈퇴가 아니라면 전 유럽 대중의 광범위한 동원에 의한 압박이나 EU의 민주화와 유럽의회 내의 정치를 통해 해결될 수밖에 없다. 따라서 모든 좌파는 EU를 부정적으로 보든 안 보든 유럽의회 선거에 참여한다. 어쨌든 EU 탈퇴론보다 EU 개조론이 점차 다수가 되어가는 상황이지만, 공동시장과 화폐동맹의 탈퇴 여부는 각국의 경제적 처지와 관련된 문제이고, 상황에 따라 연성좌파도 강경한 입장을 취할 수 있고 강성좌파도 온건한 입장을 취할 수 있다. 어떤 의미에서도 온건한 Syriza의 전 재무장관이었던 야니스 바루파키스(Yanis Varoufakis)는 EU 개조/민주화와 함께 유로존 탈퇴를 주장했다. 한편 이탈리아청년공산주의자(Italian Young Communists)의 중앙위원인 가브리엘레 단젤리(Gabriele D'Angeli 2012)는 대부분의 혁명적 좌파들과 달리 화폐동맹의 탈퇴는 화폐가치의 하락과 주로 서민들이 희생될 물가고 및 그리스 상품에 대한 EU 보호주의를 가져와 대다수 인민이 고통을 지게 되고 현시기 신자유주의 지구화가 강요하는 고통은 일국적인 노력만으로 해결될 수 없다는 점에서 반대했다. 2016년 영국의 EU 탈퇴(Brexit) 찬반투표에서 보듯, 저학력, 육체노동, 저소득, 고실업, 노령 계층과 지방도시의 찬성 비율이 높았고, 중류 상층, 고학력, 대도시, 청년층은 반대를 택했다. 특히 이주노동자는 물론 대도시의 실업자를 포함한 고학력 청년들은 노동의 자유로운 이동을 보장하는 EU 잔류를 선호했다(Becker et. al: 2017; Hobolt 2016). 즉 신자유주의 박탈층/희생층과 불만층의 찬성 비율이 높았지만 투표결과가 박빙(찬성 51.89%)이었던 데서 보듯 노동계급은 찬반을 둘러싸고 양분되었다. 공동시장 특히 공동규제로부터의 철수를 의미하는 EU 탈퇴가 영국경제에 일국적 해법을 주리라고 장담할 수도 없을 뿐 아니라 좌파의 계급적 담론이나 권력구조의 변화와는 아무 상관이 없다. 이런 점에서 EU를 자본의 기획으로 보고 반동적 측면을 강조하면서 노동계급의 좌파적 탈퇴(Left exit: Lexit)를 주장하는 영국 SWP의 주장이 전체 노동계급을 포함한 인민/대중을 설득하고 그들의 권력의지를 북돋을 수 있을지 의문이다.

따라서 다수가 EU 개조론으로 통일되어가는 상황이고 각국의 처지에 따라 공동시장과 공동화폐에 대한 태도는 변할 수 있다. 즉 EU 탈퇴를 전략적 경로로 상정하는 혁명적 좌파들이 있기는 하지만 대다수 좌파는 EU 탈퇴를 주장하지 않거나 특정한 상황에서 선택할 수 있는 전술적 경로로 간주하기 때문에, EU에 대한 태도의 차이만 중시하여 강성과 연성을 구분할 이유나 필요가 별로 없다.

2-3. 당운동 접근법에 따른 좌파의 분류

1990년대 이후 현시기 유럽 좌파의 주류는 '다양한 좌파들이 하나의 당으로 결집한' 급진좌파당들이고, 이들은 다양한 이념과 가치의 차이를 포용할 수밖에 없다. 그리고 혁명적 좌파들(혁명가와 활동가)은 그리스에서 보듯 운동론의 차이에 따라 혁명적 좌파의 우산정당인 Antarsya는 물론, 맑스레닌주의의 진정한 후계자를 자임하는 완고한 스탈린주의당인 KKE와 급진좌파당인 Syriza에 분산되어 존재한다.

달리 말하면 현시기 유럽 좌파의 대다수는 신좌파 의제의 수용 여부나, EU에 대한 태도의 차이나, 이데올로기의 차이나, 개량과 혁명의 이분법에 따라 구분되어 활동하는 것이 아니라, 각 당이 스스로 규정한 정체성의 차이에 따라 구분되어 활동하고 있다. 이렇게 구분되는 활동은 각 당이 맺고 있는 '국제적 연계'에서 확인된다.

그리고 이렇게 구분되는 연계 활동은 각 당이 스스로 선택한 정체성의 반영인데, 이 정체성의 핵심을 이루는 것은 각 좌파당들의 운동론이다. 또한 이 운동론은 이상, 가치, 전략 등 다양한 요소로 이루어져 있다. 돌이켜 보면 좌파는 운동론의 차이에 따라 분열해 왔다. 예를 들어 러시아혁명 후 결성된 코민테른은 기존의 사민주의 세력을 개량주의라고 부르면서 그들에게서 떨어져 나와 혁명적 공산주의자들의 결집을 추구한 것이고, 유로코뮤니즘이나 개혁공산당은 스탈린주의당과 달리 프롤레타리아 독재를 포기하고 정치적 다원주의/다당제 민주주의를 채택한 것이었다. 따라서 현시기 다양한 좌파의 분류는 각 당들이 스스로의 정체성에 따라 구분되어 활동하는 국제적 연계라는 현실을 반영해야 하고, 이것은 좌파당이 운동론에 따라 분열해 온 역사적 맥락의 반영이 된다. 이처럼 좌파당 운동의 현실과 역사적 맥락에 합치하는 구분만이 유의미한 분류가 될 수 있다. 그리고 이를 위해서는 각국의 여러 좌파당들이 다른 좌파당들과 국내외적으로 어떠한 관계/연계를 맺고 있는가를 파악하는 작업부터 시작해야 한다. 좌파의 분류지표로 당운동론에 따른 '국제적 연계'를 제시하는 이런 방법 또한 '당운동 접근법'으로 부를 수 있다.

- 좌파의 국제적/일국적 연대와 연계 유형

주변화를 벗어나기 위한 좌파의 노력은 특히 소비에트 블록이 붕괴한 1990년대 이후 추진되었는데, 연대를 추구하기보다는 동일한 정체성과 규율하에 지부branch를 건설하는 트로츠키주의 계열의 국제당International 운동을 제외하면 비슷한 정체성을 갖는 당들이 모인 느슨한 국제적 연대가 있고, 일국적으로는 각국의 선거제도에 적응하기 위한 일시적이거나 상시적인 선거연합, 그리고 선거연합이 발전한 상설적인 우산정당umbrella party, 끝으로 하나의 강령과 규약으로 뭉치는 통합당unitary party/membership party 유형이 있다.

대부분의 급진좌파당 혹은 좌파통합당은 선거연합 > 우산정당 > 단일당 또는 선거연합 > 단일당의 경로를 밟은 경우가 많은데, 상시적 선거연합과 우산정당의 경계는 모호하다. 예를 들어 1989년 KKE 탈당파들이 만든 '그리스 좌파'(EAR)가 KKE와 함께 만든 SYN은 일시적인 선거연합이었고, SYN이 깨진 후 비교조적 좌파와 KKE 개혁파들이 당으로 전환한 Synaspismos는 2004년 선거 직전 다양한 좌파세력과 함께 선거연합인 Syriza를 출범시켰고, 2013년 단일당으로 전환하였다. Antarsya는 다양한 혁명적 좌파들이 모여 2009년에 출범한 선거연합이자 우산정당이다. 스페인 공산당이 주력인 통합좌파(IU)는 다양한 좌파들이 결집한 상설적인 선거연합이자 우산정당이고, 우니다스 뽀데모스(Unidas Podemos: UP)는 IU와 Podemos의 선거연합이다(Marioulas 2012; Heilig 2016).

국제적 연대에는 먼저 동구권 붕괴 후 1991년 마드리드에서 '새로운 유럽좌파포럼'(New European Left Forum: NELF)이 만들어졌다. "NELF는 사민주의에 반대하는 민주사회주의자 그룹으로 널리 규정되었다. 거의 대부분 공산당이거나 이전에 공산당이었던 17개국의 당들이 참여하였다. NELF는 공개적인 토론, 동등한 협력 그리고 이전의 공산주의 인터내셔널과 같은 중앙의 규제가 일절 없는 공동 실천의 가능성으로 높게 평가되었다"(Hudson 2012: 38). "NELF에는 결속된 협력이 없었기 때문에 2004년 5월 유럽좌파당(Party of the European Left: PEL/EL)이 만들어졌다. EL은 각국의 정치적 조건을 무시하지 않으면서 회원 당들의 공동의 정치적 정체성을 만들려고 시도해왔고, 합의consensus의 원칙에 기반하고 있다"(Heilig 2016).

이처럼 개혁공산당과 다양한 좌파당들이 모였던 NELF가 민주사회주의자 그룹으로 규정된다거나, 좌파당(Die Linke)에 합류하기 이전 동독 공산당(SED)의 계승당이 당명을 민주사회주의당

(Party of Democratic Socialism: PDS)으로 바꾼 것에서 알 수 있듯이, 대부분의 개혁공산당과 계승공산당들은 민주사회주의를 표방한다. 마치(2011: 16)는 개혁공산주의와 민주사회주의를 구분하지만, 민주사회주의는 비공산주의적 좌파의 전유물이 아니라는 점에 유의할 필요가 있다. 또한 KKE의 2013년 당총회 결의문에서 보듯 '민주적 계획경제'는 시장에 반대하는 강경좌파들의 슬로건이다.

EL/PEL은 씽크탱크로 '유럽을 변혁하라!'(Transform! Europe)를 두고 있는데, 유럽의 몇몇 국가에 지부가 있다. 1995년 EU 통합과 유럽의회의 창설은 '북유럽 녹색좌파연합'(Nordic Green Left: NGL)의 결성으로 이어졌고, 이들 중 핀란드의 좌파동맹(VAS)과 덴마크의 적녹동맹(RGA)을 제외한 대부분의 NGL 멤버들은 PEL에 가입하지 않고 옵서버로 참여하였다.

유럽의회에서 좌파의 공동대응을 위해 PEL과 NGL이 합하여 정치그룹인 '유럽 통합좌파와 북유럽 녹색좌파 통합그룹'(The Confederal Group of the European United Left/Nordic Green Left: GUE/NGL)을 결성하였다. GUE/NGL은 유럽의회 의석을 가진 EU 회원국의 좌파당들로 이루어지는데, "각 당은 같은 그룹이라는 넓은 틀 안에서 자율성을 갖고 있다"(Heilig 2016). GUE/NGL에는 유럽의회 차원에서 사민당과 녹색당을 제외한 공산당, 급진좌파당, 적녹당, 반긴축당 등 좌파당의 거의 대부분이 참여하고 있다.

이외에 1998년부터 전 세계의 공산당들이 모이는 '공산당과 노동자당 국제회의'(International Meeting of Communist and

Worker's Parties: IMCWP)가 있다. 여기에는 보수적 공산당, 계승공산당뿐만 아니라 프랑스 공산당(PCF)이나 스페인 공산당(PCE)과 같은 개혁공산당, 중국과 북한의 집권 공산당, 에스토니아, 카자흐스탄, 이란 등의 비합법 공산당들도 참가한다. 또한 그리스 공산당(KKE)이 주도하고 맑스레닌주의당을 자처하는 강경한 스탈린주의당들이 모이는 '공산당과 노동자당의 이니셔티브'(Initiative of Communist and Workers' Party: Initiative)가 있다. KKE를 포함한 유럽 각국에 잔존하는 스탈린주의당들이 참가하는데, 개혁공산당은 물론 대부분의 계승공산당들은 참여하지 않는다. KKE는 2014년 GUE/NGL에서 철수하였다.

2004년 PEL이 결성되기 이전인 2000년 3월 반자본주의에 공감하는 좌파들이 '유럽반자본좌파'(European Anti-Capitalist Left: EAL/EACL)를 만들었으나 정치적 영향력을 얻지는 못했다. PEL은 유럽 좌파 중 개혁공산당과 급진좌파당이 주도하고 일부 적녹당이 결합한 반면, "스코틀랜드 사회당(SSP), 프랑스의 혁명적공산주의자동맹(LCR), 덴마크의 적녹동맹(RGA), 포르투갈의 좌파블록(BE), 이탈리아의 재건공산당(Rifondazione), 그리스의 '좌파와 운동과 생태의 연합'(Synaspismos)이 유럽반자본좌파(EACL)에 합류했다"는 머레이 스미스(Murray Smith 2014)의 언급에서 보듯, EACL은 공산당(스탈린주의당과 개혁공산당)을 제외한 다양한 좌파당들(혁명적 좌파, 급진좌파당, 일부 적녹당)이 참여했다.

이외에 EU 내의 반긴축 정치운동인 '이제는 인민/인간!'(Now the People!/Maintenant le Peuple!)이 있다. 여기에는

PEL에 속하는 포르투갈의 좌파블록(BE)과 NGL에 속하는 덴마크의 적녹동맹(RGA), 핀란드의 좌파동맹(VAS), 스웨덴의 좌파당(V) 그리고 PEL이나 NGL에 속하지 않은 스페인의 Podemos와 프랑스의 '굴복하지 않는 프랑스'(La France Insoumise)가 있고 모두 GUE/NGL에 속해 있다. 이 중 라 프랑스 엥수미즈(La France Insoumise)는 환경운동 세력을 포함한 반긴축 범좌파당이고, Podemos는 계급정치가 아닌 포퓰리즘을 채택한 당이다.

이처럼 현시기 유럽 좌파당들은 하나나 혹은 둘 이상의 국제적 연계에 참여한다. 예를 들어 덴마크의 적녹동맹(RGA)은 EACL, PEL, NGL, Now the People!에 참가하고, 포르투갈의 좌파블록(BE)은 이 중 NGL을 제외한 나머지 기구에 참가한다. 반면 혁명적 좌파들은 EACL에만, 스탈린주의당은 Initiative에만, 개혁공산당들과 일부 급진좌파당들은 PEL에만, 일부 적녹당들은 NGL에만, 그리고 좌파 포퓰리스트당인 Podemos와 범좌파당인 La France Insoumise는 Now the People!에만 참가한다. 그리고 GUE/NGL을 탈퇴한 KKE나 유럽의회 의석이 없는 혁명적 좌파들을 제외한 나머지 당들은 모두 유럽의회에서 GUE/NGL 그룹으로 활동한다.

이처럼 좌파당들이 오직 하나의 국제적 연계에만 참여하거나 여러 국제적 연계에 참여하는 것은 그 당들의 정체성이 다르기 때문이고, 이 정체성을 규정하는 것은 당운동론인데 당운동론은 이상과 가치와 전략에 따라 달라진다. 달리 말하면 현시기 유럽 좌파는 당운동론에 따라 달라진 정체성의 차이에 따라 서로 다른 그룹이나 여러 그룹에 속하여 활동하게 되었다. 좌파에게 있어서 당이란 처음부터 운동이고 좌파 내의 분열은 분파주의에 의한 것이 아닌 한 운동론의 분열이다. 따라서 좌파는 항상 서로 다른 운동론에 따라 분열하고 구분되어 활동해 왔다. 그러므로 국제적 연계 또한 당운동론에 따라 구별되는 것은 당연하다고 할 수 있다.

이데올로기나 개량과 혁명의 이분법 혹은 신좌파 의제의 수용 여부를 여전히 중시하는 좌파가 없는 것은 아니지만 오늘날 존재하는 대부분의 좌파들은 이런 기준에 따라 구분되어 활동하고 있지 않다. 예를 들어 혁명적 좌파들은 반자본주의를 표방하는 EACL에만 참가하지만 포르투갈의 좌파블록(BE)이나 덴마크의 적녹동맹(RGA)은 EACL만이 아니라 반자본주의를 표방하지 않는 Now the People!에도 참가한다. 따라서 개량과 혁명의 이분법이나 신좌파 의제의 수용 여부에 따라 구분되어 활동하고 있지도 않고, 상황에 따라 변할 수 있는 EU에 대한 태도나 정책으로 구분할 이유도 없다. 그리고 구 좌파당이 변신하거나 다양한 좌파들이 결집한 급진좌파당의 경우 당의 기원이 유의미한 고려사항이 되지 못하는 것도 당연하다.

또한 복지국가의 성립에 따라 전통적인 노동계급과는 다른 신중간계급이 출현하고 신자유주의의 진행에 따라 신자유주의 박탈층이 형성되었는데, 현시기의 좌파들은 운동론에 따라 특정 계급이나 계층들에 대한 강조가 다르기는 하지만 이러한 사회적 균열에 따라 구분되어 활동하지 않는다.

그리고 여러 좌파당들의 서로 다른 국제적 연계는 각 당이 이상, 가치, 전략으로 이루어진 운동론의 차이에 따라 형성된 스스로의 정체성에 따라 선택한 것이기 때문에 좌파의 분류에 적합한 지표가 되고, 이러한 분류가 현실과 역사적 맥락에 합치하는 것은 당연하다.

표 1: 유럽 좌파 당운동 소가족의 분류와 특징

	혁명적 좌파당	스탈린주의당	개혁공산당	급진좌파당	적녹당	좌파 포퓰리스트당
대표당	SWP	KKE	PCF	Die Linke	RGA	Podemos
소속당	LO, SP	PCP	PCE, PRC, AKEL, KPÖ, PvdA	Syriza, BE, SSP, Déi Lénk, ZL	V, VAS, SV, VG	
당운동 모델	전위당	노동계급 대중정당	노동계급 대중정당	좌파통합당	적녹당	리더-인민
국제적 연계	EACL	Initiative, IMCWP	PEL, IMCWP	PEL	NGL	Now the People!
유럽의회			GUE/NGL	GUE/NGL	GUE/NGL	GUE/NGL
스탈린독재	부정	긍정	부정	부정	부정	부정
프롤레타리아 독재	긍정		포기	부정	부정	부정
조직원리	민주집중제	민주집중제		다원주의	다원주의	직접민주주의
국유화	긍정	긍정	긍정			
경제모델		민주적 계획경제			생태사회주의	
이념	사회주의	공산주의	민주사회주의	민주사회주의	좌파해방주의	급진민주주의
페미니즘	부정적	부정적	수용	수용/결합	결합	수용
생태주의	수용	소극적	수용	수용/결합	결합	수용
운동론	비의회적	의회+노동운동	의회+노동운동	의회+사회운동	의회+사회운동	의회+시민운동
반자본주의	반자본주의	반자본주의	반신자유주의	반신자유주의	반신자유주의	반긴축
유럽통합	거부	거부	비판	비판/수용	수용	수용
주된 지지기반	학생, 지식인	노조	노조, 연금생활자	신자유주의 박탈층/불만층, 사회운동	신중간계급, 사회운동	신자유주의 박탈층/불만층, 중간계급, 시민운동

SWP: Socialist Workers Party(영국), LO: Workers' Struggle(프랑스), SP: Socialist Party(아일랜드), KKE: Communist Party of Greece, PCP: Portuguese Communist Party, PCF: French Communist Party, PCE: Communist Party of Spain, PRC: Communist Refoundation Party(이탈리아), AKEL: Progressive Party of the Working People(키프로스), KPÖ: Communist Party of Austria, PvdA: Workers' Party of Belgium, Die Linke: The Left(독일), Syriza: Coalition of the Radical Left(그리스), BE: Left Block(포르투갈), SSP: Scottish Socialist Party, Déi Lénk: The Left(룩셈부르크), ZL: United Left(슬로베니아), RGA: Red-Green Alliance(덴마크), V: Left Party(스웨덴), VAS: Left Alliance(핀란드), SV: Socialist Left Party(노르웨이), VG: Left-Green Movement(아이슬란드), Podemos: We Can (스페인). Source: Author.

- 당운동 소가족들의 정의와 분류

<표 1: 유럽 좌파 당운동 소가족의 분류와 특징>에서 보는 바와 같이 현시기 유럽 좌파당들은 당운동론에 따라 국제적 연계에서 구분되어 활동하는데, 이들은 단일한 이념과 정체성을 기준으로 모인 혁명적 좌파당, 스탈린주의당, 개혁공산당 등 구 좌파당 운동과 '다양한 좌파들이 하나의 당으로 결집한' 급진좌파당, 신좌파 의제와 결합한 적녹당, 포퓰리즘 전략을 능동적으로 채택한 좌파 포퓰리스트당과 같은 새로운 유형의 좌파당들로 나눌 수 있다.

혁명적 좌파당은 영국의 사회주의노동자당(SWP)이 전형적인데, 프롤레타리아 국제주의, 전위당 모델, 민주집중제, 노동계급 헤게모니를 주장하는 세력이고 비계급적 의제인 페미니즘(여성주의)에 소극적이다(Molyneux 1978; Kelly 2018: 98-100). 이들은 주로 트로츠키주의자들로 이루어져 있는데 간혹 마오주의자나 혁명적 공산주의자들도 있다. 이들은 EACL에 참여하였지만 개혁공산당이 주도하는 PEL에 합류하지 않았다.

스탈린주의당은 그리스 공산당(KKE)이 전형적인데, 공산당의 역사적 실천과 성과에 대해 긍정적이고 민주집중제와 노동계급 중심주의의 입장에 서 있고 정치적 억압과 성평등에 둔감하다. 이들은 Initiative에 결합한다. 맑스레닌주의당을 자임하는 스탈린주의당과 트로츠키주의당의 차이는 스탈린과 구소련에 대한 평가에서 정면으로 대립하고, 전자는 대중정당을 기본으로 하고 일국일당 원칙을 중시하면서 분파적 활동을 배격한다면, 후자는 전위당과 국제당/국제주의 그리고 올바른 혁명노선을 중시하기 때문에 끊임없이 분열한다(Kelly 2018: 216-228). 그 외 민주집중제를 비롯한 다른 사항들은 비슷하다.

개혁공산당은 프랑스 공산당(PCF)이 전형적인데, 노동계급 중심주의, 일자리와 국가복지를 중시하는 점은 스탈린주의당과 같지만, 민주집중제를 폐지하고 다당제 민주주의와 신좌파 의제를 수용하고 민주사회주의를 천명하면서 통일전선의 전통에 따라 다른 좌파세력과의 연대에 적극적이다. 특히 스탈린 시절의 정치적 억압에 대해 비판적이다.

새로운 좌파당 운동인 급진좌파당과 적녹당의 차이는 전자는 다양한 좌파의 세력 통합이 중심이라면 후자는 좌파의 가치와 신좌파 가치의 통합이 중심이고, 따라서 성립계기가 다르다. 이처럼 양자는 이론상 구분되고 나아가 국제적 연계에서 주로 전자가 PEL에 후자가 NGL에 결합하고 있지만 NGL에 속하면서 PEL에 가입한 덴마크의 RGA와 핀란드의 VAS에서 보듯 양자의 차이는 크지 않고 양자의 가치와 실천은 한 방향으로 수렴하고 있다.

좌파 포퓰리스트당은 스페인의 Podemos가 전형적인데, 이들은 노동계급 헤게모니를 인정하지 않는 포스트 맑스주의자들의 급진민주주의 전략에 기초하여 자본과 노동의 대립이 아니라 인민과 기득권층의 대립을 축으로 하는 포퓰리즘 전략을 능동적으로 채택한 당이다. 따라서 다른 좌파당들과는 달리 반자본주의나 사회주의의 이상을 공유하지 않는다.

이런 분류에도 불구하고 애매한 경우의 당들이 있다. 예를 들어 동유럽의 일부 계승공산당의 경우에는 민주집중제 등 많은 점에서 스탈린주의당과 비슷하지만 합법적 선거에만 치중하는 체코 공산당(KSČM/CPBM)과 같은 제도내 보수적 공산당이 있다. CPBM은 PEL에 옵서버로 참가하고 Initiative에는 참가하지 않는다. CPBM이나 몰도바의 계승공산당인 PCRM, 좌파공화주의 표방하는 아일랜드의 Sinn Féin, 키프로스의 민족공산당인 AKEL의 경우는 애매하지만 개혁공산당으로 분류할 수 있을 것이다. 덴마크의 사회주의인민당(SF)은 NGL에 속하면서도 유럽의회에서 녹색당 그룹에 합류했다.

3장

급진좌파당(RLP)의 성립계기와 특질

이 장은 현시기 유럽 좌파의 가장 큰 특징을 이루고 있는 새로운 유형의 좌파당 운동인 급진좌파당(Radical left party: RLP)의 보편적 특질과 성립계기에 대한 논의이다.

좌파에게 당이란 처음부터 운동이고 좌파 내의 분열은 분파주의에 의한 것이 아닌 한 운동론의 분열이다. 급진좌파당은 1990년 이후 출현하였고, 단일한 이념이나 정체성을 기준으로 모였던 전통적인 좌파당과는 달리 '다양한 좌파들이 하나의 당으로 결집한' 새로운 유형의 좌파당이고, 본질상 지구화된 신자유주의 시대에 채택된 좌파통합당 운동이다. 이것은 급진좌파당을 독자적인 운동론을 가진 역사적 산물로 본다는 것을 의미한다(당운동 접근법).

이 점과 관련하여 류크 마치는 급진좌파당이 새로운 유형의 좌파당 운동이라는 관점이 없기 때문에 사민주의 왼편의 세력을 모두 급진좌파로 부르면서 "덜 이념적이고 더 실용적"으로 되었다는 일반화 속에서 이 새로운 당운동이 갖는 의미를 파악하는

데 실패하였다(March 2011: 12-20).

그런데 좌파적 입장의 많은 연구자들 역시 1990년대부터 활발해진 좌파들의 협력과 재편을 주목하면서도 급진좌파당으로 불리는 좌파통합당 혹은 '넓은 좌파당'(broad left party)이 통일전선 전술에 입각한 선거연합이나 우산정당에 멈추는 구 좌파당 운동과 구별되는 질적으로 새로운 좌파당 운동이라는 관점이 부족하다(Hudson 2012; Heilig 2016; Amini 2016; Musto 2016).

또한 급진좌파당을 역사적으로 새로운 운동으로 보더라도 이념상의 변화를 중심으로 보면서 역사적 계기를 분석하는 데 그치는 경우가 많기 때문에(Gomez et al. 2016), 새로운 당의 특질을 이루는 당의 구성원리와 운영원리를 파악하려는 노력은 힐데브란트와 다이버(Hildebrandt and Daiber 2009)를 제외하면 오히려 실천적 좌파들의 전략적 대응에 대한 고민 속에서 이루어졌다(Sabado 2008; Sousa and Costa 2011; Smith 2014).

따라서 급진좌파당의 성립계기와 특질에 관하여 아직 통일된 설명이 없는데, 이하 본론에서는 급진좌파(당)의 출현 배경과 역사적 계기에 관한 다양한 설명방식들을 먼저 살펴본 후, 여러 역사적 계기에 따른 좌파의 고민과 대응이 현시기 급진좌파당의 여러 특질로 이어지는 과정을 추적할 것이다.

3-1. 급진좌파(당)의 출현 배경 혹은 성립계기에 대한 다양한 설명방식들

급진좌파가 좌파의 일부인 점은 앞선 장에서 말한 바와 같은데, 류크 마치나 빠올로 키오케티 등 많은 연구자들은 사민주의 왼편의 세력을 모두 급진좌파로 부른다. 그런데 사민주의 왼편의 일부가 아닌 전부를 급진좌파로 부르더라도 급진좌파가 구좌파와는 다른 특징을 가지고 1990년대 이후에 출현하였고, 따라서 급진좌파당의 출현 혹은 급진좌파로의 변화는 좌파 혹은 구좌파가 처한 위기에 대한 대응 속에서 나왔다는 점은 같다. 그러므로 급진좌파가 현시기 유럽 좌파의 전체를 이루든 혹은 일부에게만 해당되든, 급진좌파당의 출현 배경 혹은 성립계기에 대한 논의는 서로 중첩된다.

류크 마치는 여러 딜레마(비혁명적 상황에서 급진적 변화를 추구하는 '좌파의 전략적 딜레마', 레닌주의 혁명당 모델의 딜레마, 산업 프롤레타리아의 소수화에 따른 '민주적 사회주의의 딜레마', 민주적 제도 속에서 급진파들이 겪는 '정체성과 효율성' 간의 갈등 등)와 탈급진화된 환경(역사의 종말 테제의 영향, 유럽통합의 부정적 영향, 내면화된 신자유주의, 소련의 붕괴 등)에 직면하여, "현실파Realos가 지배적으로 되었기 때문에 소비에트 시절과 비교하여 현시기 급진좌파당은 덜 이념적이고 더 실용적이다"면서 전반적으로 탈급진화의 길을 걷고 있다고 서술한다(March 2011: 12-15, 19).

좌파가 전반적으로 끊임없이 탈급진화되고 있다는 점은 사실이고, 탈급진화의 배경으로 여러 사정을 열거하는 마치의 설명이 설득력이 없는 건 아니다. 그러나 좌파당들의 변화를 내외의 어려움 때문에 급진성을 탈각하는 과정으로 묘사하는 이런 유의 평면적인 혹은 경험주의적인 설명은 왜 급진좌파당이 특정한 시기에 특정한 특질을 갖는 당운동으로 등장하였는가라는 질문에 대한 충분한 설명이라고 보기 어렵다. 특히 마치가 제시하는 여러 배경들은 소비에트 블록의 붕괴와 유럽통합을 제외하면 2차대전 이후 서유럽 좌파가 끊임없이 직면해온 딜레마였다.

탈급진화에 주목하는 이런 시각은 혁명적 좌파를 자임하는 세력들이 사민당을 사회자유주의로 그리고 그 중간 세력을 사회개량주의 세력으로, 달리 말하면 개량과 혁명의 이분법에 서서 현시기 급진좌파당의 특성을 오직 혁명성을 탈각한 개량주의적 시도로만 보는 것과 일맥상통하는 것으로, 뒤에서 보듯 사태의 본질에 도달하는 것을 가로막는 부적절하거나 불충분한 시각이다. 또한 이런 설명은 좌파의 성장을 위해서는 탈급진화의 길밖에 없고 그것은 전통적인 노동계급을 뛰어넘어 다른 세력과의 동맹을 추구하는 전략을 취하게 되고 생태주의와 포퓰리즘과 같은 계급 간 전략과 이념적 접근에 개방적으로 되었다는 결론으로 이어진다(March 2011: 19).

이와 같은 탈급진화의 일반화는 전체 좌파의 동질성을 강조하는 당가족 접근법의 한계에서 비롯되었다. 당가족 접근법은 급진좌파당을 새로운 당운동으로 보지 않기 때문에 새로운 당운동의 내적 계기와 특질에 대한 분석이 없고, 4장에서 보듯 좌파당들의 서로 다른 성장과 부진의 원인을 설명하기 어렵다.

라울 고메즈, 라우라 모랄레스와 루이스 라미로(Raul Gomez,

Laura Morales와 Luis Ramiro)는 “당 형성의 공산주의적 흐름과 신좌파/좌파 사회주의적 흐름이 오래전부터 많은 서유럽 정치에 나타나온 급진좌파당들을 낳았다”면서, “공산당의 이념적 진화와 급진좌파적 포스트 공산당의 이념적 진화는 구 공산당과 좌파 사회주의 당가족의 경계를 흐리고 새롭고 명료하게 구분되는 급진좌파 당가족의 형성”으로 이어졌고, 이런 성격의 변화에 10월 혁명, 68혁명, 1989-91년 소비에트의 붕괴라는 3가지 역사적 계기가 작동했다고 주장한다(Gomez et al. 2016: 2-3). 이들은 이처럼 급진좌파당으로의 변화를 단지 이념적 변화/진화 과정으로 파악함으로써 급진좌파당이 좌파당 운동사에서 갖는 특수성에 착목하지 않는다.

케이트 허드슨(Kate Hudson)은 소비에트의 붕괴 그리고 유럽통합이나 마스트리흐트 조약에 반대하는 반신자유주의 투쟁 속에서 좌파의 재편과 새로운 유럽 좌파가 출현했다고 주장한다. 그는 공산주의자와 트로츠키주의자까지 함께하는 스페인의 통합좌파(IU)와 같은 선거연합이나 유럽 좌파당들의 국제적 연합인 유럽좌파당(PEL)과 같은 사례를 들어 1990년대 이전에는 생각할 수 없었던 좌파들의 협력과 공존에 주목한다(Hudson 2012: 7-18). 즉 이념의 진화보다는 운동론의 변화에 주목한다. 다만 다양한 좌파들의 협력과 다양한 좌파들이 합류한 통합당과의 차이를 주목하지 않는 것은 아쉬운 대목이다. 그럼에도 새로운 유럽 좌파의 출현 배경으로 단지 소비에트의 붕괴라는 역사적 계기만이 아니라 신자유주의 지구화에 대한 대응이라는 계급투쟁을 강조하는 점은 괄목할 만하다.

도미닉 하일리히(Dominic Heilig)는 "사민주의 왼편의 당들의 진화와 강령의 위치programmatic location는 항상 사회적 변화와 좌파 내의 갈등의 산물이었다. 각각의 경우의 이러한 변화는 좌파에게 급격한 휴지/단절caesura을 의미했고, 그것은 좌파당의 가장 다양한 형태의 출현으로 이어졌다"면서 역사적 접근법 혹은 당운동 접근법의 통찰을 밝히고 있다. 그가 언급하는 6개의 단절 중 첫 번째 단절은 10월 혁명과 1차 대전의 종식에 이은 공산당의 사민당으로부터의 분열이고, 두 번째는 1968년 프라하의 봄에 이은 고전적 공산당으로부터 유로코뮤니스트당의 분열이고, 세 번째는 1970년대와 80년대 중반의 신좌파 의제를 수용한 녹색좌파의 등장, 네 번째는 1989-90년 냉전의 종식에 이은 다원주의적 민주사회주의 좌파와 개혁공산주의의 등장, 다섯 번째는 1990년대 말과 2000년대 중반의 유럽통합과 지구정의운동(Global Justice Movement: GJM)에 이은 GJM을 통합한 당연합party alliance의 출현, 여섯 번째는 2008년 경제위기에 이은 반긴축 운동의 당으로의 전환과 반긴축 운동을 통합한 당연합의 출현이다(Heilig 2016: 4-6).

그런데 이와 같은 단절의 구분이 적절한지는 의문이다. 먼저 두 번째의 유로코뮤니즘과 세 번째의 녹색좌파는 모두 68혁명의 자장 속에서 출현했기 때문에 하나의 계기에 의한 두 가지 대응으로 보아야 할 것이다. 그리고 여섯 번째의 2008년 경제위기라는 단절은 Podemos의 경우를 제외하면 좌파 내에 새로운 당운동을 가져왔다고 보기 어렵다. 또한 "90년대 말과 2000년대 중반의 GJM을 통합한 당연합"이라는 다섯 번째의 단절은 시기적으로 보면 90년대 초/중반부터 2000년대 중반 사이에 진행된 과정이고 네 번째의 1989-91년 소비에트 블록의 붕괴와 구분되는 계기이기는 하지만 연속된 계기이다. 즉 네 번째 계기의 영향으로 동독 공산당(SED)이 민주사회주의당(PDS)으로 전환하고 이탈리아 공산당(PCI)의 이탈로 재건공산당(PRC)이 출범한 것은 사실이지만, 이후 좌파는 소비에트의 붕괴와 신자유주의와 유럽통합이라는 두 가지 계기에 대한 대응으로 선거연합이나 우산정당 그리고 통합당을 추진하였다(Hudson 2012: 7-18). 스페인의 통합좌파(IU)는 1986년 총선에서 NATO 반대운동에서 성장한 선거연합으로 시작하여 1992년 우산정당으로 등록했고, 덴마크의 적녹동맹(RGA)은 1991년 선거연합에서 1992년 당으로 전환했다. 1989년 '그리스 좌파'(Greek Left: EAR)가 그리스 공산당(KKE)과 함께 선거연합인 SYN을 만들었다가 깨어지고 KKE 불만자들과 개혁공산주의자 그리고 SYN 잔류파들이 1992년 통합당(SYN)으로 전환했다. 핀란드의 좌파동맹(VAS)은 1990년 공산당(CPF)과 유로코뮤니스트 경향인 '핀란드 인민을 위한 민주동맹'(DLFP)과 '민주적 대안'(Democratic Alternative)이 합당한 것이다(Marioulas, 2012; Kontula and Kuhanen 2012). 즉 선거연합과 우산정당과 같은 당들의 협력과 통합당은 소비에트 블록의 붕괴를 계기로 시작되었고, 1997년 스코틀랜드의 사회당(SSP), 1999년 포르투갈의 좌파블록(Bloco de Esquerda: BE), 2004년 그리스의 급진좌파연합(Syriza), 2007년 독일의 좌파당(Die Linke)

등의 사례에서 보는 바와 같이 1990년대 초반부터 2000년대 중반까지 지속된 과정이다. 따라서 소비에트의 붕괴와 신자유주의의 확립은 구분되는 두 가지 계기이기는 하지만 대부분의 좌파는 이어지는 두 계기에 동시적으로 대응한 것이지 별개의 당운동을 만든 것인지는 의문이다. Heilig도 다섯 번째의 단절에 대해 "세력 블록의 대결이 끝난 후 급속히 강화된 유럽통합, 고전적 공산당과 현대적 좌파당들의 위기 그리고 사회운동과 대안지구화 운동의 동시적인 성장이 1990년대 말까지 새로운 혼합적 composite 좌파당의 형성으로 이어졌다"고 말한다(Heilig 2016: 5). 즉 네 번째와 다섯 번째는 별개의 계기이지만 이어지는 계기이다.

따라서 하일리히가 말하는 여러 역사적 계기들이 좌파당 운동의 여러 흐름을 낳은 것은 사실이지만 역사적 정치적 사건들의 영향을 너무 세분한 것은 적절하다고 보기 어렵다. 특히 다섯 번째 계기로 성립했다는 "GJM을 통합한 당연합"의 사례에 포르투갈의 좌파블록(BE), 룩셈부르크의 좌파당(Dei Lénk), 이탈리아의 재건공산당(PRC), 그리스의 '좌파와 진보연합'(SYN)만이 아니라 스페인의 선거연합인 통합좌파(IU)를 포함하는 것에서 보는 바와 같이, 그는 새로운 당운동의 특성으로 개방성이나 연대를 강조하면서도 당들의 연합과 통합당의 질적 차이를 무시한다(Heilig 2016: 6).

> 서유럽 급진좌파 당가족은 공산주의, 포드주의적 사회적 모델, 신자유주의라는 3중의 위기에 대한 반응으로 이해해야 한다. … 현

시기 서유럽 급진좌파들의 주된 특징은 대체로 70년대와 80년대에 시작된 과정의 산물이다: 좌파 해방주의와 녹색 주제의 폭발; 선진자본주의 경제의 포스트 포드주의와 포스트 산업주의적 변동, 경제적 구조와 공공정책, 문화와 정치의 신자유주의화; 노동계급의 정체성, 전투성 그리고 힘의 침식; 그리고 세계 공산주의의 여러 측면의 위기, 1989-91년의 소비에트 블록의 몰락은 어쨌든 이러한 과정의 촉진자로서 작동하였고 급진좌파의 폭력적 위기를 재촉하고, 1993년 이후 이 당가족의 새로운 시작의 길을 열었다 (Chiocchetti 2017: 3, 8).

이처럼 빠올로 키오케티(Paolo Chiocchetti)는 1993년 이후의 서유럽 좌파를 새로운 급진좌파라는 하나의 당가족으로 보고 논의를 전개함으로써 좌파의 대응을 촉발한 위기들을 계기로 파악하는 데에 성공했지만, 그 대응의 결실은 여러 좌파들 중의 일부에게만 해당된다는 것을 간과했다. 그런데 키오케티의 언급에서 주목되는 점은 급진좌파를 낳은 배경 중에 단지 정치적 사건/계기만이 아니라 "선진자본주의 경제의 포스트 포드주의와 포스트 산업주의적 변동, 경제적 구조와 공공정책, 문화와 정치의 신자유주의화; 노동계급의 정체성, 전투성 그리고 힘의 침식"을 들고 있는 점이다. 이런 점은 정치적 배경만이 아니라 자본주의 체제의 사회경제적/사회문화적 변화와 좌파의 대응을 연관시켜 분석하고 있는 도날드 싸쑨(Donald Sassoon 2010)의 문제의식과 동일하다고 할 수 있고, 앞서 본 마치(2011)도 이런 점을 일부 언급하고 있다.

그러므로 새로운 유형의 당운동인 급진좌파당의 성립계기는 단지 역사적 사건이나 사회경제적 배경만이 아니라 사회문화적 배경 그리고 좌파의 주체적 대응 등을 종합적으로 고려할 필요가 있다.

3-2. 급진좌파당(RLP)의 성립계기

위에서 본 바와 같이 여러 연구자들은 1990년대 이후 급진좌파로의 성격변화나 급진좌파당의 출현 배경으로 68혁명과 소비에트의 붕괴, 그리고 신자유주의를 든다든지 포스트 산업사회로의 변화나 노동계급의 변화 등 다양한 계기를 거론한다. 그런데 이 계기들을 선택하는 기준이 자의적이지 않기 위해서 당운동 접근법에 선 이 글은 '다양한 좌파가 하나의 당으로 결집한' 급진좌파당이라는 새로운 유형의 당운동론의 채택을 강요한 특별한 사정을 성립계기로 제시한다. 즉 1) 1989-91년 소비에트 블록의 붕괴로 절정에 달한 '사회주의 위신의 추락', 2) 68혁명과 신좌파 의제의 배후에 있고 레닌주의 혁명모델의 난처함으로 이어지는 포스트 포드주의 사회와 복지국가의 성립으로 인한 '노동계급의 구성과 위상의 변화'(산업노동자/블루칼라의 축소와 신중간계급의 성장), 3) '신자유주의 지구화와 유럽통합'이라는 세 가지 계기가 그것이다. 즉 이 세 가지 계기에 대한 대응으로 '다양한 좌파가 하나의 당으로 결집하는' 새로운 당운동 즉 본질상 지구화된 신자유주의 시대에 채택된 좌파통합당 운동인 급진좌파당이 등장했다는 것이다.

한편 키오케티는 "서유럽 급진좌파 당가족은 공산주의, 포드주의적 사회적 모델, 신자유주의라는 3중의 위기에 대한 반응으로 이해해야 한다"고 주장한다(Chiocchetti 2017: 3). 그런데 '포드주의적 사회적 모델의 위기'는 복지국가에 대한 공격인 '신자유주의의 위기'와 동전의 양면이라는 점에서 '노동계급의 구성과 위상의 변화'를 거론하는 이 글의 입장과는 차이가 있다.

- 사회주의 위신의 추락

1990년대에 등장한 급진좌파당의 주된 슬로건이 반자본주의가 아니라 반신자유주의인 것은 대체로 관찰되는 사실인데(March and Keith 2016: 8; Hudson 2012; Chiocchetti 2017: 10), 급진좌파당이 사회주의는 물론 반자본주의 선동마저 후퇴시킨 데에는 사회주의의 위신의 문제가 있다.

공산주의/사회주의의 위신에 큰 영향을 미친 사건으로는 1956년 흐루쇼프의 비밀연설과 헝가리 봉기, 1968년 프라하의 봄, 1980년 폴란드의 반란, 1989-91년 사이의 동구권의 광범위한 반란과 몰락 등이 있었다. 동구의 공산당들은 끝내 권력을 내려놓거나 다당제 민주주의를 수용할 수밖에 없었다. 이 사건들의 특징은 프롤레타리아 독재라는 이름의 공산당 독재(권력독점)에 대한 산업 프롤레타리아의 반란이다. 서구의 공산당들은 이 사태들을 합리화하기 어려웠고 궁색한 처지에 놓이게 되었다(Eley 2002: 437). 이에 대한 서유럽 공산당의 대응은 소련 공산당

(CPSU)과의 거리두기, 국제당 노선이 아니라 '사회주의를 향한 일국적 모색'a national road to socialism(유로코뮤니즘), 프롤레타리아 독재의 포기와 정치적 민주주의 즉 정치적 다원주의의 수용으로 이어졌다(Sassoon 2010; Eley 2002; Balampanidis 2019). (원래 프롤레타리아 독재란 독재의 형태를 얘기하는 것이 아니라 자본주의 국가의 권력이 정치적 민주주의의 형식과 상관없이 자본가계급에 봉사하는 것처럼 사회주의로의 이행을 준비하는 이행기 국가의 권력은 자본가계급을 억압하고 프롤레타리아 계급에 봉사한다는 내용상의 문제 즉 권력의 성격을 가리키는 말이다(Draper 1987)).

급진좌파당의 출현 배경으로 소비에트 블록의 붕괴라는 역사적 계기를 들지 않고 사회주의 위신의 추락을 드는 것은 후자가 전자의 본질이기도 하지만, 1950년대 중반 이후 좌파의 여러 분열과 변신이 동일한 위기에 대한 대응이라는 점을 강조하기 위해서다. 서유럽 공산당의 소련 공산당(CPSU)과의 거리두기나 개혁공산당으로의 전환은 물론 1959년, 1967년, 1989년 등 세 차례에 걸친 덴마크 좌파의 분열이나 1970년대 이후 북유럽 좌파의 적녹당으로의 전환, 유로코뮤니즘과 녹색당 등장, 마오주의와 트로츠키주의 세력의 등장과 성장의 배후에는 모두 1950년대 중반 이후 증폭되어온 사회주의 위신의 추락이 있다.

좌파를 더 곤혹스럽게 한 것은 사회주의 모델 혹은 비효율적인 중앙집권적 계획경제의 좌절이다. 사회주의 계획경제에 대한 시장 우파의 공격을 무시하더라도 자본주의의 대안으로서의 사회주의 경제의 모델이 무엇인가에 대해서 시장사회주의나 자주관리 사회주의 혹은 민주적 계획경제 등 여러 논의가 없는 것은 아니지만, 무엇보다도 전체 좌파가 동의하거나 합의에 도달한 권위 있는 모델이 없다. 즉 좌파는 자본주의를 비판하는 데에는 유능할지라도 분명한 대안을 제시하는 데에 실패했다. 2000년대 초에 잠시 흥행에 성공했던 세계사회포럼(WSF)의 주된 슬로건은 '대안은 가능하다'였고, '대안은 사회주의다'는 일부만 외쳤다.

소련식 계획경제의 실패는 구체적인 대안의 제시를 어렵게 만들고 대안으로서의 사회주의/공산주의의 위신을 현저하게 손상시켰다. 이런 이유로 반자본주의를 얘기하더라도 사회주의 혁명의 공공연한 선동은 거의 사라졌고, 주요산업의 국유화 등 반자본주의 실행 프로그램 역시 점차 선동의 장에서 사라졌다.

소비에트 블록의 붕괴로 절정에 달한 사회주의 위신의 추락은 단지 공산당만의 위기가 아니라 전체 좌파의 위기였기 때문에 이전에 대립하였던 공산당과 트로츠키주의당을 포함한 다양한 좌파들이 과거의 앙금에서 벗어나 공동행동을 가능하게 하였다. "1989년 이전에 이런 유의 협력은 상상할 수 없었지만, 소련의 패배는 또한 유럽에서 1968년 급진화로부터 출현한 주로 트로츠키주의당과 다른 새로운 좌파당들에게 심대한 영향을 주었다"는 허드슨(2012: 11)의 평가도 같은 취지다.

주변화되고 파편화된 다양한 좌파들의 연대를 넘어 '다양한 좌파들이 하나의 당으로 결집한' 급진좌파당의 출현 배경에는 이처럼 소비에트 블록의 붕괴로 절정에 달한 '사회주의 위신의 추락'이 있다.

- **노동계급의 구성과 위상의 변화**

68혁명은 흔히 권위주의에 대한 반란이라고 하는데 이 반란은 경제적인 문제가 아니라 오히려 정치적/사회적/문화적인 불만이고 주로 신중간계급이나 새롭게 교육받은 젊은 층들의 반란이었다(Horn 2007; Eley 2002). 그 배경에 2차대전 후 자본주의 경제의 장기적 번영과 포스트 포드주의 사회와 복지국가의 성립으로 인한 소비사회, 개인주의가 있고, 흔히 얘기하듯 탈물질주의적, 탈산업사회적 주제가 등장하였다. 산업노동자의 비중보다 서비스 부문 특히 공공부문 피고용인의 비중이 커지고, 산업노동자 역시 중산층에 편입되거나 편입될 꿈을 갖게 되었다. 이에 따라 소비사회, 개인주의, 탈물질주의, 탈산업사회의 가치관이 앞서게 되었다. 이런 변화는 공산당을 뒷받침해 주었던 노동자 밀집지역의 상호부조 활동, 동호회 활동 등 공동체 문화의 소멸로도 이어졌다(Eley 2002; Sassoon 2010; Chiocchetti 2017).

더욱이 주기적인 선거에 의존하는 대의민주주의는 사회적인 불만과 갈등을 체제 내로 수렴하는 요술 방망이였다. 레닌이 얘기하는 전복과 혁명에 이은 국가권력의 장악 전망은 거의 비현실적으로 되었다. 싸쑨(Sassoon 2010)은 이 과정을 [자본주의 체제로의] 통합consolidation의 과정으로 본다. 돌이켜보면 68혁명 이전에 진지전war of position적인 실천도 끝나버렸다고 보는 제프 일리(Geoff Eley 2002)의 조망처럼 1923년 이후 지난 100년간 노동계급의 저항과 투쟁이 없었던 것은 아니지만 다른 대륙과는 달리 서유럽에서는 전복과 혁명에 걸맞은 대규모의 반란이 없었다. 이것은 제도 민주주의의 정착 때문이기도 하고 노동계급의 구성의 변화와 처지의 상승과 관련이 있다. 그들은 자신의 처지의 개선은 원할지라도 빼앗길 것은 족쇄뿐이라면서 체제의 변혁에 나설 기미가 없다. 좌파는 급여로 생활하는 사람은 모두 노동자이고 프롤레타리아라면서 노동계급의 외연을 한없이 크게 잡고 싶어 하지만 19세기 말이나 혹은 러시아혁명 무렵의 잠재적으로라도 혁명적인 노동계급은 찾기 어렵게 되었다(Sassoon 2010; Eley 2002; Laclau and Mouffe 2001; March 2011: 13, 30; Bookchin 2012: 74-75).

이처럼 포스트 산업사회와 복지국가의 성립에 따른 노동계급의 구성과 위상의 변화, 대의민주주의의 정착은 혁명적 좌파의 의지에도 불구하고 서유럽에서 혁명의 전망을 어둡게 하였다. 이것이 1970년대와 2008년의 경제위기에도 불구하고 유의미한 혁명적 선동이나 투쟁이 보이지 않게 된 이유 중의 하나이고, "좌파당들의 탈급진화는 대부분의 나라들의 극단좌파의 주변화에서 명백"하게 되었다(March 2011: 18).

이러한 점은 동구에서의 반란과 소련의 붕괴와 같은 사회주의의 위신의 추락에 이은 스탈린주의와의 거리두기에 멈추지 않고 레닌주의에 대한 포기 혹은 재평가로 이어졌다. 즉 아직도 공공연히 세계혁명을 얘기하는 트로츠키주의 조직이나 그리스 공산당(KKE)과 같은 일국적 이행을 얘기하는 완고한 스탈린주의당이 있기는 하지만 발달한 자본주의 사회에서 혁명의 가능성에 대한 회의는 커져갔다. 1917년 러시아혁명은 전쟁에 지친 병사들의 반란을 포함하여 극도로 허약해진 반봉건적인 후발 자본주의 국가에서 가능했던 것이고 따라서 특수한 상황에서 가능했던 혁명이지 선거민주주의가 정착한 발달한 서구사회에 그대로 재연될 수 없다는 인식은 혁명적 좌파의 입지를 심각하게 축소시켰다. (러시아혁명은 자본주의 세계의 어느 나라에나 적용 가능하다는 보편적 입장이 아니라 특수한 역사적 조건에서만 가능하였다는 상대적 입장).

이러한 좌파의 곤궁 속에서 여전히 자본주의에 굴복하고 싶지 않은 정서를 가진 좌파들은 대중의 불신을 넘어 대중의 지지를 획득하고자 혁명적 좌파라는 용어 대신 이탈리아 공산당(PCI)이나 독일의 좌파당(Die Linke)처럼 스스로를 변혁좌파trnasformative left로 부르거나(March 2011: 9), Syriza처럼 급진좌파radical left로 표현하였다. 이처럼 스탈린주의와 레닌주의와의 거리두기는 사회주의 모델과 사회주의 혁명의 경로에 관한 고민과 연관되어 있고, 이런 점에서 현시기 급진좌파당 운동은 프롤레타리아 독재를 포기하고 '투쟁과 집권'party of struggle and party of governance을 동시에 추구하다 실패했던 유로코뮤니즘의 문제의식과 궤를 같이한다고 보는 요아니스 발람빠니디스(Ioannis Balampanidis 2019: 232-238)의 평가는 정당하다.

"개량과 혁명의 문제를 즉각적으로 문제 삼지 않는 새로운 넓은 사회주의당"의 제안이나(Smith 2003b), 프랑스의 '반자본주의신당'(NPA)이 '창립원칙'에서 NPA는 '혁명당'이 아니라 '사회를 혁명화하기를 원하는 당'a party wanting to revolutionize society으로 규정한 데에는(Liégard 2009), 사회주의의 모델과 혁명의 전략에 관하여 분명하고 설득력 있는 대안을 제시할 수 없는 현시기 좌파의 고뇌와 무능력이 있다. 그리고 그 배경에 노동계급의 구성과 위상의 변화가 있다.

한편으론 이런 문제의식이 스탈린주의와 레닌주의를 넘어 노동계급 중심주의와 프롤레타리아 헤게모니를 부정하는 머레이 북친(Murray Bookchin 2012)의 생태사회주의나 에르네스토 라클라우와 샹탈 무페(Ernesto Laclau and Chantal Mouffe 2001)의 포스트 맑스주의적 급진민주주의의 주장으로 나아간다. 즉 이들 주장의 주된 근거도 발달한 자본주의 사회 내에서 노동계급의 구성과 위상의 변화다.

68혁명은 물론, 1970년대 서독 좌파의 녹색당으로의 전환, 북유럽 좌파의 적녹당으로의 전환, 이탈리아 공산당(PCI)의 사민당으로의 전환, 급진좌파당의 신좌파 의제의 수용 나아가 생태사회주의나 급진민주주의 전략 등의 배경에는 모두 포스트 포드주의 사회와 복지국가의 성립으로 인한 산업노동자계급(블루칼라)의 축소와 신중간계급의 성장이 있다. 즉 노동계급의 구성과 위상의 변화는 좌파의 전략에 심대한 변화를 가져온 요소다.

달리 말하면 다양한 좌파들이 모여 하나의 당으로 결집한 급진좌파당이 1990년대 이후에 출현한 배경에는 단지 사회주의의 위신과 관련되는 소비에트 블록의 몰락이라는 외적 충격만이 아니라, 1945년 이후 자본주의 경제의 장기호황과 포스트 포드주의 사회와 복지국가의 성립 속에서 이루어진 노동계급의 구성과 위상의 변화가 있다. 복지국가의 성립과 노동계급의 구성과 위상의 변화는 단지 신좌파 의제의 수용만이 아니라 혁명적 좌파의 입지를 현저하게 축소시켰다. 혁명의 주체와 혁명의 경로 그리고 이를 포함한 혁명 전략에 관하여 다양한 입장이 출현하면서 좌파는 파편화되었다.

신좌파 의제를 수용하고 혁명의 수단과 경로를 즉각적으로 문제삼지 않는 혹은 개량과 혁명의 이분법을 벗어나 다양한 좌파가 하나의 당으로 결집하는 급진좌파당의 출현은 이렇게 준비되었다.

- 신자유주의 지구화와 유럽통합

신자유주의와 자본의 지구화는 동시적으로 진행된 동전의 양면인데, 1999년 시애틀 투쟁을 시작으로 지구정의운동(GJM)이 전 세계적으로 벌어졌다. 유럽의 좌파들도 이에 적극 참여하였지만, 유럽에서는 지구화라기보다는 지구화의 유럽적 형태인 유럽통합의 측면이 훨씬 더 강조되었다(Hudson 2012; Heilig 2016).

지구화란 상품만이 아니라 자본과 생산은 물론 비물질적 서비스와 지적 재산권, 나아가 투기자본의 자유로운 이동까지 보장한다. 자본주의는 초기부터 세계시장과 결합되어 있었고 그 속에서 각국의 자본이 경쟁하였지만, 뜨거웠던 1960년대와 경제위기가 지속된 1970년대를 겪은 자본은 생산의 재배치와 자본이동의 자유를 적극 추진하였다.

특히 유럽 자본은 1990년대에 들어 미국과 일본 자본과의 경쟁에서 살아남기 위하여 역내의 공동시장, 공동화폐 등 유럽통합의 과정을 적극 추진하였다. 때마침 진행된 동유럽의 자본주의 시장으로의 편입은 서유럽 자본에게 엄청난 기회를 제공하였다.

강력한 공동화폐란 달러에 대응하기 위한 기획이었지만, 공동화폐를 안정시키기 위해 국가부채의 한도를 GDP의 60%, 연간 3% 이내로 제약한 마스트리흐트 조약은 복지 삭감을 위한 강력한 굴레로 작용하였다.

각국 정부가 넓어진 울타리 안에서 각국 자본의 경쟁력을 높이기 위해 노동과 복지를 공격하는 '바닥을 향한 질주'race to the bottom가 정착되었다. 이러한 공격이 가능하게 된 배후에는 노동의 교섭력과 투쟁력을 근본적으로 제약하는 생산의 지구화 혹은 생산의 재배치가 놓여 있다. 이제 자본의 일방적 우위가 확립됨에 따라 자본과 노동의 힘의 균형에서 성립하였던 복지국가에 대한 집요한 공격(실업을 포함한 노동의 유연화/탈규제와 복지 삭감 등)을 시작할 수 있게 되었다.

신자유주의 지구화가 추진되고 추진될 수 있었던 배경에는 여러 이유가 있겠지만 금융자본의 요구보다는 생산의 지구화의 측면이 훨씬 크다. 이런 설명방법은 신자유주의를 금융자본의 운동을 중심으로 설명하는 제라르 뒤메닐과 도미닉 레비(Gérard Duménil and Dominique Lévy 2004)의 입장과 차이가 있다. 신자유주의 즉 자본의 노동과 복지에 대한 공격은 1970년대 이후 축적위기를 겪으면서 자리 잡은 자본의 내적 요구가 생산의 재배치에 의해 자본과 노동의 힘의 균형이 무너지면서 가능하게 된 것이고, 이 과정은 높은 실업률을 동반하는 생산의 지구화와 관련이 있다. 이 점에서 금융과 부채경제의 지구화는 자본의 축적요구에 따른 신자유주의의 원인이 아니라 결과라고 보아야 할 것이다. 한편 허드슨은 복지국가가 냉전의 산물이고 신자유주의적 공격은 공산주의의 위험이 사라졌기 때문이라고 설명하는데(Hudson 2012: 3-7), 신자유주의 공격이 1980년대 초반 즉 냉전체제가 무너지기 이전에 영국의 대처와 미국의 레이건의 공격으로 시작된 점 등을 감안하면 복지국가의 형성과 유지에 냉전 시기 공산주의와의 체제경쟁이 중요한 요소이기는 하지만 충분한 설명이라고 보기 어렵다.

대부분의 유럽 좌파는 유럽통합을 자본의 기획이라고 주장하고(Thornett 2012), 따라서 1990년대 중반 유럽통합 거부투쟁('No to EU')에서 보듯 본능적으로 이 과정에 반대하였다. 1990년대부터 본격화된 신자유주의 공격과 유럽통합의 진행은 프랑스, 독일, 이탈리아 등 많은 나라에서 대중투쟁의 귀환을 가져왔다. 그리고 이 투쟁에 부응하기 위해 다양한 반신자유주의 세력의 결집이 필요했고, 여기에서 좌파의 재편과 새로운 유형의 유럽 좌파가 출현하였다(Hudson 2012: 7-18).

3-3. 좌파의 대응과 급진좌파당의 보편적 특질

다양한 좌파가 하나의 당으로 결집한 것을 특징으로 하는 급진좌파당은 1990년대부터 거세어진 신자유주의 지구화에 대한 공동대응의 과정에서 출현하였다. 그리고 하나의 당 속의 다양한 입장의 공존은 개량과 혁명의 이분법의 폐기와 다원주의의 수용 그리고 민주집중제의 폐지로 이어졌다.

- 개량과 혁명의 이분법의 폐기 및 다원주의의 수용

대부분의 연구자들은 급진좌파당 등장의 배경으로 1990년대부터 본격화된 신자유주의 공격과 사민당의 우경화로 인한 '빈 공간론'(vacuum thesis)을 들고 있다. 좌파들은 여기(빈 공간론)에 대중투쟁의 귀환과 그에 부응할 필요성을 강조하면서 이 과정에서 일어난 그동안 파편화되었던 다양한 좌파들의 재편과 재구성에 주목한다(Bensaid et al. 2011; Hudson 2012). 제4인터내셔널은 1995년 제14차 세계 총회에서 "우리의 정치적 조직적 목적은 좌파 재구성regroupment의 축의 일부이어야 하고, 전통적인 노동운동의 오래된 위기와 녹색 경향의 종말에 대한 개입이어야 한다"면서 '좌파 재구성'을 촉구했다(Videt 2011). 허드슨도 유럽의 새로운 좌파당들은 보통 많은 경우에 "좌파세력의 재편을 주도하거나 참여하고 있고, 때때로 과거에는 정치적으로 적대적이었던 조직과도 작업한다. 이것은 선거에서 별로 중요하지 않지만 매우 활동적이고 1968년 이후 극적으로 팽창한 새로운 좌파조직(트로츠키주의 정치조직에 기반을 둔)과 동맹하거나 심지어 합치는 것을 포함한다. 이러한 협력은 1989년 이전에는 상상도 할 수 없는 일이었다"면서 '좌파의 재편'realignment에 주목한다(Hudson 2012: 11).

이처럼 1990년대 이후에 시작된 좌파의 재편/재구성은 반신자유주의 투쟁에 부응하기 위한 것이지만 그 배경에는 앞서 본 바와 같이 1989-91년 소비에트의 붕괴로 절정에 달한 사회주의 위신의 추락과 2차 대전 이후 서구에서 진행되어 온 제도 민주주의와 포스트 산업사회 및 복지국가의 정착 그리고 노동계급의 구성과 위상의 변화에 따른 레닌주의 혁명노선의 난처함이 자리하고 있다. 현실 속의 좌파는 혁명의 전망과 전략에 관해 통일된 입장을 갖지 못했다. 그리고 주변화되고 파편화되었던 좌파가 신자유주의라는 거대하고 당면한 공격에 맞서기 위해 요청된 좌파의 협력과 통합은 좌파 내에 나누어진 스탈린주의에 대한 대립되는 평가, 의회주의적 경로와 혁명적 경로 사이의 다양한 태도, 신좌파 의제의 수용을 둘러싼 다양한 입장의 차이 등을 넘거나 문제삼지 않을 것을 요구했다.

다양한 좌파의 공동행동은 사회주의와 혁명에 대한 다양한 입장의 상호인정 즉 다원주의의 수용으로 나아간다. 그리고 다원주의의 수용은 러시아혁명 이래 고수해온 개량과 혁명의 이분법이 유효하지 않게 된 것을 의미한다. "전망은 기성의 이데올로기적 기준이 아니라 정치적 상황의 도전과 과제에 기반하여 세력을 재편하는 것이었다." "모든 강령적 이데올로기적 응어리와 당내 민주주의와 관련하여 극좌파의 관료적 기능이 없는 새로운 반자본주의당", "반자본주의적이고 다원주의적이며 대의적인 새로운 당들의 재편" 등을 언급하며 "개량과 혁명의 문제를 즉각적으로 문제 삼지 않는 새로운 넓은 사회주의당"을 제안하는 머레이 스미스(Murray Smith 2003a, b, 2014), NPA를 "모든 반자본 경향들을 묶어 내는 다원주의적 당"이라고 주장하는 프랑수와 싸바도(François Sabado 2008), 포르투갈의 좌파블록(BE)은 "역사적이거나 강령적인 친화성과 선험적인 이념적 일관성의 기초가 아니라 현재의 전 지구적 정치 상황, 자본주의와 제국주의의 역할에 대한 공동의 이해와 분석에, 그리고 따라서 우리들의 실천을 형성할 정치적 대결의 기초 위에 창설되었다"는 알다 쏘우자와 조르즈 코스타(Alda Sousa and Jorge Costa 2011)의 언급은 모두 좌파의 협력과 통합을 위해 개량과 혁명의 이분법의 폐기와 다원주의의 수용이 필수적인 것을 보여준다. 그리고 다원주의의 수용은 민주집중제의 폐지로 이어진다.

- 당 내외의 다원주의의 수용과 민주집중제의 폐지

이데올로기나 혁명의 전망과 전략에 관하여 단일하지 않은 다양한 좌파(그들이 반자본주의자든 혹은 반신자유주의자든 혹은 신좌파 의제를 수용하든 않든 간에)가 연대하고 함께하기 위해서는 레닌주의당의 불문율로 알려진 민주집중제를 폐지할 수밖에 없다. 왜냐하면 함께하는 다른 정파의 정치적 차이를 존중하는 다원주의는 공동행동의 필수적인 틀이고 그 속에서 민주집중제는 작동될 수 없기 때문이다.

그런데 다원주의의 수용과 민주집중제의 폐지에는 당의 안과 밖이라는 두 가지 차원의 문제가 있다. 유럽좌파당(PEL)은 "각국의 정치적 조건을 무시하지 않으면서 회원 당들의 공동의 정치적 정체성을 만들려고 시도해왔고, 합의consensus의 원칙에 기반하고 있다." 유럽의회의 좌파 정치그룹인 GUE/NGL은 "연방적 성격을 갖고 있다. 즉 각 당은 자율성을 갖고 있고 따라서 그룹이라는 넓은 틀 안에서 각자 결정한다"(Heilig 2016). 이처럼 여러 나라의 다양한 좌파당들이 모인 PEL이나 GUE/NGL은 물론 선거연합 또는 우산정당인 스페인의 통합좌파(IU)나 프랑스의 좌파전선(Front de Gauche: FdG)은 구성원의 정치적 독자성을 존중할 수밖에 없기 때문에 다원주의의 수용과 민주집중제를 폐지할 수밖에 없었다. 그런데 선거연합이나 우산정당을 넘어 다양한 좌파세력이 하나의 당으로 결집한 독일의 좌파당(Die Linke), 그리스의 Syriza, 포르투갈의 좌파블록(BE)은 당내에서 정치적 분파와 경향current의 구성을 허용하는 등 구성원의 다양한 주체적 권리를 보장하는 당내 민주주의를 위해 민주집중제를 폐지할 수밖에 없었다. 따라서 그리스의 혁명적 좌파들이 모인 '전복을 위한 반자본좌파연합'(Antarsya)과 같은 우산정당의 경우처럼 당내에서는 민주집중제를 관철하면서도 당 밖의 다른 좌파와의 관계에서는 다원주의의 수용과 민주집중제의 폐지를 받아들이는 당들의 연합과 다양한 정치세력이 하나의 당으로 결집하는 단일당/통합당unitary membership party이 당의 안과 밖에서 양자를 폐지하는 것은 다르다. 즉 좌파통합당은 단일한 이념과 민주집중제에 기초한 전통적인 좌파당과는 질적으로 구분되는 새로운 유형의 좌파당 운동이 된 것이다. 따라서 다양한 좌파들이 하나의 당으로 결집한 급진좌파당의 특질 중의 하나로 다원주의의 수용과 민주집중제의 폐지를 드는 것은 정당화될 것이다.

그리고 민주집중제의 폐지와 당내 민주주의 및 다원주의의 적용은 당의 운영원리, 집행부와 당 기구의 구성 및 당원의 민주적 권리 등에서 관철된다. 그런데 그 구체적인 운용은 당마다 약간의 차이가 있다.

[독일의 좌파당(Die Linke)은 2007년 강령에서] 다원주의적이고 "민주적 수단에 의해 동일한 목표를 이루기 원하는 모든 사람에게" 개방된 당으로 본다. 좌파당은 모든 당원이 다른 당원과 연합을 결성할 권리와 당 총회를 포함하여 당의 모든 기구에 안건을 제출할 권리를 갖는다. … 또한 8개 주 이상으로 구성되면 당내 연합으로 인정받고 당의 재정적 지원을 받으며 당 총회에 대표단을 파견할 수 있다. 현재 22개의 당내 연합이 있다. 비차별적 평등과 젠더 민주주의가 관철되고 모든 선출직의 절반은 여성이어야 한다(Hildebrandt 2012).

[덴마크의 적녹동맹(RGA)은] 다원주의적이고 다양한 방법으로 참여민주주의를 실천하고 있다: 당총회와 전국집행부, 의회 출마명부 등에 대리인delegate을 선출하는 전통적인 대의민주주의에 입각하고 있고, 이것은 집중주의에 반대하고 민주주의를 증가시키기 위한 것이다; 당의장이 없고 집단지도체제이며, 지부나 위원회가 높은 자율성을 갖고 있다; 전국집행부에는 소수자의 참여가 보장되어 있고, 전국집행위원, 국회의원, 시장, 당비서, 당사무직 등등은 로테이션으로 맡고, 국회의원을 포함한 모든 선출직들은 최대임기를 7년으로 하고, 코펜하겐의 숙련노동자와 동일한 임금을 받고 나머지는 당에 내놓는다. 당원은 분파나 경향을 만들 권리가 있고 전국집행부에는 여성할당제를 실시한다(Johansen 2012).

[2년마다 한 번씩 열리는 포르투갈의 좌파블록(BE)의] 전국 총회에는 20명 이상의 어떤 그룹도 정치강령을 제출할 수 있고, …

남녀 동수로 된 지도부 추천명부를 첨부해야 하고, 추천명부가 없는 정치강령은 허용되지 않으며, 총회에서 얻은 득표에 비례하여 약 80명으로 된 전국지도부를 배분한다. 전국지도부 첫 회의에서 두 달에 한 번씩 열리는 전국지도부 회의의 사이에 중요한 정치적 결정을 하는 15-20명의 정치위원회를 산출한다(Sousa and Costa 2011).

- 신좌파 의제의 수용

공산주의란 "개개인의 자유로운 발전이 만인의 자유로운 발전의 전제조건이 되는 연합association"이라는 『공산당 선언』(Marx and Engels 1969)의 정식에서 보듯, 단지 노동계급만의 해방을 넘어 모든 인간의 해방에 대한 열망을 담고 있다. 따라서 여성과 생태 그리고 소수자와 같은 신좌파 의제를 포용할 수 있고 자신의 과제로 삼아야 하지만, 『공산당 선언』 이래 노동계급 중심주의 혹은 프롤레타리아 헤게모니가 강조되면서 구 좌파당 운동은 신좌파 의제를 소홀히 하거나 경시해온 오랜 역사가 있다.

> 이런 태도는 당연히 중간계급 여성에게 잘 맞았다. … 자본주의의 산물인 여성 억압에는 항의하지만 자본주의 전체에는 도전하지 않는 그들에게 노동당 정치는 딱 맞는 것이었다. 노동계급 여성은 그런 사치를 부릴만한 여유가 없었다. … 여성운동 출신의 활동가들에게 여성운동의 분석방법과 활동방식을 모두 버리라고 요구하는 혁명적 사회주의 조직과 달리 … 구조도 없고 느슨한

연방주의가 특징인 여성운동과 관료주의적 늪이 특징인 노동당 정치 사이의 공통점이 민주적 중앙집중제가 특징인 혁명적 사회주의 정당과 둘 사이의 공통점보다 훨씬 더 많다(Cliff and Gluckstein 1996/2008: 535-537).

이처럼 영국 사회주의노동자당(SWP)의 이론가인 토니 클리프와 도니 글룩스타인(Tony Cliff와 Donny Gluckstein)은 페미니즘을 '부러진 갈대'에 비유하면서 영국 노동당에 합류한 페미니스트들의 실천에 대해 매우 비판적이다. 그들은 비계급적인 여성운동을 노동계급 여성 및 혁명적 사회주의 운동과 대비시킨다. 즉 노동하는 여성의 문제는 있지만 비계급적인 여성 일반의 문제는 독자적인 범주를 이루지 않고 그 위상은 계급운동에 종속된다. 영국의 트로츠키주의 조직을 연구한 존 켈리(John Kelly)는 남성중심적인 문화와 민주집중제에 따른 권위주의적 문화가 여성주의에 둔감하게 만들고 다른 당들보다 성폭력과 그 은폐의 경우가 많은 것과 관련이 있다고 주장한다(Kelly 2018: 98-100).

한편 프랑스 공산당(PCF)은 1993년 민주집중제를 폐지하고 토론의 자유를 보장하면서, 1999년 유럽의회 선거에서 남녀 동수의 선출직 여성할당제와 50%의 비당원 추천을 하였다(Hudson 2012: 17). PCF 등 개혁공산당들과 급진좌파당들의 연대기구인 유럽좌파당(PEL)의 강령이 5대 의제 즉 "평화, 민주주의, 사회정의, 성평등, 자연 존중을 위한 투쟁을 함께 이끌겠다"(Heilig 2016)고 합의한 것은 여성주의와 생태주의를 계급의제와 동등한 위상으로 받아들이는 것을 의미한다. 제4인터내셔널도 여성주의와 생태주의의 수용에 적극적이다(Sabado 2008). 따라서 노동계급 헤게모니를 중시하는 입장에서 신좌파 의제의 수용을 거부하거나 부차화하는 경우는 보수적 공산당과 혁명적 극단좌파의 일부에만 해당한다.

이런 점에서 신좌파 의제를 계급 의제와 동등한 위상으로 수용하거나 결합한 북유럽의 적녹당 그룹(NGL)이나, 낙태 비범죄화 투쟁에서 출현한 포르투갈의 좌파블록(BE)이나 그리스의 KKE 국내파가 신좌파 운동과의 결합을 통해서 출범한 Syriza의 전신인 '좌파와 진보 연합'(Coalition of the Left and Progress/SYN, 2004년 '좌파와 운동과 생태의 연합'(Coalition of the Left, of Movements and Ecology/SYN)으로 바꿈)과 같은 급진좌파당들은 신좌파 의제의 수용에 있어서 개혁공산당과 비교하여 강조점이나 강조의 정도가 다를 뿐 점차 수렴하고 있음을 알 수 있다.

그리고 신좌파 의제를 계급해방에 부차적인 과제가 아니라 인간해방의 입장에서 자신의 정치적 과제로 전면화한 것은 단지 이론적이고 전략적인 고민에서만 나온 것이 아니라, 서유럽에서 복지국가의 성립에 따른 노동계급의 구성과 위상의 변화와 신중간계급의 성장에 따른 개인주의의 성장 때문에 강요된 측면이 있고 따라서 좌파당의 대중적 성장을 위해 필수적인 부분이 되었다.

그런데 노동계급에 대중적 기반이 있는 사민당이나 공산당의 경우와 달리 이들에게 속하지 않은 주변화된 좌파세력들은 냉전시기의 반제반전 평화운동(NATO 반대, 미군기지 반대, 탄도미사일 반대 등)만이 아니라 핵발전소와 핵무기 반대는 물론 여성과 생태, 다양한 소수자 운동 등 사회운동과 주민운동에 뿌리를 두고 있었다. 따라서 그들 자신이 신좌파 의제를 주도하면서 신좌파 운동으로 나아가거나(Richardson and Rootes 1995), 혹은 계급운동에 신좌파 의제를 결합시키려고 하였다. 즉 신좌파 의제의 수용과 결합은 노동계급에 뿌리가 없는 주변화된 좌파들의 존재적 측면도 큰 영향이 있다(Heilig 2016). 이 점은 마오주의자와 트로츠키주의자 등 비공산주의적 좌파들이 결합한 낙태 비범죄화 투쟁에서 태동한 포르투갈의 좌파블록(BE)에서 전형적이고, Syriza나 북유럽의 NGL에 속한 여러 적녹당들도 마찬가지이다. 그러나 계급의제를 앞세우면서 신좌파 의제를 부차화하는 전통적인 좌파당 운동을 고집하는 경우는 물론 녹색당 운동이 독자적으로 발전한 독일을 포함한 중부유럽의 경우에는 세력으로서의 신좌파와의 결합은 지연되고 있다.

그런데 급진좌파당 운동은 사회문화적 모순보다는 신자유주의 지구화라는 사회경제적 모순에 대응하기 위해 촉발되었기 때문에 신좌파 의제의 수용은 급진좌파당의 전면적인 특질이라기보다는 부차적인 특질이라고 할 수 있다. 그리고 사민당과 녹색당과 경쟁하는 좌파당 운동이 비계급적인 신좌파 의제를 전면화하여 신중간계급의 포획에 나설 것인지 거리를 둘 것인지는 각 좌파당들의 전략적 판단에 따라 다를 것이다. 다만 독일에서는 사민당과 녹색당이 서로 상대방의 의제를 자신의 의제에 추가하려 했지만 성공적이지 못했던 반면(Sasoon 2010), "[노르웨이의] 사회주의좌파당(SV)이 70년대 초반부터 환경분야를 추진했기 때문에 녹색당이 빈약하다. 이 점은 덴마크와 같다"는 다그 싸이어스타드(Dag Seierstad 2012)의 지적처럼 북유럽에서는 좌파가 녹색의제를 선점하여 적녹당으로 발전하였다. 이처럼 신좌파 의제의 선점과 수용은 좌파당의 성장에 중요한 문제이다.

이처럼 주변화되고 파편화되었던 좌파가 신자유주의 공격에 대응하기 위해 다양한 좌파의 결집을 추구하면서 신좌파 의제를 수용한 것은 '노동계급의 구성과 위상의 변화'에 의해 강요된 측면과 신중간계급에 기반한 사회운동에 뿌리를 둔 비공산주의적 좌파의 존재의 문제, 나아가 머레이 스미스(Murray Smith 2014)가 말하듯 신자유주의에 반대하는 모든 세력을 끌어모아야 할 절박한 필요성 때문이었다.

이런 모든 사정이 이념과 교조로부터 자유롭고 개방적인 당을 출현시켰고, '다양한 좌파들이 하나의 당으로 결집한' 급진좌파당은 개량과 혁명의 이분법의 폐기, 당 내외의 다원주의의 수용과 민주집중제의 폐지, 신좌파 의제의 수용을 특질로 하게 되었다.

3-4. 새로운 유형의 좌파당 운동을 둘러싼 논쟁

- 당의 구성에 관한 맑스, 엥겔스와 레닌의 견해와 실제

제3인터내셔널인 코민테른이 개량주의로 규정한 사민당과의 결별을 강조한 이래 공산당 운동은 단일한 정체성을 기반으로 한 운동으로 인식되어 왔다. 그러나 차티스트 좌파와 블랑키스트까지 함께 하였던 공산주의자동맹의 강령적 문서로 맑스와 엥겔스가 작성한 『공산당 선언』은 'Ⅱ. 프롤레타리아와 공산주의자'라는 절에서, "공산주의자는 … 노동계급의 투쟁이 거치는 다양한 발전단계에서 언제 어디서나 그 운동 전체의 이해를 대변한다. … 다른 모든 나라 노동계급 당들 가운데 가장 선진적이고 결의에 찬 부분이고, … 공산주의자의 당면목적은 다른 모든 프롤레타리아 당들과 마찬가지로 프롤레타리아를 하나의 계급으로 형성시키고, 부르주아 지배를 타도하며, 프롤레타리아가 정치권력을 장악하도록 하는 데 있다"고 말한다(Marx and Engels 1969).

레닌은 『무엇을 할 것인가?』(Lenin 1961)에서 당과 계급의 혼동에 대해 반대하면서 당은 노동계급의 일부이자 선진부대이며, 전위적 역할을 해야 한다고 얘기하였다. 나아가 『일보 전진, 이보 후퇴』에서 보듯, "당 조직은 오직 직업적 혁명가로만 구성되어야 한다고 생각해서는 안 된다. 우리는 극히 제한되고 비밀스런 조직으로부터 매우 광범하고 자유로운 느슨한 조직에 이르기까지 모든 종류, 모든 등급, 모든 색채의 다양한 조직이 필요하다"는 견해를 가졌다(Lenin 1964: 261). 따라서 흔히 레닌주의당이 직업적 혁명가로 이루어진 당이란 허구가 널리 퍼져 있는데 이는 잘못된 것이다(Draper 1999).

이처럼 맑스, 엥겔스와 레닌의 당의 구성과 역할에 대한 견해는 분명하지만, 현실에서는 공산주의자동맹이나 제1인터내셔널이나 모두 다양한 공산주의자들로 이루어졌고, 「고타강령 비판」(Marx 1970)에서 보듯 라살레주의를 비판하면서도 다수파인 기회주의적이고 개량주의적인 라살레주의적 강령이 관철되었고, 1890년 독일 사민당 할레 대회에서도 베른슈타인의 수정주의적 최저강령이 관철되었다. 10월 혁명 후 제3인터내셔널(코민테른)도 처음에는 개량주의인 사민주의당과 대립하였지만 파쇼의 위협 속에서 통일전선 전술과 인민전선 전술을 택하기도 하였다.

당은 선진적이고 결의에 찬 부분으로 이루어져야 하지만(이념형), 운동의 현실은 개량주의자와의 타협과 혼거를 강요하는 경우가 많았다. 특히 1875년 독일 사민당의 고타 통합대회는 대중의 압력에 의해 이루어진 것이었다. 또한 개량주의자들과 대립할 것인지 혹은 연대할 것인지, 연대할 경우 각자의 독자성을 갖는 전선으로 결합할 것인지 아니면 하나의 당으로 결합할 것인지는 모두 운동의 현실과 전망에 따라 판단될 문제다.

- 혁명정당의 원칙에 관한 혁명적 좌파의 주장

트로츠키주의자인 존 몰리뉴(John Molyneux)는 혁명당의 원칙과 역할로 "당의 계급적 본질(산업 프롤레타리아에 뿌리를 둔 당), 전위로서의 당(전체 노동계급이 아니라 그들의 내부에서 그들을 지도하는 전위 노동자로 이루어진 당), 전투조직으로서의 당, 민주집중제, 당의 독립성(행진은 따로 하되 파업은 같이한다), 당의 교육업무, 헤게모니 투쟁(프롤레타리아 계급의 지도하에 피억압자의 역량을 결집시키는 역할), 인터내셔널"의 8가지를 들고 있다(Molyneux 1978/1993: 182-189).

이런 원칙과 역할은 혁명적 맑스주의자나 맑스레닌주의자를 자임하고 철의 규율(민주집중제)을 가진 직업적 혁명가들로 이루어진 전위당을 추구하는 혁명적 좌파에게는 당연한 얘기이겠지만, 급진좌파당 혹은 새로운 좌파당 운동의 입장에서는 당의 교육업무를 제외하고는 거의 수용하기 어렵다.

특히 노동계급의 구성이 다양해지고 제조업 부문 종사자가 대부분 20% 이하로 떨어지고 급여 생활자들의 교육과 생활수준

표 2: 프랑스 좌파 지지계층의 변화

	유권자 1978	좌파 득표율 1978	공산당 당원 1979	유권자 2002	좌파 지지율 2002	공산당 당원 1997
성별						
남성	48.1	52.8	65	45.9	42.9	60
여성	51.9	47.2	35	54.1	57.1	40
나이						
<30	24.8	35.8	24.5	19.6	22.3	10.5
30-59	52	50.3	59.9	54.1	65	65.1
>59	23.2	13.9	15.6	26.3	12.7	24.4
계급						
임금노동자	40.5	57.3	59.9	46.9	63.4	43.7
중간직	10	11.7	10.2	14.7	17.2	10.3
화이트칼라	12.3	13.4	17.6	15.5	20.9	17.1
블루칼라	13.5	24.9	32.1	11.4	18.8	16.3
실업	4.7	7.3		5.3	6.5	
고용주 및 자영업자	11.2	3.7	5.9	2.7	0.8	2.5
전문직	4.8	3.8	3.4	7.9	6.5	5.9
비경제 활동인구	43.4	35.2	30.8	42.5	29.3	47.9
연금생활자	18.7	12.6	15.5	27.9	14.1	24.5
학생	2.4	3.3		6.4	7.4	
기타	22.3	19.3	15.3	8.2	7.8	23.4
교육수준						
고졸 이하	74.7	77.5	53.7	57.3		
고졸	14.1	12.3		16.4	17.4	
대졸	11.2	10.2		29.9	25.2	
종교						
카톨릭	17	3	10.6	5.1		
비카톨릭	65.5	62.7		57.2	47.5	
기타 종교	3.7	2		5.8	4.3	
비종교	13.8	32.3		26.4	43	

Source: Chiocchetti 2017: 173.

이 높아진 상황에서 산업 프롤레타리아만을 중심에 두거나 프롤레타리아 헤게모니를 강조하는 것은 공산당의 주된 지지층이 사민당이나 신좌파당과는 달리 나이 먹은 블루칼라나 연금생활자로 축소된 것에서 보듯 현실적으로 벽에 부딪쳤다(Eley 2002: 384-387; Sassoon 2010: 651-657).

<표 2: 프랑스 좌파 지지계층의 변화>에서 보듯, 1978년과 2002년 사이에 프랑스 유권자 중 블루칼라는 13.5% -> 11.4%, 연금생활자는 18.7% -> 27.9%로 변하고, 1979년과 1997년 사이 공산당(PCF)의 당원 중 블루칼라는 32.1% -> 16.3%, 연금생활자는 15.5% -> 24.5%로 변했다. 즉 블루칼라의 축소와 연금생활자의 증가 경향은 확연하다(Chiocchetti 2017: 172-174).

그리고 혁명의 전망이나 가능성과 밀접한 연관을 갖는 전위당 입장은 당의 독립성이나 순수성을 강조하면서 불가피하게 엘리트주의나 분파주의로 흐를 가능성이 있다. 무엇보다 각국의 상황과 처지가 다를 수 있고 사회주의의 전망과 실천에 대한 입장이 다양할 수밖에 없는 좌파당들이 PEL(유럽 좌파당 연합)이나 GUE/NGL(유럽의회 내의 좌파 정치그룹)처럼 각국 당의 상대적 자율성이나 독자성을 인정하는 느슨한 연합(Heilig 2016)을 넘어 중앙집권적 행동규율인 민주집중제에 기반한 인터내셔널(국제당)은 코민테른의 해체나 유로코뮤니즘의 분립의 역사를 거론하지 않더라도 이미 현실성이 없게 되었다. 오늘날 국제당 전략은 트로츠키주의자들만 추구하고 있는데, 2017년 기준으로 전 세계의 국제당은 23개이고, 영국의 경우 총 22개의 트로츠키주의당 중 국제당이 없는 5개를 제외한 17개의 당이 17개의 국제

당에 속해있다(Kelly 2018: 216-228). 이처럼 지나친 분파주의의 배경은 자기 당의 해석이나 입장만이 옳다는 교조주의의 병폐이기도 하지만 차이를 용인하지 않고 규율을 강요하는 민주집중제와도 밀접한 관련이 있다. 민주집중제는 표면상으로는 민주적으로 토론하고 결정이 되면 중앙집중적으로 실천하자는 취지이지만 당내의 다양한 의견이나 소수파를 억압하는 방식으로 작동되어 왔다(Kelly 2018: 95). 이런 이유로 단지 주변화를 벗어나려는 동기만이 아니라, 신자유주의라는 거대한 공동의 적 앞에서 파편화된 다양한 좌파세력들이 뭉쳐야 한다는 점을 강조하는 좌파들은 다양한 세력들이 현실적으로 뭉치기 위해서는 다원주의를 보장할 수밖에 없고 따라서 민주집중제를 폐지할 수밖에 없다는 결론과 실천에 도달하였다(Sousa and Costa 2011; Sabado 2008; Smith 2014).

한편 존 켈리는 트로츠키주의의 핵심요소를 9가지로 정리한다: 1) 연속혁명의 이론(vs. 단계적 혁명과 일국 사회주의), 2) 통일전선 전술(vs. 인민전선), 3) 이행요구(vs. 최소/최대 요구), 4) 스탈린주의 국가에 대한 비판적 분석(vs. 사회주의 국가로서의 소련), 5) 새로운 혁명적인 제4인터내셔널의 필요성(vs. 공산주의적, 사민주의적이고 개량적인 노동운동 지도자들), 6) 민주집중제와 혁명적 전위당의 필요성, 7) 노동조합 관료들과 싸우는 풀뿌리 운동 건설의 필요성, 8) 권력 장악과 프롤레타리아 독재의 창출로서의 혁명(vs. 의회주의와 개량주의), 9) 전쟁과 혁명의 한 시기로서 제국주의 시기(vs. 자본주의의 안정)(Kelly 2018: 18).

이상의 요소들은 모두 트로츠키가 『이행강령』(Trotsky 1938)에서 주장한 바인데, 특히 주목을 끄는 것은 2) 통일전선 전술과 6) 민주집중제와 혁명적 전위당이다. 혁명적 전위당은 자신의 정체성을 지키기 위해서 민주집중제에 의지해야 할 뿐만 아니라 다른 세력과 연대하는 방도는 통일전선 전술밖에 없다. 즉 혁명당과 민주집중제 그리고 통일전선 전술은 하나의 세트이다. 이런 점에는 맑스레닌주의자를 자처하는 스탈린주의자들 역시 공감한다. 다만 특정한 시기에 통일전선 전술을 확장하여 중간계급이나 부르주아 계급과의 연합이었던 인민전선까지 폭을 넓힌다든지 민주집중제에 입각한 국제당이 현실적으로 불가능하게 되자 사실상 협의체인 '공산당과 노동자당 국제회의'(IMCWP)를 통해 연대하는 점이 차이가 있다. 또한 개혁공산당 역시 이념에 기반한 운동이기 때문에 자신의 정체성을 지키기 위해 선거연합이나 우산정당과 같은 통일전선 전술을 취한다. 공산당이 주도하는 스페인의 통합좌파(IU)나 프랑스의 좌파전선(FdG)이 그렇다. 따라서 구 좌파당 운동과 새로운 좌파당 운동 간에 벌어지는 논쟁의 근저에는 당과 통일전선 전술에 대한 입장의 차이가 있다.

- 캘리니코스와 싸바도의 논쟁: 혁명당-통일전선 vs. 반자본 신당(통합당)

프랑스의 '혁명적 공산주의동맹'(Revolutional Communist League: LCR)은 '새로운 시대, 새로운 강령, 새로운 당'을 표방하면서,

2008년 2월 신당 프로젝트를 결정하고, 2009년 2월 조직을 해산하고 '반자본주의신당'(Nouveau Parti Anticapitaliste: NPA)으로 출범하였다(Krivine at al.: 2009). 그런데 당시에 영국의 트로츠키주의당인 사회주의노동자당(Socialist Workers Party: SWP)의 알렉스 캘리니코스(Alex Callinicos 2008)가 NPA를 '특별한 종류의 통일전선'으로 규정하자 프랑수와 싸바도(François Sabado 2008)가 이를 적극 부정하면서 "NPA는 그 자체가 하나의 반자본주의 정당으로서 의회가 아니라 투쟁과 사회운동에 중심을 두는 당이다. 중도좌파나 사회자유주의와의 동맹이나 공동정부에의 참여를 거부하는 것을 창립원칙으로 하는 당이며, 반자유주의에 멈추지 않고 자본주의를 파괴하고 지배계급의 권력의 타도를 지향하는 당"이라고 반론한 데에는 혁명전략에 관한 심대한 차이가 놓여 있다.

캘리니코스(2008)는 주류 사민당의 우경화로 빈 공간이 열렸다는 점과 저항의 귀환이 이 공간을 채워야 할 압력을 만들어내었다는 점, 그리고 여기에 부응하기 위한 급진좌파의 출현을 극히 중요하고 긍정적인 발전으로 평가한다. 그러나 선거연합인 Respect[이라크 전쟁에 반대하다 영국 노동당에서 쫓겨난 전 의원 조지 갤러웨이(George Galloway)와 SWP가 2004년 만들었다가 2007년 분열한 선거연합당]나 PRC(이탈리아 재건공산당)에서 보듯 개량주의자의 배반의 위험 때문에 그리고 혁명을 준비하고 혁명세력을 양성할 임무 때문에 혁명가들은 독자성을 유지해야 한다고 주장한다. 따라서 [발달한 자본주의 국가에서 혁명적 대중정당의 건설은 불가능하다는 점 혹은 극히 어렵다는 점 때문에 혹은 대중성이 없기 때문에] 이 빈 공간을 채우는 것은 개량주의자와 연합하는 통일전선일 수밖에 없고, NPA도 또한 '특별한 종류의 통일전선'으로 규정한다.

이에 대해 싸바도(2008)는 NPA는 통일전선이 아닌 새로운 시기에 부응하는 당이고, 결코 통일전선이어서는 안 된다고 주장한다. SWP의 개념은 "[Respect의 전신인] 사회주의동맹(Socialist Alliance)은 선거의 장에 적용된 특별한 종류의 최상의 통일전선이다. 그것은 좌파개량주의 활동가들과 혁명가들을 최소강령을 둘러싼 공동투쟁으로 묶으려고 하였다"는 존 리즈(John Rees 2002)의 개념에 따른 것인데, 이러한 "특별한 종류의 통일전선"은 최소강령 이상으로 나아갈 수 없고 연합의 한 주축인 개량주의 지도자의 불철저함에 대해서도 비판하기 어렵고 변절의 경우에 깨어질 수밖에 없다는 점에서 거부한다.

양자는 또한 혁명관과 혁명당에 대한 정의에 대해서도 대립한다. 캘리니코스는 "NPA는 단순히 신자유주의에 반대하는 당이 아니라 반자본주의 당이고 사회의 혁명적 변혁을 위한 당이라고 주장하지만, 고전적 맑스주의 전통에서 이해되어 온 특별한 의미에서 아직 혁명당은 아니다." 이 전통에서 "사회주의 혁명은 대중파업, 자본주의 국가에 노동자 민주주의 제도를 대항시키는 이중권력의 발전, 노동자평의회의 지배를 구축하여 이런 위기를 해소하는 무장반란, 그리고 이런 모든 것을 통하여 노동계급 내에 다수의 지지를 받는 대중적 혁명정당의 출현이라는 특별한 형태를 취하는 것으로 받아들여진다"고 주장한다.

이에 대해 싸바도는 개량주의를 막을 정치적 장벽으로 사회당과의 어떠한 연합이나 협력도 부정하는 것을 기본입장으로 하였고, "혁명은 무질서한 행동에 의한 경제적 구조와 정치권력의 짧은 시간의 급진적 전복이다"는 에르네스트 만델(Ernest Mandel)의 정의를 들면서 다음과 같이 주장한다:

> 폭력적인 것은 혁명이 아니라 반혁명이고, 폭력의 사용은 지배계급의 폭력에 대해 혁명과정을 지키려는 것이었다. 당은 혁명가들의 통합으로 축소되어서는 안 되며 수백만 노동자와 청년들과 대화하는 당, 강령적 요지를 대중적으로 설명하고 선동하고 정식화하는 당, 자본주의 위기, 지구 온난화, 생태 윤리처럼 사회에 영향을 끼치는 근본적 문제에 대하여 광범위한 토론을 수행할 수 있는 당, 활동가와 지지자들이 자신들의 배경을 보존하면서 그들의 사회적 정치적 경험과 통합시킬 수 있는 당, 모든 반자본 경향들을 묶어 내는 다원주의적 당이어야 하고, 이 당은 새로운 정치적 현실을 대변해야만 하고 혁명운동의 전통을 따르고 혁명과 21세기 사회주의의 개입에 기여해야만 한다(Sabado 2008).

이처럼 양자는 빈 공간의 출현과 그것을 채울 필요성에 대해 공감하지만, 혁명(당)과 전략에 대한 입장이 다르다. 만약 혁명을 자본주의의 물리적 전복으로 이해하고 그 수단을 준비하는 것을 혁명당의 의무라고 한다면 NPA는 혁명당이 아니다. 혹은 물리적 전복이 아닌 급격한 전복이라고 정의하여도 그 수단과 경로를 언급하지 않고 최종적 목표만을 천명하는 것 즉 단순히 자본주의를 끝장내고 '사회를 혁명화하길 원하는 당'(Liégard 2009)인 경우 혁명당이라기보다는 변혁당이 될 것이다. 발달한 자본주의 사회 혹은 선거민주주의가 확립된 사회에서 혁명적 시기가 아닌 이상 공공연한 혁명당이 대중성을 가질 수는 없다. 따라서 대중성을 가질 수 없는 혁명당은 대중과 접촉하기 위해 혹은 개량주의 세력에게 대중적 위신이 남아 있는 한 통일전선을 추구하지 않을 수 없고, 특별한 종류의 통일전선의 필요성도 여기에서 유래한다. 이 경우 개량주의자와의 통일전선을 유지해야 하는 부담과 개량주의자의 배반이라는 상존하는 위험은 이미 영국의 선거연합이었던 Respect에서 보는 바와 같다. 합의된 최저강령은 반신자유주의 강령 혹은 그 일부일 것이기 때문에 그 이상의 투쟁을 강요할 수도 없고, 따라서 반자본주의로 나아갈 수가 없다는 싸바도의 지적은 일리가 있다. 이것은 러시아혁명 후 공산당이 혁명적 대중정당으로서 같은 노동계급의 대중정당인 사민당을 때로는 고립시키고 때로는 연합하여 왔던 혁명당-통일전선이라는 종래의 틀이 유효하지 않다는 지적이다.

"우리는 다양한 반자본주의 전통을 끌어당기는, 공산당은 아니지만 공산주의자를 포함하는 당이다"(Hudson 2012: 16)라는 독일 민주사회주의당(독일 공산당(SED)의 계승당, PDS) 의장 그레고르 기지(Gregor Gysi)의 정식에서는 공산주의자는 자신의 주장을 제출하고 선동할 수 있다. 달리 말하면 반자본 사회주의라는 지향만을 규정하고 혁명의 전략이나 수단을 규정하지 않음으로써 혁명적 사회주의자와 변혁좌파가 시민권이 보장되는 다원주의적 당이라면 개량주의자와 혁명세력이 공존할 수 있고 대중성을 가질 수 있다.

이처럼 싸바도가 얘기하는 "활동가와 지지자들이 자신들의 배경을 보존하면서 그들의 사회적 정치적 경험과 통합시킬 수 있는 당, 모든 반자본 경향들을 묶어 내는 다원주의적 당"이나, 기지의 "공산당은 아니지만 공산주의자를 포함하는 당"은 구 좌파당 운동의 개량과 혁명의 이분법을 벗어난 새로운 유형의 좌파당이고, 이 당은 이데올로기적 지향을 갖지 않는다. 따라서 스탈린주의자와 트로츠키주의자의 대립에서도 자유로운 개방적인 당일뿐만 아니라 민주집중제도 폐지하고 있다. 개개인의 자주적 의사에 따라 참여한 당이고 다양한 배경을 가진 세력들이 참여한 당이기 때문에 의견그룹이나 경향current을 만들 권리를 갖는 것은 당연하고 따라서 민주집중제는 유효하지 않게 된다. 이런 이유로 마오주의자와 트로츠키주의자 그리고 공산당(PCP) 이탈파들이 합당한 포르투갈의 좌파블록(BE)은 다를 수밖에 없는 과거의 역사(특히 스탈린주의)에 대한 평가나 혁명을 위한 구체적인 전략을 빼버리고, 반자본주의나 반제국주의 등 미래의 의제를 중심으로 강령을 만들고 경향을 유지할 권리를 보장하는 다원주의를 채택하였고, 의결기구뿐만 아니라 집행기구에서도 공동결정과 공동참가의 원칙을 고수하였다(Sousa and Costa, 2011).

결국 NPA의 요지는 반자본 사회주의에 동의하는 모든 세력이 모이기 위해 민주집중제를 폐지한 다원주의적이고 개방적인 당이며 종래의 노동계급의 정당과는 다른 새로운 유형의 당이라는 것이다. 또한 사회주의 혁명의 전략과 전망에 다양한 입장을 갖는 세력이 동거하기 위해 혁명의 수단과 경로를 언급하지 않고 최종적 목표나 입장인 반자본주의만을 천명하게 된 것인데 이 취지를 정확히 표현한 당명이 바로 '반자본주의신당'이었다.

즉 NPA는 전형적인 반자본 통합당이다.

- 스미스와 암스트롱의 논쟁: 혁명당 vs. 넓은 좌파당

스코틀랜드의 사회주의자인 머레이 스미스(Murray Smith)는 2000년대 초반부터 혁명당-통일전선 모델과 대립되는 넓은 좌파당(broad left party) 모델을 제출하였고, 이에 대해 영국 SWP 소속인 조 리즈(John Rees 2002)와 스코틀랜드 사회당(Scottish Socialist Party: SSP)의 닉 매커렐(Nick McKerrell 2002)의 비판과 스미스(Smith 2003a, b)의 반비판이 있었다. 또한 2014년 여름에는 오스트레일리아 혁명적 좌파의 우산정당인 '사회주의 대안'(Socialist Alternative)의 믹 암스트롱(Mick Armstrong 2014)이 스미스의 넓은 좌파당과 관련한 주장을 좌파 개량주의적 기획이라고 비판하였고, 이에 대해 스미스(2014)가 다시 반론하였다.

넓은 좌파당과 관련한 스미스 주장의 요지는, 사민주의 세력은 사회자유주의로 전향했을 뿐만 아니라 개량을 제공할 물적 토대가 없어졌기 때문에 새로운 당이 노동계급을 결집시킬 수 있는 여지가 생겼고(빈 공간론), 노동계급의 운동과 혁명운동에 부응하기 위해서는 낡은 혁명당 모델이 아니라 넓은 좌파당이 필요하며, 현시기의 분계점은 개량과 혁명이 아니라 신자유주의에 반대하는 사람들 속에서 반신자유주의를 인간적 자본주의 전망인가 혹은 반자본 사회주의 전망인가의 구분이라고 주장한다. 또한 통일전선은 사민주의 혹은 개량주의 세력의 상층부가 대중에게 영향력이 있을 때 대중의 투쟁에 부응하기 위해 상층부와 전선으로 연대하였던 것인데, 오늘날 그런 유의 통일전선은 필요가 없고, 오히려 넓은 사회주의당이 필요하다고 주장한다. 이러한 입장은 존 리즈(2002)가 정리한 것처럼 "개량과 혁명의 문제를 즉각적으로 문제 삼지 않는" 새로운 넓은 사회주의당이라고 정의할 수 있다(Smith 2003a, b).

이에 대해 암스트롱은 프랑스 공산당(PCF) 등 개량주의 세력이 긴축반대 투쟁에서 보여준 역할은 심대하였고, 이들과의 통일전선이 필요하다. 그럼에도 Syriza와 같은 넓은 당은 정치적인 전장이므로 혁명적 맑스주의자들이 활동해야 한다. 넓은 당의 반자본 딱지만으로는 [혁명이] 보장될 수 없고, 2005년의 프랑스의 국민투표나 독일의 좌파당의 선전은 신자유주의 공격을 감소시키지 못했다. Syriza의 환상적인 선거결과는 중요한 전진이기는 하지만 긴축을 막지 못했다고 비판한다(Armstrong 2014).

이에 대한 반론으로 스미스는 2014년 여름 넓은 좌파당에 대한 포괄적인 견해를 제출하였다. 그의 견해의 요지는 현시기에 혁명당이라는 틀로는 대중의 투쟁과 의식을 수렴할 수 없으므로 혁명적/변혁적 좌파는 넓은 좌파당을 만들고 그 속에서 입당주의적 관점에서의 혁명적 분파faction를 만드는 것이 아니라 경향current으로 기능해야 하고 대중의 지지를 확보할 수 없는 사회주의 혁명은 상상할 수 없다는 것이다. 그런데 특히 주목되는 부분은 "모든 강령적 이데올로기적 응어리와 당내 민주주의와 관련하여 극좌파의 관료적 기능이 없는 새로운 반자본주의당, …

반자본주의적이고 다원주의적이며 대의적인 새로운 당"을 만들어야 한다는 주장이다(Smith 2014). 이 주장은 반신자유주의 투쟁을 위해 파편화되고 주변화된 다양한 좌파 세력을 끌어모아야 하고 이를 위해 좌파통합당이 "모든 강령적 이데올로기적 응어리"가 없는 즉 개량과 혁명의 이분법이나 스탈린주의 등에 대한 역사적 평가를 즉각적으로 문제삼지 않고 다원주의의 채용과 민주집중제의 폐지로 나아갈 수밖에 없었던 사정을 잘 보여주고 있다.

암스트롱은 스미스의 넓은 당/통합당 기획을 의회주의적 경로 즉 개량적 경로로 비판하면서 혁명적 경로를 보장하는 당-통일전선 전략을 대립시킨다. 그런데 반자본 딱지만으로 혁명이 보장되지 않는 것처럼 혁명당이라는 딱지만으로 혁명이 보장되지 않는 것은 똑같다. 독일의 좌파당(Die Linke)과 Syriza가 긴축을 막지 못한 것은 그들이 통일전선이 아니라 통합당이었기 때문이라고 할 수 없다. 그리고 소위 '개량주의자의 배반의 위험'은 혁명당-통일전선이든 통합당이든 똑같고, 배반의 위험을 막는 힘은 대중으로부터 나온다. 핵심은 통일전선이나 통합당 내의 정치투쟁의 과정에서 대중과 결합하여 고립을 면하고 지지를 넓히는 것에 있기 때문에 특정한 조직유형과는 관련이 없다. 이처럼 개량과 혁명의 이분법을 뛰어넘어 변혁적 경로를 채택한 넓은 당 기획을 오직 개량주의나 의회주의적 시도로만 보는 것은 새로운 당운동에 대한 풍부한 이해를 가로막는다.

2015년 8월 Syriza가 트로이카(IMF, EU, ECB)에게 굴복했을 때에 당내 좌파인 좌파강령(Left Platform)은 탈당하여 대중통합

(Popular Unity)을 만들었다. 이때 넓은 당 전략은 동거하는 개량주의자의 배반을 피할 수 없으므로 처음부터 실패할 운명이었다는 비난이 나왔다. 그러나 넓은 당 전략의 배경은 혁명적 좌파나 변혁좌파가 자기 힘만으로 주변화나 고립화를 벗어날 수 없다는 전망 때문이었다. 그리고 개량주의 세력과 변혁세력이 동거하는 모델에서는 개량주의와 타협주의 세력의 배반은 언제든지 일어날 수밖에 없다. 그런데 좌파들의 전략의 유용성에 대한 판단의 기준은 계급투쟁과 계급의식의 성장에 기여하고 좌파의 정치적 개입력의 성장에 기여하는가의 여부이다(Davies 2013). 그리고 좌파강령은 원래 당내 지지율이 20%~25%였는데, 치프라스(Tsipras)의 굴복안에 대한 반대를 중앙위원회의 표결에 붙여 201명 중 109표로 통과시켰다. 영국 SWP 초청토론에서 넓은 좌파당 전략을 폄하하는 캘리니코스에 대하여 미국 SWP의 한 활동가는 "좌파강령이 [Syriza의 대표이자 수상인] 치프라스의 굴복과 퇴각에 직면하여 Syriza의 수만 명의 당원이나 Syriza에 투표한 수백만 명의 지지자들에게 대안전략을 제시하면서 그들을 획득하는 데에 훨씬 더 유리한 위치에 있었다는 것은 자명하다"라고 한다든지(Dan 2015), 좌파강령이 Syriza에 합류하지 않았다면 이러한 대중정치에 개입할 기회는 주어지지 않았을 것이고, 이런 점에서 좌파강령이 실패로 끝났을지라도 넓은 좌파당의 유용성은 부정될 수 없다는 스따티스 쿠벨라키스(Stathis Kouvelakis 2015)의 발언은 새겨 볼 필요가 있다.

- 논쟁의 종합; 새로운 유형의 좌파당 운동의 성립계기와 특질

이처럼 첨예하게 대립하고 있는 캘리니코스와 싸바도의 논쟁이나 암스트롱과 스미스의 논쟁(네 사람은 모두 트로츠키주의 계열의 이론가들이다)에서 이 글의 당면 관심은 어느 쪽이 더 옳은가가 아니라 혁명당 운동을 포함한 구 좌파당 운동과는 다른 새로운 유형의 당운동이 어떤 고민에서 나왔고, 그것이 구 좌파당 운동과 다른 특질은 무엇인가이다.

무엇보다 새로운 당운동은 좌파가 주변화로부터 벗어나려는 움직임이다. 그리고 혁명당만으로는 대중성을 담보할 수 없다는 점과 당면한 반신자유주의 투쟁을 위해서는 많은 세력이 연대해야 한다는 점은 모두 인정하는데, 혁명당의 독자성을 지키면서 통일전선으로 연대할 것인지 혹은 개량과 혁명의 이분법을 넘어 다양한 세력이 공존하는 하나의 당으로 결집할 것인지의 차이가 있다. 돌이켜보면 1989-91년 소비에트 블록의 몰락으로 절정에 달한 사회주의의 위신의 추락, 부르주아 민주주의의 정착과 노동계급의 구성과 위상의 변화로 인한 레닌주의적 혁명노선의 난처함 때문에 사민주의 왼편의 좌파들은 주변화를 면치 못하였다. 한편으론 반신자유주의 투쟁에 복무해야 하고 특히 사민당의 우경화로 빈 공간이 생겼고 이를 채워야 할 필요성이 생겼다. 이런 고민에 대한 대응 중의 하나가 혁명당이나 구 좌파당 모델과는 다른 새로운 유형의 당운동 즉 좌파통합당 운동으로 이어진 것이다.

그리고 이 새로운 당운동은 반자본주의로 뭉칠 것인지 반신자유주의로 뭉칠 것인지는 차이가 있지만(Videt 2011), 사민주의 왼편의 다양한 좌파세력이 하나의 당으로 뭉쳐야 한다는 점에선 동일하다. 그리고 새로운 당은 다양한 좌파들이 모였기 때문에 이데올로기나 과거의 역사에 대한 평가를 중심으로 모일 수가 없고, 따라서 다원주의를 인정하지 않을 수 없고, 그것은 필연적으로 민주집중제를 폐지하게 만들었다. 또한 레닌주의 혁명모델의 난관과 혁명당으로는 대중성을 담보할 수 없다는 인식은 NPA나 좌파블록(BE)에서 보듯 혁명의 전략과 경로의 문제를 회피하거나 보류하고 '개량과 혁명을 즉각적으로 문제 삼지 않는' 새로운 유형의 당으로 이어졌다.

즉 서론에서 언급한 바와 같이, 현시기 유럽 좌파당 운동의 가장 큰 특징을 이루는 '급진좌파당'은 1990년대 이후에 출현하였고, '다양한 좌파가 하나의 당으로 결집한' 새로운 유형의 당운동 소가족이며, 본질상 지구화된 신자유주의 시대에 채택된 좌파통합당 운동이며, 1989-91년 소비에트 블록의 붕괴로 절정에 달한 '사회주의 위신의 추락', 68혁명과 신좌파 의제의 배후에 있고 레닌주의 혁명모델의 난처함으로 이어지는 '노동계급의 구성과 위상의 변화'(블루칼라의 축소와 신중간계급의 성장), '신자유주의 지구화와 유럽통합'이라는 세 가지 성립계기가 있고, 개량과 혁명의 이분법의 폐기, 당 내외의 다원주의의 수용과 민주집중제의 폐지, 신좌파 의제의 수용을 특질로 한다.

4장

좌파당 운동의 성장과 부진의 설명요소와 설명틀

이 장과 다음 5장은 현시기 유럽 좌파당 운동이 이전과 비교하여 그리고 다른 정치세력과 비교하여 어떤 처지에 놓여 있고, 그 처지가 어떻게 변하여 왔으며, 그 이유는 무엇이고, 이 현상을 어떤 틀로 어떻게 파악해야 할 것인가라는 질문에 대한 탐구이다. 앞선 2장과 3장이 현시기 유럽 좌파당의 존재에 대한 탐구라면, 이 장과 5장은 현시기 유럽 좌파의 처지에 대한 탐구이고, 이 주제는 좌파의 전망과 전략과도 연관되는 문제다. 특히 이 장의 목표는 단순히 일부 좌파당의 성공 이유를 찾는 것이 아니라 전체 유럽 좌파당들의 서로 다른 성장과 부진의 이유를 설명할 수 있는 바람직한 설명틀을 찾는 것이다.

무엇보다도 1990년대 중반부터 관찰된 '좌파의 귀환' 그리고 2008년 경제위기 이후 일부 좌파당들의 성장에 대한 설명은 통일되어 있지 않다. 특히 카스 무데(Cas Mudde 2004)가 포퓰리즘을 시대정신이라고 주장한 이래 비교정치학계에서는 현시기 유럽 좌파당 운동을 포퓰리즘의 틀로 분석하는 것이 대유행이므로,

이를 먼저 살펴본 뒤 이 장의 주제와 관련된 다양한 설명방식 혹은 접근법을 살펴보고, 바람직한 설명요소와 설명틀로 좌파 내의 당운동론의 차이를 강조하는 당운동 접근법을 고려한 경쟁관계 접근법을 제시할 것이다.

4-1. 포퓰리즘 접근법

포퓰리즘은 남미에서 보는 것처럼 산업노동자 계급과 노동운동이 성장하지 않은 환경에서 비노동자 계급 즉 농민, 빈농, 빈민을 널리 인민으로 호명하면서 기득권 계층에 대항하는 운동이었다. 한편으론 대중의 이기심에 영합하거나 무책임한 선동이나 비이성적인 주장이라는 비난의 의미로도 사용되고 있다.

좌파의 실천과 성장을 포퓰리즘의 틀로 접근하는 학자들은 현시기 수많은 유럽 좌파가 포퓰리즘을 채택하였다든지 포퓰리즘이 좌파의 성장에 기여하였다고 주장한다. 이때 사용하는 포퓰리즘의 특징은 노동 대 자본의 대립구조가 아니라 인민 대 기득권층의 대립이다. 즉 노동계급에 대한 호소가 비노동자 계급으로 옮겨가거나 넓혀졌다는 의미를 담고 있다. 그런데 여러 연구들을 보면 포퓰리즘에 대한 자신들의 정의에 충실하다고 보기 어렵지만, 여기서는 그들의 정의에서 출발하여 좌파당 운동을 포퓰리즘으로 파악하거나 좌파당의 성장에 포퓰리즘 전략이 기여하였다는 주장이 가치나 근거가 거의 없다는 것을 밝힐 것이다.

- **담론적 접근법과 정체성주의적 접근법 비판**

지오르고스 카쌈베키스와 알렉싼드로스 키윱키올리스(Giorgos Katsambekis와 Alexandros Kioupkiolis)에 따르면: 담론적discursive 접근법을 취하는 에르네스토 라클라우(Ernesto Laclau)는 1) 인민을 권력으로부터 분리하는 내적으로 적대적인 전선의 형성, 2) 권력자들에 의해 만족되지 않은 대중적 요구들 사이의 등가의 연쇄chains of equivalence의 형성, 3) 인민과 민주적 주권자의 정당한 공동체임을 주장하는 배제되고 인정받지 못하는 평민plebs으로서 포퓰리즘의 '인민'의 대변으로 정리한다(Laclau 2005: 81, 94, 98); 한편 카스 무데(Cas Mudde)는 포퓰리즘을 극우나 좌파의 사상에 접목될 수 있는 '중심이 얇은 이데올로기'thin-centred ideology라고 주장한다. 그는 "포퓰리즘을 사회가 궁극적으로 순수한 인민과 타락한 엘리트라는 두 개의 동질적이고 서로 이질적인 그룹으로 나뉘어 있다고 보고, 정치란 인민의 일반의지(volonté générale/general will)의 표현이어야만 한다고 주장하는 이데올로기"로 정의한다(Mudde 2004: 543); 즉 반엘리트주의적이고 반다원주의적인 정체성주의적 입장은 인민, 엘리트 그리고 공동의지의 호소라는 세 요소를 강조하고 인민은 도덕적 순수성과 동질성이라는 미리 결정된 특징을 가지고 있다; 담론적 접근에서 인민은 대부분 비어있는 기표로 받아들여진다고 정리한다(Katsambekis and Kioupkiolis 2019: 8-12).

먼저 정체성주의적ideational 입장에 서는 무데는 타락한 엘리트와 대결하기 위해 순수한 인민이 있어야 한다. 그러나 "종속적인 계층이나 평민은 고통을 겪고 불공정하게 취급받지만 결코 도덕적으로 순수하고 고결하지 않았다(Ostiguy 2017: 91). 우리와 그들이라는 포퓰리스트적 분리를 낳는 것은 인민의 종속이나 열등한 위치였다"(Katsambekis and Kioupkiolis 2019: 23). 이처럼 무데의 도덕주의는 포퓰리즘을 구성하는 현실 속의 불순수한 인민과 충돌할 뿐 아니라 포퓰리즘의 실천에서도 충돌한다. 예를 들어 포용적 포퓰리즘이라는 좌파 포퓰리즘이 이주민과 소수자를 옹호할 때는 도덕적이지만 우파의 배제적 포퓰리즘에서 이주민을 배격할 때는 정의와 도덕으로 자신을 정당화하지 않는다. 프랑스의 마린 르펜이 차도르를 쓴 이주민을 배격할 때 공평이나 안정을 내세우지 정의나 도덕을 내세우지 않는다. 또한 우익 포퓰리스트들이 유럽통합을 거부하고 탈퇴를 선동하는 논리 역시 자국민의 이익을 우선하는 것이지 EU 탈퇴가 정의라고 주장하고 있지 않다. 나아가 필연적으로 도덕적으로 우월하고 순수할 뿐 아니라 본질적으로 동질적인 인민이라는 정의는 동일한 혈통이나 민족을 주장하는 정체성주의자들의 경우에는 맞지만, 포퓰리즘을 채택하였다는 많은 좌파당들이 국제주의와 소수자를 옹호하고 차이를 넘은 연대를 주장하는 다원주의의 입장에 서 있다는 점에서도 도덕주의와 반다원주의는 현실과 맞지 않다.

한편 라클라우가 제시한 포퓰리즘을 구성하는 세 가지 논리 중에서 두 번째의 "다양한 인민들의 요구의 등가의 연쇄"는 첫 번째의 "적대적인 전선frontier의 형성"과 충돌한다. 2011년의 아랍 민중들의 항쟁이나 스페인의 15-M 운동/5월 15일 운동('분노한 자들'Indignados 운동), 월가 점거occupy 투쟁은 물론, 2018년

11월에 시작된 프랑스의 노란 조끼 투쟁이나 2019년 3월에 시작된 홍콩 시위, 10월에 시작된 칠레나 레바논의 시위는 모두 타락한 기득권층에 반대하는 인민들의 투쟁이라고 할 수 있다. 따라서 포퓰리스트적 투쟁이라 할 수 있는데, 어느 투쟁에서도 단일한 전선 하에 단일한 요구에 집중하고 있지 투쟁에 참가하는 다양한 인민이나 시민들의 다양한 요구가 병렬적으로 제기되어 등가의 연쇄를 이루고 있지 않다. 특히 지도자의 특별한 역할을 주장하는 라클라우의 급진민주주의 포퓰리즘 전략에 따라 Podemos라는 당운동이 진행되고 있는 것은 사실이다. 그러나 15-M 운동에 참가한 다양한 대중은 반긴축과 반신자유주의 전선으로 뭉친 것이지 이해관계와 요구가 다른 대중들이 다양한 요구들(예를 들어 성평등이나 생태나 지구정의 의제들)을 제기하고 등가의 연쇄가 이루어진 적이 없다. Podemos는 Indignados의 긴축에 대한 분노를 정당정치라는 제도 내에서 수렴하고 대변하는 반긴축당일 뿐이다. 물론 Podemos의 수십 가지 강령 속에는 여성이나 생태의 요구가 들어 있다. 그러나 이들 요구가 광장이나 선거운동 속에서 주된 요구가 된 적이 없다. 물론 1917년 러시아혁명에서 보는 것처럼 노동자와 농민과 병사라는 세 주체가 레닌이라는 위대한 지도자를 통해 빵과 토지와 평화라는 등가의 연쇄를 이루면서 공동의 전선을 형성하는 경우도 있다. 즉 라클라우가 말하는 등가의 연쇄는 그가 주장하는 급진민주주의 전략의 핵심적 요소이지만 인민의 구성이나 포퓰리즘의 필수조건은 아니다.

따라서 라클라우의 정의에서 다양한 요구의 등가의 연쇄를 제외하고, 무데의 정의에서 도덕주의와 반다원주의를 제외하면 공통으로 남는 것은 인민중심주의와 반엘리트주의이다. 이것은 "'현대 민주주의 사회에서의 포퓰리즘은 이미 구축된 권력구조와 그 사회의 지배적인 사상과 가치에 대립하는 인민에 대한 호소로 가장 잘 파악된다. 포퓰리즘 운동은 인민의 이름으로 권력의 기득권 구조에 대한 모종의 반란을 포함한다'는 마가렛 캐노반(Margaret Canovan 1999: 3)의 정의에 귀결된다"(Katsambekis and Kioupkiolis 2019: 6). 캐노반의 이런 정의를 채택할 때 포퓰리즘이 갖는 부정적 함의를 이해할 수 있다. 포퓰리즘이란 용어가 현실에서 부정적이거나 비판적으로 사용된다는 점은 부정할 수 없다. 이때 포퓰리즘은 지배계급이나 기득권층의 상식이나 가치관과 충돌하고 체제나 사회의 안정을 위협하거나 분열을 야기하는 무책임한 주장과 선동, 대중의 이성이 아니라 이기심에 대한 호소 등을 가리키고 비난의 뜻이 포함되어 있다. 바꾸어 말하면 포퓰리즘이란 지배계급이나 기득권층에게 불편한 주장이나 실천이기도 하다.

그런데 포퓰리즘은 인민과 기득권층의 대립이라는 논리구성 즉 형식일 뿐 독자적인 이데올로기로 인정하지 않는 라클라우나 캐노반과 달리, 무데는 포퓰리즘이 충분하거나full 두꺼운thick 이데올로기가 아니라 '중심이 얇은 이데올로기'thin-centred ideology이고 따라서 우파는 물론 좌파 이데올로기와도 결합할 수 있다고 주장한다. 사회적 갈등이나 균열이 심각한 경우에 고통받거나 불만에 찬 다수의 인민을 선동하는 것은 역사상 어느 시기에나 있었던 일이고 그것이 반드시 독자적인 이데올로기를 이룰 필요가 없고, 도덕적으로 순수한 인민의 일반의지를 관철하는 것이 정의라고 믿는 것 또한 가능하고 이 경우 미성숙한 이데올로기라고 할 수 있다.

따라서 포퓰리즘은 캐노반의 정의가 가장 적절하지만, 현실에서는 라클라우나 무데의 정의에 합치하는 포퓰리즘 운동도 존재할 수는 있다. 그러나 라클라우나 무데의 정의는 현실 속에 존재하는 포퓰리즘 운동의 전체가 아니라 일부의 특성을 표현하거나 이상 혹은 전략을 얘기한 것에 불과하다. 그러므로 포퓰리즘의 현실(현상)에 대한 그들의 정의는 부적절하다.

- 좌파 정치과 포퓰리즘 정치의 상호관계

포퓰리즘 전략이 좌파당의 성장에 기여하였다는 마치와 케이스(2016) 그리고 카쌈베키스와 키웊키올리스(2019) 등의 사례연구들은 좌파의 전략과 포퓰리즘 전략이 구분된다는 것과 포퓰리즘 전략이 좌파당의 성장에 기여하였다는 두 가지 주장을 포함하고 있다. 첫 번째 측면과 관련하여 “신페인(Sinn Féin)이 아일랜드에서 맑스주의 좌파를 앞지른 이유 중의 하나는 절충적인 좌경적 정책 입장을 민족주의적 포퓰리즘과 결합시킬 수 있었기 때문이다. … 반대로 맑스주의 좌파는 전통적인 트로츠키주의적 이데올로기적 분파주의에 집착하고 있고 포퓰리즘 경향들이 계급 대 계급 정치를 대체하는데 실패해 왔다”는 서술에서 보듯 마치와 케이스는 계급정치와 포퓰리즘 정치를 대립시킨다(March and Keith 2016: 360).

포퓰리즘을 '중심이 얇은 이데올로기'라고 주장하면서 좌파당 운동이 포퓰리즘을 수용/채택하고 있다는 무데나 마치의 주장을 바꾸어 말하면 좌파당이 계급 대 계급의 대결구도를 약화시키거나 포기하면서 인민 대 기득권층의 대결구도를 채택한다는 의미이다. 그리고 포퓰리즘적 요소의 채용은 정도의 문제이기 때문에 현실에서는 보다 더 포퓰리스트적인 좌파당과 덜 포퓰리스트적인 좌파당이 존재할 수 있다. 그러나 이런 주장에는 좌파의 사상과 전략에 관한 오해가 있다.

모든 좌파는 노동계급, 프롤레타리아, 계급의식, 계급투쟁, 계급해방 등을 강조하고, 이런 측면은 좌파가 다른 세력과 구분되는 좌파 이데올로기의 특수성이다. 한편 모든 좌파는 인간해방을 지향한다. 『공산당 선언』(Marx and Engels 1969)에서 보듯 "개개인의 자유로운 발전이 만인의 자유로운 발전의 전제조건이 되는 연합"이란 모든 종류의 착취와 억압, 차별, 배제, 소외를 극복한 사회를 말한다. 좌파 사상은 그 이전의 인류가 발전시켜온 사상 즉 계몽주의, 휴머니즘 등등의 변증법적 발전이지 단절이 아니다. 이런 이유로 맑스주의나 좌파 사상은 사회를 계급적 관점에서 본다는 점과 노동계급의 해방의 잠재력을 강조한다는 점에서 다른 사상들과 구분될 뿐 철저한 인간해방 사회를 건설하기 위한 모든 고민을 품고 있다.

오늘날 모든 좌파는 지구상에서 벌어지는 수많은 대중들의 투쟁에 공감하고 연대하고 환호한다. 그런데 이런 투쟁의 대부분은 노동계급이 주체가 되거나 주도하지 않은 경우도 많고 때로는 비계급적이라고 비판하는 경우도 없지 않지만, 대중들의 투쟁에 공감하는 것은 모든 종류의 착취와 억압에 반대하는 좌파의 기본적 덕성 때문이다. 『공산당 선언』도 마지막 절에서 "요컨대 공산주의자는 모든 곳에서 현존하는 사회적 정치적 질서에 반대하는 모든 혁명적 운동을 지지한다"고 밝히고 있다.

뿐만 아니라 역사상 노동계급이 다수였던 적이 없기 때문에 혁명과 변혁을 꿈꾸는 모든 좌파는 계급연대전략을 만들어왔고 통일전선을 추진해 왔다. 그리고 그 전략의 호소가 노동계급만이 아니라 인민을 향하는 것은 좌파가 전체 인민의 해방 혹은 인간해방을 추구하는 것을 자신의 정체성으로 삼기 때문이기도 하지만, 노동계급을 포함한 전체 인민 혹은 모든 피억압/피착취 계급의 단결 없이 지배계급을 타도할 수 없다고 보기 때문이다. 즉 인민을 호명하고 인민에게 호소하고 인민을 주체로 내세우는 것은 해방사회를 건설하기 위한 좌파의 기본적 사상이고 전략이다.

2차대전 직후 동구와 동북아시아의 공산당 정권이 모두 인민민주주의 혁명을 제시하고 인민민주주의공화국을 수립한 것은 착취받고 억압받는 비노동자 계급(주로 농민이나 빈농)과의 연대인데, 이런 연대는 맑스주의나 좌파의 사상과 전혀 충돌하지 않고 모든 종류의 착취와 억압에 반대하는 좌파의 기본적 자세이기도 하다. 그런데 바로 이 지점 즉 착취받고 억압받는 모든 세력을 인민이라는 이름으로 단결시키고 제국주의나 지배계급과 투쟁하는 것을 좌파적이 아니라 포퓰리즘적이라고 한다면 좌파의 사상과 전략에 대한 무지 또는 억지라고 할 수밖에 없다. 노동자와 농민과 병사의 3주체를 전 러시아 소비에트로 묶어 세우고 '빵과 토지와 평화'를 당면 슬로건으로 제시하면서 노동자-농민의 정부를 내세웠던 레닌과 볼셰비키의 투쟁이나, 통일전선이나 인민전선 전술을 채택하면서 공산당이 앞장섰던 반파쇼투쟁이나 반제해방투쟁을 좌파가 (노자 간의 모순이나 노동계급을 중시하는) 협소한 계급정치에서 벗어나 포퓰리즘 전략을 채택하여 승리를 거두었다고 주장한다면 난센스라고 말할 수밖에 없다.

그럼에도 포퓰리즘의 틀을 앞세우는 학자들에겐 레닌과 볼셰비키의 전략이 포퓰리즘의 전형적인 예이고, 민족 부르주아지까지 포함한 반파쇼 인민전선이 협소한 계급정치에서 벗어나 도덕적인 인민의 일반의지를 구성한 포퓰리즘 운동이 된다.

카쌈베키스는 Syriza가 선거 캠페인에서 우리와 그들, 낡은 것과 새로운 것, 1%의 특권적인 엘리트에 대항하는 99%의 이익을 대비시킨 수많은 사례를 들어 전형적인 포퓰리즘 전략을 취했다고 주장한다(Katsambekis 2019: 25-42). 즉 포퓰리즘의 틀을 앞세우는 학자들은 좌파의 주장과 실천에서 포퓰리즘적 요소를 끊임없이 찾아내면서 포퓰리스트라고 주장한다. 그러나 좌파가 대중에게 호소할 때 인민을 호명하고 낡은 기득권층을 비난하고 그들을 인민에게 대립시키는 것은 좌파 정치에서는 당연한 것이다. 달리 말하면 마치와 케이스나 카쌈베키스와 키윷키올리스 등이 주도한 공동연구들 속에서 제시하는 인민을 호명하면서 엘리트나 기득권층에 대립시키는 포퓰리스트적 시도란 모든 종류의 착취와 억압에 반대하고 인간해방을 추구하는 좌파라면 당연한 시도다. 이런 이유로 인민을 앞세운 좌파의 정치와 투쟁을 따로 떼어내어 포퓰리즘이라고 부를 이유가 없다. 통일과 체제전환 후 대다수 동독 주민이 사유화와 실업 등 심각한 고통을 겪고 있을 때 전체 독일 노동자나 동독 노동자가 아니라 동독 주민을 호명했던 민주사회주의당(PDS, 동독 공산당(SED)의 계승당)의 실천도 마찬가지다. PDS의 이런 실천을 "계급에 기반한 좁은 설명에서 벗어나 기득권층의 당들에 반대하는 보다 넓은 사회계층에 도달하고, … 전통적 지지자들의 상당한 부분을 실망시키면서 거의 정체성주의적 의제에 통합했다(Mouffe 2005)"는 카쌈베키스와 키윤키올리스(2019: 14)의 주장은 난센스에 가깝다.

좌파는 억압과 착취 그리고 모든 종류의 비인간적 고통을 강요하는 지배계급이나 구조나 체제가 투쟁을 통하지 않고 극복된다고 믿지 않는다. 바로 이 점에서 좌파는 본질적으로 인민을 기득권층 및 기성체제에 적대적으로 대립시킨다. 노동계급 헤게모니를 인정하지 않는 포스트 맑스주의의 입장에 따라 노동과 자본 혹은 좌우의 대결이 아니라 인민과 특권층Caste의 대립 즉 상하의 대립으로 나누고 여성, 생태 등 다양한 요구를 등가의 연쇄로 묶어 급진민주주의를 추구한다는 좌파 포퓰리스트당인 Podemos는 노동자를 호명하지 않는다. 그런데 좌우의 분단과 상하의 분단은 전혀 다른 것 같지만 좌우의 대립에서의 지배계급이 상하의 대립에서 기득권층을 이루는 것은 당연하다. 그렇다면 양자의 차이는 좌파가 제도, 구조, 체제를 중시하는 반면에 포퓰리스트는 정치/경제/사회/문화의 상층을 장악한 인적 집단을 중시하는 것이고, 이것은 대자적 인식과 즉자적 인식의 차이와 같다고 할 수 있다. 이 점에서 "포퓰리즘의 가장 높은 형태는 사회주의일 수밖에 없다"는 라클라우(2005)의 주장은 당연하고, 이때 포퓰리즘과 좌파 사상과의 관계는 보편과 특수의 관계라고 할 수 있다. (Podemos의 실천과 한계는 5-3절에서 보다 자세히 다루겠다).

그러므로 포퓰리즘의 틀을 앞세우는 학자들이 좌파의 주장과 실천에서 포퓰리즘을 발견하는 것은 당연하다. 좌파는 자신의 이상과 원칙과 전략에 따라 인민의 이름으로 기성체제와 투쟁하고 있는 것을 포퓰리즘의 틀을 앞세우는 학자들은 좌파가 포퓰리즘을 채용했다고 주장하는 것이다. 그런데 좌파당의 투쟁과 행동을 이해하기 위해 좌파당 운동이라는 틀로 파악할 때 좌파당 운동 내부의 다양한 특수성을 파악할 수 있는데, 포퓰리즘이라는 틀로 파악할 때는 인민과 기득권층의 대립이라는 현상적 특징 외에는 파악될 수가 없다. 레닌의 볼셰비키당을 포퓰리스트당으로 정의하고 포퓰리스트적인 특징을 파악해 본들 볼셰비키당이 사회주의 운동사 속에서 갖는 특수한 전략과 전술은 파악되지 않는다. 요약하면 좌파당 운동은 마치와 케이스, 카쌈베키스와 키욽키올리스 등처럼 포퓰리즘이라는 틀로 파악할 이유가 전혀 없다.

마찬가지로 극우는 극우로 파악하면 되는 것이고 굳이 포퓰리즘으로 파악해야 할 이유가 없다. 노라 랑엔바허와 브리타 쉘렌베어크(Nora Langenbacher and Britta Schellenberg 2011)는 극우와 우익 포퓰리즘을 신중하게 구분하고 있고, 미하일 민켄베어크(Michael Minkenberg 2011)도 급진우파를 "전체주의적, 인종주의적, 권위주의적 포퓰리스트적, 종교적 근본주의적"의 네 부류로 분류하고 있는 것에서 보듯 포퓰리즘을 극히 제한적으로 적용하고 있다. 오늘날 노골적인 인종주의는 주로 동부유럽에서 보이고, 북부유럽에서는 세련된 문화적 배외주의를 취하고 있다. 많은 사람들이 극우를 우익 포퓰리스트 혹은 급진우파 포퓰리스트로 부르지만 과연 그들 모두가 라클라우와 무페 혹은 무데처럼 인민과 기득권층의 대립구도나 등가의 연쇄나 혹은 도덕적인 일반의지를 동원하고 있는지 의문이다. 그들은 복지 쇼비니즘의 입장에서 이주민을 타자화하고 일국적 해법을 추구하는 것이지 그들 모두가 반기득권을 선동하고 있지 않다. 다만 주류 사회의 입장에서 무책임하고 혐오를 조장하는 세력일 뿐이다. 이런 세력 역시 포퓰리즘으로 파악할 이유가 없다. 학자들이 포퓰리스트로 부르든 말든 좌파나 극우는 포퓰리즘에 따라 행동하는 것이 아니라 좌파나 극우가 갖는 정체성에 입각하여 실천한다(4-3절 '잠재적 지지계층' 항의 드카반과 르난(de Cabanes and Le Lann 2018)의 논의 참조).

4-2. 좌파당 운동의 성장을 설명하는 다양한 접근법

1990년대 중반부터 관찰된 '좌파의 귀환'에 대한 대표적인 분석으로는 마치(2011)와 허드슨(2012)이 있고, 경기 대후퇴 이후 '일부 좌파의 성장'을 분석한 마치와 케이스(2016), 1990년대 이후 서유럽 좌파의 성적과 그에 영향을 끼친 요소를 분석한 키오케티(2017) 등이 있다. 이 절에서는 방법론을 명시적으로 밝힌 마치와 케이스(2016)의 '행위자 접근법'과 전체 좌파를 하나의 당가족으로 보고 성장과 부진의 이유를 설명하려는 키오케티(2017)의

'종합적 접근법'을 먼저 살펴본 뒤, 허드슨 등 여러 연구자들의 접근방법에 대해 살펴보겠다.

- 마치와 케이스의 행위자 접근법

류크 마치와 다니엘 케이스(Luke March와 Daniel Keith)는 급진좌파당[즉 전체 좌파]을 행위자로 보고 내외의 유리하거나 불리한 조건을 따지고 있는데(이런 접근법을 '행위자 접근법'이라고 부르겠다) 이를 자세히 살펴보자. 이들은 급진좌파당의 성장에 영향을 미치는 중요한 요소들을 수요 측면 요소들(장기간의 사회경제적 그리고 선거적 변수), 외적 공급측면 요소들(정당 체제와 제도적 요소들) 그리고 내적 공급요소들(급진좌파당 자체의 내부적인 요소들)로 나눈다. 그리고 "수요측면이 [급진좌파당의 성장에] 필수이지만 충분한 온상은 아니고 외적 조건의 현명한 이용이 필요하다. 즉 공급측면이 급진좌파당의 성장에 촉진자이고/이거나 촉매자이다"고 주장한다. 또한 내적 공급요소를 이데올로기적/전략적 측면과 조직의 측면으로 나누어, 전자에는 유연하고 실용적인 반응과 새로운 사상과 접근법에 대한 개방(예를 들어 포퓰리즘, 새로운 동맹, 정부 참여)을, 후자에는 심각한 내적 이견이나 분열이 없고, 통일되었지만 유연한 조직, 민감하고 대중적인 지도력, 사회운동과의 강력한 연계를 제시한다(March and Keith 2016: 365-366).

Syriza의 선거 승리의 환상적인 공식은 과두제에 대항하는 대중적

> 분노를 만들어 내어 상이한 이데올로기적 경향을 통일할 수 있었던 포퓰리스트적인 색깔과 권력에 대한 실용적이고 원칙적인 접근(분명한 반긴축 원칙들, 그러나 현실적인 요구와 그리스 독립당과 같은 표면상 이데올로기적으로 적들인 세력과의 유연한 연합 전략)을 포함한다. … 포퓰리스트적 호소를 가장 발전시킨 당들이 정치적 위기와 경제적 위기가 결합된 조건하에서 이득을 얻었다. 포퓰리즘이 Podemos와 Syriza의 호소의 핵심 부분이었고, 아일랜드의 여러 좌파들의 경우에도 명백하다. 확실히 포퓰리즘은 인민과 엘리트 간의 감지된perceived 양극화라는 조건하에서 번성하기 위해 가장 좋은 곳에 위치한 이데올로기이다(March and Keith 2016: 371-372).

이런 주장을 요약하면 경제적/정치적 위기 속에서 유연하게 포퓰리즘을 채택한 당들이 성공했다는 것이고, 이를 뒷받침하기 위해 2008년 경제위기 이후 유럽의 15개 급진좌파당들의 성적에 대한 영향을 수요요소, 외적 공급요소, 내적 공급요소로 나누어 분석한 사례연구를 표로 제시한다. 예를 들어 경제적 위기나 정치적 위기 등 수요요소가 강했는지 약했는지, 유연한 대응과 포퓰리즘 등 내적 공급요소의 채택에 긍정적이었는지 부정적이었는지를 따지면서, 경제위기 이후 득표율의 증가가 평균인 2.9%보다 높은 성공을 거둔 Syriza, Podemos, Sinn Fein의 3개의 당은 수요요소들이 강하고 공급요소들에 긍정적인 경우가 많다면서, 결국 경제적/정치적 위기가 가장 심각한 나라에서 포퓰리스트 당들이 성공하였다는 주장을 뒷받침한다(March and Keith

2016: 367).

좌파당을 행위자로 보는 이런 접근은 유리한 조건에서 유능한 행위자의 성공이라는 상식적인 결론으로 이어진다. 이것은 현상의 비교와 설명에 만족하는 경험주의자들의 상투적인 방법론이다. 좌파당의 성장과 부진에 영향을 주는 요소는 다양할 수 있고 연구자에 따라 변수를 자의적으로 선택할 수 있기 때문에 이런 유의 연구는 신뢰성이 떨어진다. 더구나 이들 나라들이 강력한 대중투쟁이 있었던 나라들임을 감안한다면 좌파당의 성장은 강력한 대중투쟁/계급투쟁이 있었던 나라들에서만 이루어졌고(5-3절을 참조하라), 따라서 좌파당의 성장에는 강력한 계급투쟁이 있어야만 한다는 결론을 도출할 수도 있고, 오히려 이 요인이 가장 강력한 설명요소가 될 수 있다.

또한 경제위기 시 좌파보다 극우가 훨씬 큰 성장을 보였는데, 경제적 위기와 정치적 위기라는 수요요소와 포퓰리즘이라는 내적 공급요소는 극우에게도 동일하게 유리하다. 오히려 결정적 설명요소인 포퓰리즘적 요소는 극우가 훨씬 더 강력하다. 따라서 이런 분석의 방법론과 가설을 적용한다면 이들 세 나라에서 보다 큰 성장을 보여야 할 당은 극우 포퓰리스트 정당이어야만 한다. 따라서 하필 이들 나라에서만 극우가 아니라 좌파가 성공했는지 설명되지 않는다. 그러므로 마치와 케이스의 분석과 주장은 자의적이라는 비판을 면할 수 없고 설득력도 없다. 이런 오류는 기본적으로 당은 행위자일 뿐만 아니라 경쟁자라는 측면을 고려에 넣지 않았기 때문이다. 경쟁관계란 여러 정치세력이 주어진 제도 속에서 경쟁한 결과로 비교적 강력한 구조를 갖는다. 그러므로 정당들의 성장과 부진은 기본적으로 다른 정치세력과 맺는 경쟁관계를 중심으로 살펴야 하는데 이에 대해서는 아래 4-3절에서 후술하겠다.

또한 마치와 케이스는 동질성을 강조하는 당가족 접근법을 취하면서 좌파 내의 차이를 이데올로기의 차이로만 보기 때문에 좌파당의 성적의 차이는 이데올로기의 차이로밖에 나타날 수가 없고, 따라서 이데올로기적 요소(즉 유연하고 실용적인 접근과 포퓰리즘의 채용)가 가장 큰 성공요소라는 정해진 결론에 도달할 수밖에 없다. 그리고 행위자 접근법에서는 수요측면 요소나 외적 공급요소는 좌파당이 선택하거나 개선할 수 없기 때문에 자신의 전략을 유연화하고 포퓰리즘을 채택하면서 수요요소와 외적 공급의 요소가 개선되기를 기다릴 수밖에 없다는 함의를 포함하고 있다.

이상으로 살펴본 바와 같이 경제위기 이후 포퓰리즘을 가장 발전시킨 당들이 이득을 얻었다는 마치와 케이스의 당가족 접근법과 이데올로기적 접근법에 기초한 행위자 접근법에 의한 분석은 경험주의적 방법론의 한계를 보여줄 뿐 지지받기 어렵다.

- 빠올로 키오케티의 종합적 접근법

빠올로 키오케티(Paolo Chiocchetti)는 급진좌파란 중기적으로 반신자유주의 강령을 채택한 사민주의와 구분되는 경향을 이루는 계급좌파라고 정의하면서, 각국 좌파들의 합으로 이루어진 전체 서유럽 좌파를 '새로운 급진좌파 당가족'으로 파악한다

(Chiocchetti 2017: 3, 8). 그는 자신의 접근법을 전체적holistic 접근법과 종합적aggregational 접근법으로 부르면서 양적 연구와 질적 연구를 함께 수행하는데, 군소 좌파나 혁명적 좌파까지 포함한 모든 좌파를 포함하고, 서유럽 17개국 좌파와 핵심 3개국(독일, 프랑스, 이탈리아) 좌파의 강함strength을 여러 측면(득표수, 의석, 정부 참여, 당원수)에서 비교하고, 3개국에 대한 심층 연구와 나머지 국가의 비교를 통해 1989년 이후 서유럽 좌파 세력 전체의 성적 추이와 성장과 부진의 요소를 분석하고 있다.

키오케티가 양적 연구를 통해 전체 서유럽 좌파의 정확한 추세를 확인한 것과(5-1절 참조), 좌파의 성장요인으로 강력한 사회적 동원 즉 계급투쟁을 확인한 것은 큰 성과다. 그리고 좌파의 성장이 신자유주의에 대한 불만의 선거적 온도계라는 주장이나, 좌파의 반신자유주의 전략의 불완전함이나 우파와 중도좌파와의 경쟁구도가 주는 양강제의 딜레마, 그리고 EU 등의 굴레 등이 영향을 끼쳤다는 지적은 동의된다. 또한 3개국 좌파에 대한 심층연구에서 각국 좌파들의 응집력의 영향과 공산당 대중정당 모델의 위기를 지적하고, 나아가 독일의 좌파당의 성공에는 물적 기반이 있는 동독의 민주사회주의당(PDS)의 포용력이 중요한 역할을 했다면서 선거연합이나 통합정당을 추구할 때 리드하는 당의 포용이 필요하다는 지적도 수긍된다(Chiocchetti 2017: 6-27, 88, 200-231).

그런데 그는 이탈리아처럼 좌파가 분열된 나라와 독일처럼 좌파가 통합당으로 결집한 나라의 서로 다른 성적에 영향을 미친 요소로 각국 좌파의 응집력의 차이를 들고 있을 뿐이다. 물론 통합된 좌파가 더 나은 성적을 얻을 수 있겠지만 좌파의 성장은 그리스, 스페인, 아일랜드처럼 좌파가 분열되어 있고 응집력이 약한 나라에서 더 많이 이루어졌다.

반신자유주의 전략을 축으로 전체 좌파를 하나의 당가족으로 보는 종합적 접근법에서 좌파의 성장에 영향을 주는 가장 큰 요소는 불완전한 반신자유주의 전략일 수밖에 없다. 키오케티(2017: 24)는 각국 좌파의 성적의 차이에 대한 핵심적인 설명요소로 신자유주의, 당들 간의 경쟁, 정당체제, 비의회적 동원, 당 기구party agency를 들고 있는데, 일국 내의 여러 좌파당들 간의 성적에 영향을 미치는 요소는 당들 간의 경쟁과 당 기구뿐이다. 바로 이 때문에 비의회적 동원이 좌파 성장의 전제조건이라면서도 다른 좌파당들과도 경쟁하는 Syriza와 Podemos의 성장의 설명에 유연한 정책과 포퓰리즘이라는 자의적인 요소를 끌어들여, "몇 가지 증거들은 상대적으로 온건한 강령과 온건 좌파에 대한 비타협적 태도를 결합한 포퓰리즘 전략의 잠재성을 보여준다. 이것은 최근에 Podemos와 Syriza 그리고 이탈리아의 오성운동(M5S)의 이례적인 성장에 기여하였다"고 주장한다(Chiocchetti 2017: 202, 208). 이 주장은 "포퓰리스트적 호소를 가장 발전시킨 당들이 정치적 위기와 경제적 위기가 결합된 조건하에서 이득을 얻었다"는 마치와 케이스(2016: 372)의 주장과 동일한 입장이고, 앞서 보았듯이 잘못된 주장이다.

1990년대 이후 좌파당의 성장이 주로 급진좌파당과 적녹당에 의해 이루어진 사실을 감안한다면, 키오케티의 여러 오류는 좌파당들의 운동론의 차이에 주목하는 당운동 접근법과 달리 전체 좌파의 이질성보다 동질성을 강조하는 당가족 접근법의 한계 때문이다. 당가족 접근법을 취하는 키오케티나 마치처럼 동질적인 좌파당들의 성적에 영향을 미칠 수 있는 여러 요소들을 평면적으로 나열하고 비교하는 방법으로는 충분한 설명에 도달할 수 없다.

- 케이트 허드슨의 설명방식

케이트 허드슨(Kate Hudson)은 1990년대 이후 좌파의 귀환을 설명하면서, 소비에트의 붕괴로 인해 신자유주의 공격이 시작되었고, 사민당의 우경화로 인한 빈 공간이 생겼으며, 많은 좌파당들이 마스트리흐트 조약 이후 복지 삭감과 노동의 탈규제에 반대하는 투쟁 속에서 하락을 멈추고 전진을 시작했으며, 이 과정에서 좌파의 재편과 여성과 생태 의제에 개방적이고 과거와 달리 서로 협력하는 새로운 유럽 좌파가 출현했다고 본다. 러시아 등 동부유럽 역시 체제전환에 따른 심각한 고통 속에서 일부 계승공산당들이 지지를 확보할 수 있었다고 설명한다(Hudson 2012: 10-28). 이처럼 좌파의 성장을 사민당의 우경화로 인한 빈 공간, 신자유주의가 강요하는 경제적 고통 그리고 계급투쟁이라는 세 요소로 설명하는 것은 좌파의 표준적인 설명방법이라고 할 수 있다.

그러나 동부유럽의 경우에서 보는 바와 같이, 경제적 고통과 좌파의 성장을 곧바로 연계시키는 것은 (경제적/정치적) 위기와 포퓰리스트당의 성장을 묶는 것과 동일한 발상으로 지극히 통속적인 설명이라 아니할 수 없다. 위기는 포퓰리즘의 필수조건이다 (Katsambekis and Kioupkiolis 2019: 9). 이런 설명에는 좌파당의 성장에 영향을 주는 제도적 요소나 노동계급의 구성과 위상의 변화와 같은 장기적 요소에 대한 문제의식이 결여되어 있다.

- 경쟁관계와 구조적 요인을 중심에 놓는 설명들

도날드 싸쑨(Donald Sassoon 2010)은 20세기 유럽 좌파를 다룬 자신의 저서에서 방법론을 명시적으로 밝히지 않았지만, 정치적/경제적/사회적 배경만이 아니라 우파와 좌파, 사민당, 사회당, 공산당이 서로 경쟁하는 관계로서 좌파당 운동의 성쇠를 파악하고 있다. 이런 방법은 좌파당의 성쇠/부침을 다른 세력과의 경쟁관계 속에서 파악해야 한다는 경쟁관계 접근법과 문제의식이 같은데, 다만 제도의 측면을 중시하는 것 같지는 않다.

> 이런 상이한 제도[다양한 선거제도]를 이해해야만 왜 어떤 나라에서는 급진좌파당들이 선거를 치르기 위해 연합을 해야만 하고, 다른 나라에서는 결선투표를 위한 타협적인 후보명단에 동의해야만 하고, 또 어떤 나라에서는 의회 진출에 최소한의 진입장벽이 없는지를 판단할 수 있게 된다. 유럽에서는 다수제 투표와 비례대표제 그리고 양자 혼합형이 공존하고 있지만, 그 꼭대기에는 또한 역사적으로 뿌리박힌 특별한 사정이 있다(Kulke and Khan 2012).

이처럼 선거제도가 미치는 영향과 함께 특정한 선거제도가 관철된 배경에 특별한 역사적 사정이 있다는 롤란트 쿨케와 마크 칸

(Roland Kulke and Mark Khan 2012)의 주장은 제도가 여러 정치세력의 경쟁의 결과로 형성된 역사적 산물이자, 역사적으로 형성되어온 경쟁관계를 구성하고 제약해온 주된 요소라는 이 글의 입장과 같다.

좌파당은 대중을 획득하기 위해 제도정치의 장으로 진출한다. 이 때 좌파당은 그들에게 불리한 선거제도만이 아니라 그들을 배제하려는 다른 세력과의 경쟁에 처하게 되고 이 경쟁관계는 제도와 함께 정치적 기회구조를 이룬다.

좌파당에 관한 논의는 아니지만 딕 리챠드슨과 크리스 호옽에스(Dick Richardson and Chris Rootes 1995)의 나라마다 다른 녹색당의 성장에 관한 논의는 좌파당 운동의 서로 다른 성장과 부진을 설명하려는 이 글의 문제의식과 비슷하다. 자연은 인간의 대상 혹은 조건이라는 환경의식과 인간이 자연의 일부라는 생태의식을 구분하는 리챠드슨(1995)은 모든 녹색당 발전의 주된 공통의 요소는 정치적 행동에 대한 인식된 필요와 함께 생태적 환경적 의식이고, 산업발전의 심각한 결여는 녹색당 발전에 부정적 효과가 있다고 본다. 그러나 탈물질주의와 탈산업주의 개념만으로는 녹색당 발전을 설명하기에 불충분하기 때문에 '정치적 기회구조'라는 개념을 도입한다. 리챠드슨이 말하는 '정치적 기회구조'란 제도와 다른 세력과의 경쟁관계로 이루어진다고 할 수 있다.

호옽에스(1995)는 "유럽 녹색당의 성장은 환경의식의 발전, 제도에 의한 기회와 억제의 양상, 정치적 경쟁의 변화하는 균형에 의해 다양하게 영향을 받았다"면서 녹색당의 성장조건 특히 나라마다 다른 녹색당의 성장과 부진의 설명요소로 환경의식, 제도, 정치적 경쟁관계의 세 가지를 들고 있다. 이 중 환경의식에 대해 "탈물질주의와 녹색당 지지의 상관관계는 일반적으로 강하지 않고", "신중간계급의 고학력층이 녹색당 당원과 지지자의 대부분을 구성하고 있다"고 말하면서 환경의식만으로는 녹색당의 성장을 설명하기에 부족하다고 말한다.

독일 녹색당의 성장과정을 보면 5%에 달하는 높은 진입장벽과 사민당의 배제와 견제 속에서 성장한 것을 알 수 있다. 즉 녹색당의 성장에는 복지국가의 성립으로 사회경제적 갈등보다 사회문화적 갈등이 앞서게 되는 독특한 조건만이 아니라 군소정당이 극복해야 할 제도와 경쟁관계라는 요소를 고려할 때에 비로소 녹색당들의 나라마다 다른 서로 다른 성장을 이해할 수 있다고 주장한다. 정치적 기회구조 즉 제도와 경쟁관계를 강조하는 이들의 문제의식은 이 글의 입장과 같다.

> 좌파는 그 나라의 상이한 전통과 정치적 구조 그리고 다양한 조직들의 정체성의 차이에서 야기된 나라마다 상이한 양상을 보이고 있다. … 정치적 좌파정당은 각국의 경제적/정치적/사회적 상황, 사회적 환경, 시민사회의 강약 그리고 노조와 사회운동에 의해 형성된다. 그것은 지역적 당이나 선거제도라는 정치적 조건들 속에서 자신을 내세워야 한다(Hildebrandt and Daiber 2009: 6).

이처럼 코넬리아 힐데브란트와 비어길 다이버(Cornelia Hildebrandt and Birgit Daiber 2009)의 공동연구는 다른 세력과의 경쟁관계 속에 있는 좌파당의 상이한 처지를 설명하는 요소로 각 나라의 전통과 정치적 구조 그리고 정치적/경제적/사회적 상황과 선거제도를 들고 있다. 이들 여러 요소들은 좌파당의 부침을 설명하는 요소임은 분명하고, 이 글이 다음 절에서 제시하는 다섯 가지 설명요소(역사적 배경, 제도, 경쟁관계, 잠재적 지지계층의 변화, 계급투쟁)와 비슷하다. 그런데 특히 주목되는 점은 나라마다 다른 좌파의 성장과 같은 나라 내에서도 좌파당들의 서로 다른 성장을 설명하는 요소로 운동론의 차이로 환원할 수 있는 정체성의 차이를 들고 있는 점이다. 이런 통찰은 이 글의 당운동 접근법과 매우 유사하다.

4-3. 경쟁관계 접근법과 설명요소들

좌파당의 성장에 역사적/정치적/경제적 배경, 제도와 경쟁관계로 이루어진 정치적 기회구조, 계급투쟁 등 수많은 요소가 작동된다는 점에 대해서는 학자들 간에 이견이 없는데, 문제는 이들 여러 요소들의 비중과 연관을 고려하는 설명들이다. 특히 좌파의 동질성을 강조하는 당가족 접근법을 취하는 마치와 케이스나 키오케티의 경우에는 좌파당들의 성적 차이를 설명하기 위해 다양한 설명요소를 자의적으로 동원하여 평면적으로 비교할 수밖에 없다. 그리고 여러 설명요소를 동시적으로 평면적으로 비교하면 역사적 배경이나 제도와 같은 장기적 요소가 경시될 수밖에 없다.

그러나 좌파의 성장이 주로 남부유럽의 급진좌파당과 북부유럽의 적녹당에서 이루어진 사실, 같은 나라 내에서도 혁명적 좌파나 공산당보다 급진좌파당에 의해 이루어진 사실, 그리고 계급투쟁이 강력했던 나라들에서만 이루어진 사실, 바꾸어 말하면 지역별로 나라별로 그리고 당운동 소가족별로 좌파당의 서로 다른 성장이 이루어진 사실은 당운동 소가족과 경쟁관계를 축으로 설명요소를 찾을 수밖에 없다. 즉 당운동 소가족을 고려한 경쟁관계에 차이나 변화를 가져온 역사적 배경과 제도(장기적 요소), 잠재적 지지계층의 변화(점진적 요소), 계급투쟁(단기적 요소)이라는 설명요소들의 비중을 파악하는 것이다. 이때 경쟁관계는 다른 설명요소가 반영되는 틀이기도 하고 그 자체가 설명요소이기도 하다(경쟁관계 접근법).

여기서 좌파당의 성장과 부진의 설명요소로 키오케티(2017: 24)처럼 신자유주의와 당의 유능함을 들지 않고 잠재적 지지계급과 계층의 변화 및 계급투쟁을 드는 이유는 신자유주의와 당의 역량만으로는 나라마다 그리고 당마다 서로 다른 성장과 부진의 이유를 설명할 수 없기 때문이다. 예를 들어 유럽 대부분의 나라에서 좌파를 앞서고 있는 극우의 성장배경 역시 신자유주의인데 신자유주의와 당의 역량만으로는 지역마다 나라마다 다른 좌파와 극우의 성장의 차이를 설명하기 어렵고, 지역이나 나라마다 다른 좌파와 녹색당과의 경쟁유형도 설명하기 어렵기 때문이다.

그런데 이 다섯 가지 요소(역사적 배경, 제도, 경쟁관계, 잠재적 지지계층의 변화, 계급투쟁)는 나라별로 지역별로 다를 수 있지만 일국 내의 좌파당들에게는 동일한 조건이다. 일국 내의 좌파당들의 차이는 각 당들이 갖는 운동론의 차이이고, 좌파당들의 성적의 차이란 결국 잠재적 지지계층과 결합하는 능력의 차이다. 즉 동일한 조건에 있는 일국 내의 여러 좌파당들의 성적의 차이 혹은 잠재적 지지계층과 결합하는 능력의 차이는 운동론의 차이로 환원된다. 따라서 다양한 좌파당들의 서로 다른 성적의 차이를 규명하기 위해서는 좌파의 동질성보다 운동론의 차이라는 이질성을 강조하는 당운동 접근법을 고려한 당운동 소가족을 축으로 파악할 수밖에 없다. 그리고 일국 내에서 좌파와 다른 정치세력들은 그 나라의 역사적 배경과 제도를 공유하면서 서로 잠재적 지지계층을 두고 경쟁하는 관계이기 때문에 이들의 성적 혹은 경쟁관계에 영향을 주는 요소는 잠재적 지지계층의 변화와 계급투쟁일 수밖에 없다. 따라서 이런 모든 요소를 종합적으로 고려하고 반영하기 위해서는 경쟁관계를 축으로 파악할 수밖에 없다.

이처럼 이 글은 좌파당들의 지역마다 나라마다 서로 다른 성장과 부진을 설명하기 위해 좌파당을 행위자가 아니라 행위자이자 경쟁자로 보는 경쟁관계를 축으로 그리고 지역은 물론 한 나라 내에서도 서로 다른 좌파당들의 성적의 차이를 설명하기 위해 당운동 소가족을 축으로 좌파당들의 서로 다른 성장과 부진을 설명한다. 즉 나라별 좌파나 좌파당이 아니라 당운동 소가족의 차이를 고려한 경쟁관계를 축으로 파악하기 때문에 당운동 접근법은 경쟁관계 접근법 속에서 관철된다. 그리고 이 접근법들의 유효성은 다음 장의 사례연구에서 검증될 것이다.

- 경쟁관계

좌파당은 조직체이자 운동체이고 정치세력으로서 다른 정치세력과 투쟁, 경쟁, 연합 등 다양한 관계를 맺는다. 정치지형이란 특정한 정당에게는 외적 환경이겠지만, 실제로는 다양한 정치세력이 맺는 상호관계이다. 즉 구조란 여러 행위자들이 맺는 끊임없이 변화하는 관계의 총체이다. 또한 여러 행위자들의 세력관계는 누적된 역사의 산물이다. 따라서 역사적 배경과 경쟁구도 그리고 제도는 단지 주체의 외부에 있는 환경이 아니라 행위자 자신이 그 구조의 일부를 이루면서 변형해 가는 것이다. 그러므로 정치세력인 좌파당의 출현과 성공과 부진을 분석함에 있어서 행위자의 측면만이 아니라 그 자신이 그 구조의 일부를 이루고 있는 경쟁관계 속의 하나의 경쟁자로서 파악할 필요가 있다. 이러한 좌파당 내외의 경쟁관계란 역사적/정치적/경제적/사회적 배경과 제도하에서 여러 정치세력들의 경쟁 속에서 형성된 것이다. 즉 형성된 경쟁관계란 좌파당의 성장과 부진에 영향을 주는 다양한 요소들이 작동한 결과이고 출발점이 된다. 그러므로 전체 유럽이나 일국의 경쟁관계의 장기간의 변화와 여러 나라들이나 지역간의 경쟁관계의 비교를 통해 때로는 점진적으로 때로는 급진적으로 변하는 경쟁관계에 영향을 미친 요소들의 비중을 파악할 수 있다.

2차대전 후 프랑스와 이탈리아의 사회당이 공산당을 배제하려고 했던 점이나, 독일 사민당(SPD)이 민주사회주의당(PDS)이나 좌파당(Die Linke)을 고립시키려고 했다는 점은 잘 알려져 있다. 또한 북부유럽이나 일부 남부유럽에서 보듯 우파의 집권을 막기 위해 좌파가 신자유주의 세력인 사민당과의 협력(범좌파 정부)을 강요당하는 경우는 빈번하다. 이처럼 좌파가 다른 세력과 맺는 경쟁관계는 좌파의 성장에 제약으로 작용하는 요소이다, 즉 경쟁관계는 여러 설명요소가 반영되는 틀이기도 하고 그 자체가 설명요소이기도 하다.

- 역사적 배경

2차대전 후 서구에서 남부유럽에서만 공산당이 살아남은 이유는 공산당이 주도하였던 반파쇼투쟁과 반독재투쟁이라는 역사적 배경이 아니면 설명이 안 된다. 냉전의 영향으로 배제당했던 중부유럽의 좌파들, 동부유럽의 많은 나라에서 여전히 남아 있는 공산당 통치에 대한 부정적 기억과 좌파의 주변화 역시 역사적 배경이 끼친 영향이다. 또한 똑같은 복지국가이면서도 녹색당이 중부유럽에서 강력하고 북부유럽에서는 부진한 이유도 역사적 배경의 차이에서 찾을 수 있다. 따라서 역사적 배경이 좌파의 성장에 영향을 끼치는 중요한 요소인 것은 분명하다. 그리고 역사적 배경과 제도는 각 나라의 정치세력이 공유하는 것이고 각 나라의 경쟁관계에 반영되어 있다.

- 제도

제도의 요소도 좌파의 전략과 성장에 강력한 영향을 끼친 요소다. 주변화를 벗어나려는 좌파의 대응이 좌파세력 간의 연대를 우선적으로 추구하는 것은 당연하고, 특히 의회의 진출에 3-5%의 높은 진입장벽threshold을 강요당할 때 신생 정당이나 군소정당은 공동대응을 하지 않을 수 없다. 그 대응이 프랑스의 좌파전선(FdG)이나 스페인의 통합좌파(IU)처럼 선거연합이나 우산정당에 멈추기도 하고, 때로는 그리스의 Syriza나 독일의 좌파당(Die Linke), 덴마크의 적녹동맹(RGA)에서 보는 것처럼 선거연합이 우산정당을 거쳐 단일당으로 발전하는 경우도 많다. 좌파의 이러한 대응을 선거제도의 영향이 아니라면 설명할 방도가 없다. 또한 당-통일전선의 모델을 따르는 혁명적 좌파나 공산당의 경우 통일전선의 한 형태인 선거연합이나 우산정당에 머무는 경우가 많고, 나아가 강력한 공산당의 존재 여부는 반파쇼투쟁이나 반독재투쟁과 같은 역사적 배경에 기인하는 것이고, 그들이 통일전선을 추구하는 것은 경쟁구도와 선거제도의 측면의 영향이 크다는 점은 스페인과 프랑스의 경우에서도 명백하다.

유럽의 선거제도는 동부유럽을 포함하여 대부분 전국적 혹은 권역별 정당명부 비례대표제인데 3-5%의 높은 진입장벽이 있다. 예외적으로 군소정당에 유리한 선호투표제(STV: single transferable vote)를 채택한 스웨덴, 벨기에, 아일랜드, 크로아티아, 그리고 비례대표제이지만 사실상 진입장벽이 없거나 낮은 덴마크, 네덜란드, 룩셈부르크, 슬로베니아 등이 있고, 군소정당에 불리한 영국, 프랑스, 이탈리아가 있다. 양당제를 강요하는 단순다수제 혹은 소선거구제 때문에 독자 진출이 불가능하여 노동당에로의 입당전술에 의존하거나 의회 진출을 포기한 트로츠키주의당들이 극심한 분열을 보이는 영국(Kulke and Khan 2012; Kelly 2018), 단순다수제와 결선투표제를 묶은 로맨스 다수제 Romance majority voting system 때문에 양강제 하에서 공멸하지 않거나 우파를 저지하기 위해 공산당이 끊임없이 사민당과 협력해야 하는 프랑스(Kulke and Khan 2012), 단순다수제에 비례대표제를 보충적으로 활용하기 때문에 사민주의적인 민주당(PD)과 협력하지 않으면 의회진출이 어려운 이탈리아는 모두 제도의 영향이 크다(Porcaro 2012; Chiocchetti 2017). 비례대표제이지만 연방제하에서 52개 선거구별로 따지기 때문에 지역당의 할거를 조장하고, 전국적인 지지가 있어도 군소정당의 경우 10석 이하의 선거구에서는 당선될 가능성이 없는 스페인(Heilig 2012), 정당명부 비례대표제라고 하더라도 우파의 집권을 막기 위해 좌파가 사민당과의 선거연합을 강요받는 북유럽의 패턴은 대부분 양당제나 양강제, 양블럭제를 강요하는 선거제도에 의해 설명된다(Kulke and Khan 2012).

나아가 사민당의 우경화에 대한 대안을 제시하기 위해 좌파세력들의 선거연합, 우산정당, 좌파통합당이 추진된 것도 비례대표제 하의 높은 진입장벽으로 설명할 수 있다. 또한 동부유럽에서 약간이라도 대중적 기반이 있는 계승공산당을 제외한 급진좌파당이나 녹색당의 출현이 미미한 데에는 높은 진입장벽도 한몫하고 있다. 한편 진입장벽이 낮거나 군소정당에 유리한 경우에는 선거연합의 유인을 없애고 올바른 주장과 전략에 집착하는 교조적인 혁명적 좌파들의 할거를 조장하기도 한다. 다수의 혁명적 정파들이 각자도생하던 아일랜드(2016년에야 SP와 SWP가 선거연합(AAA-PBP > S-PBP)에 합의했다), 벨기에, 네덜란드, 룩셈부르크 등이 그렇다. 아일랜드에서는 유권자가 후보명단에 선호하는 순서에 따라 1-5까지의 숫자를 적고 탈락되는 후보가 얻은 표가 선호도에 따라 다른 후보에게 옮겨가는 선호투표제가 있고, 네덜란드는 제약이 없는 비례대표제이고 0.67%의 유효투표만 얻으면 의회에 진출할 수 있다(Kulke and Khan 2012). 룩셈부르크에는 집중투표제가 있고(Wagener 2012), 슬로베니아에는 4%의 진입장벽이 있지만 "전 선거에서 1%의 지지를 얻었거나 당해 선거에서 1%의 지지만 얻으면 국가의 지원을 받는다"(Toplišek 2019). 이처럼 제도적 요소 역시 특정 나라의 좌파의 성장과 부진만이 아니라 그에 대응하는 좌파의 전략에 영향을 끼친 중요한 설명요소이다.

- 잠재적 지지계층

도미닉 하일리히(Dominic Heilig 2016)는 좌파당의 잠재적 지지층을 1) 고전적 노동자, 2) 현재의 상태에 항의하는 대안 계층, 그리고 신자유주의와 긴축정책에 대한 저항 속에서 좌파가 끌어당길 수 있는 3) 고용불안의 경험을 가진 사람, 4) 고용불안에 빠질 위험이 있는 중간층의 네 개의 그룹으로 나눈다. 한편 키오케티(2017)는 노동계급과 복지 지지층welfarist constituencies을 강조한다. 그러나 다른 정치세력과의 경쟁관계를 고려할 때 이런 분류들은 충분하다고 보기 어렵다.

"수많은 연구들이 녹색당 투표자들이 공공서비스나 전문직

고용을 갖는 대도시나 대학 도시의 젊고, 세속적이며, 교육받은 신중간계급의 비중이 높다는 것을 밝혀왔다"(Frankland 1995). 이에 비해 극우의 지지기반은 저학력, 남성, 하층계급 또는 중간계급 하층의 비중이 높고(Langenbacher and Schellenberg 2011), 이들은 신자유주의 지구화의 불안층, 불만층, 박탈층(희생층)으로 이루어져 있다. 복지국가인 북유럽에서 극우의 주된 성장기반은 이주민에 대한 반감과 복지 쇼비니즘에 호응하는 주로 중간계급의 하층으로 이루어진 신자유주의 불안층이다. 한편 좌파의 지지는 전통적인 노동계급만이 아니라 신자유주의 박탈층부터 진보적인 신중간계급에 이르기까지 다양하다. 예를 들어 독일의 좌파당의 경우 동독지역은 하급관리 출신과 연금생활자의 비중이 높고, 서독 지역은 녹색당을 지지하는 고학력 진보계층의 지지는 낮은 반면 비정규직과 실업자 등 신자유주의 희생층(박탈층)의 비중이 높다(Heilig 2016; Chiocchetti 2017: 90-91). 그리스 공산당(KKE)은 주로 조직노동자로 이루어진 블루칼라인 반면, Syriza는 교사노조 등 교육받은 화이트칼라 그리고 Syriza의 우파가 독립한 민주좌파(DiMar)는 변호사 등 전문직의 지지가 높았다(Eleftheriou 2016).

<표 3>에서 보듯, 전후 완전고용과 복지국가를 추구했던 사민당의 지지기반이었던 노동계급과 중간계급은 탈산업사회와 복지국가의 성립과 함께 블루칼라 노동자의 축소와 서비스 산업 종사자 특히 공공서비스 노동자를 포함한 화이트칼라로 이루어진 신중간계급이 성장하였다. 이들이 복지국가와 사민당의 지지계층이었고, 녹색당 출현의 기반이었다. 또한 신자유주의 공격으

표 3: 노동계급의 구성과 위상의 변화 및 잠재적 지지계층

	노동계급					중간계급		자본가계급
	산업노동자계급			신중간계급		구 중간계급		
	비정규직			정규직				
	산업노동자계급			신중간계급		구 중간계급		
	비정규직	정규직						
신자유주의	박탈층	불만층	지지층	불안층	지지층	불안층	지지층	
사민당		■	■	■	■	■	■	
녹색당				■	■	■	■	
좌파	■	■	■	■	■			
극우	■	■		■		■		■

Source: Author.

로 주로 비조직 노동자들인 실업자, 비정규직 등 신자유주의 박탈층과 연금생활자 등 신자유주의 불만층이 출현했고, 이주민 반대와 복지 쇼비니즘에 호응하는 주로 중간계급의 하층으로 이루어진 신자유주의 불안층이 생겨났다. 즉 복지국가의 성립으로 노동계급의 구성과 위상이 변하였고, 신자유주의 지구화의 공격으로 신자유주의 박탈층, 불만층, 불안층이 증가하였다. 그러므로 사민당의 우경화로 인한 빈 공간은 사민당만이 아니라 녹색당, 극우, 좌파당이 경쟁하게 되었다.

또한 국가와 민족의 정체성을 내세우며 복지 쇼비니즘을 주장하는 극우의 배타적 입장은 시민의 정체성으로 인간해방과 사해동포주의적cosmopolitan 입장 혹은 좌파해방주의적left libertarian 입장에 서는 녹색당과 정면으로 대립한다, 이에 비해 생산자와 인민/민중people의 정체성으로 평등과 연대를 앞세우는 좌파의 지지계층은 이들과 중첩된다.

랑엔바허와 쉘렌베어크(Langenbacher and Schellenberg 2011: 14)는 "낮은 사회적 위치와 우익 극단주의의 지지 사이에 직접적인 인과관계가 없을지라도, 박탈당하고 있다는 주관적 느낌 즉

주관적 박탈과 극우 지향 사이의 강력한 연관의 증거는 많다"고 말한다. 즉 극우와 좌파 지지층의 차이는 동일한 계층 내의 주관적 감정과 인식 나아가 정체성과 가치관의 차이이기도 하다. 2017년 프랑스 대선에서 좌파와 녹색당 지지자들의 지지를 수렴한 장 뤽 멜랑숑(Jean-Luc Mélenchon) 지지자의 4%[이 수치는 연구에 따라 2-7%로 다르다]만 결선투표에서 극우인 마린 르펜(Marine Le Pen)을 지지한 사실을 보면(Escalona and Vieira 2016), 극우와 좌파는 노동계급과 중간계급 하층이라는 객관적 지지계층은 겹치면서도 정체성과 가치관의 차이는 확연하다. 이런 사실은 멜랑숑과 르펜의 2012년과 2017년 프랑스 대선 1차 투표를 실증적으로 비교분석한 앙뚜앙 드카반과 얀 르란(Antoine de Cabane and Yann Le Lann 2018)의 연구로도 뒷받침된다.

드카반과 르란은 "2017년 결선투표에서 멜랑숑 지지자의 7%만이 르펜을 지지했고, 52%는 마크롱(Emmanuel Macron)을 선택하고 나머지는 기권했다"는 점 등을 들어 우익 포퓰리즘과 좌익 포퓰리즘의 선거적 상호투과성electoral porosity은 부정확하다고 주장한다. <그림 1>을 보면, 2017년 대선 1차 투표에서 각각 19.6%와 21.4%를 획득한 멜랑숑과 르펜의 종사상 지위에 따른 지지율 차이를 보면 블루칼라 노동자Workers는 각각 25%와 39%, 피고용인Employees은 24%와 30%, 중간 전문직 Intermediate professions은 각각 26%와 10%로 큰 차이를 보인다. 그러나 전체 유권자 중 두 후보의 지지층의 합계는 블루칼라의 64%, 피고용인의 54%, 중간 전문직의 36%인 것에서 보듯 양자의 지지계층은 겹친다. <그림 2>의 두 후보 지지층의 파고

그림 1: 멜랑숑과 르펜의 직업별 지지율

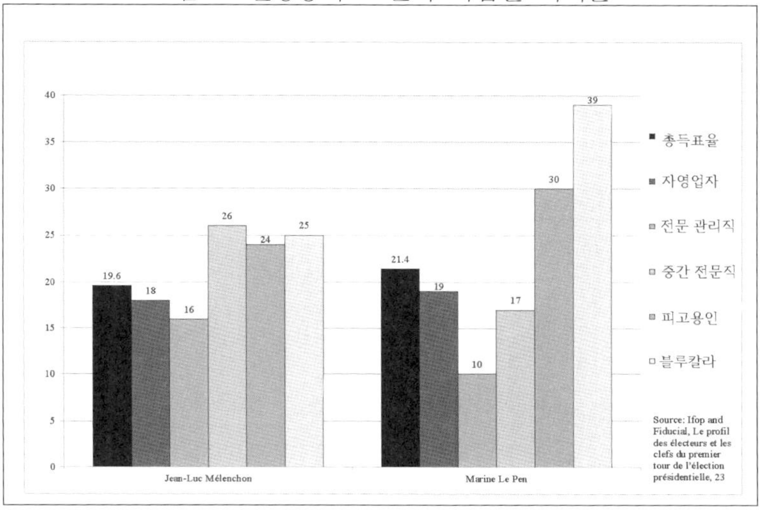

Source: De Cabanes and Le Lann 2018: 172.

그림 2: 멜랑숑과 르펜 지지층의 직업별 비중

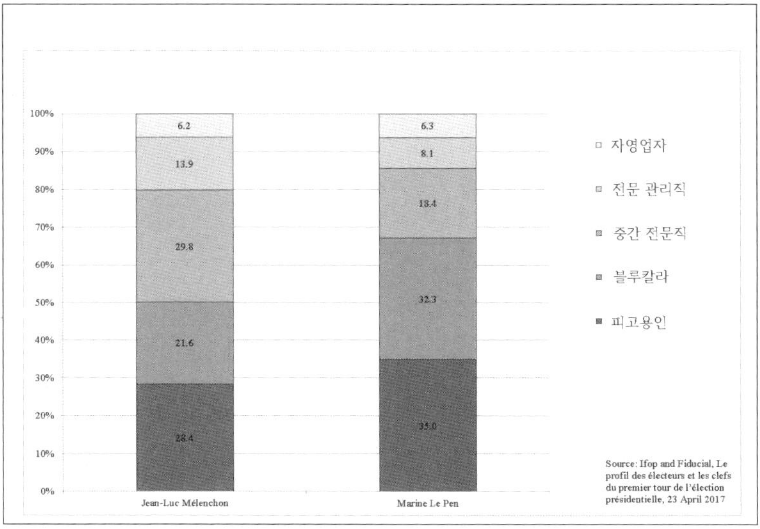

Source: De Cabanes and Le Lann 2018: 173.

그림 3: 2012년과 비교한 멜랑숑과 르펜 지지층의 기원

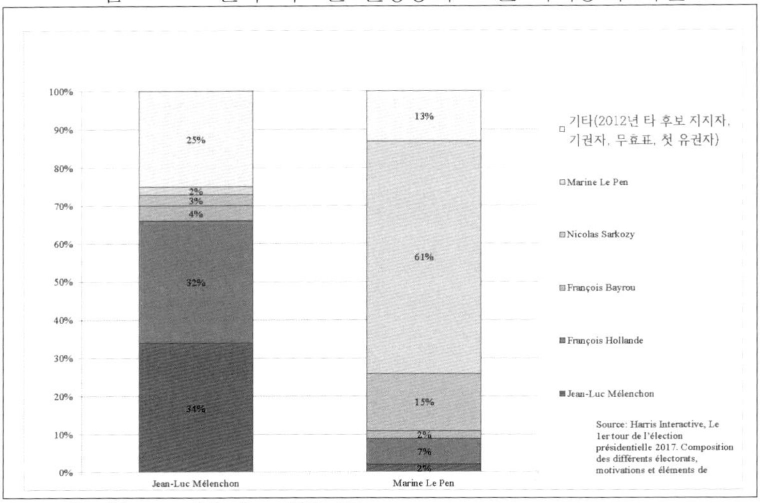

Source: De Cabanes and Le Lann 2018: 174.

그림 4: 멜랑숑과 르펜 지지층에 대한 주제별 결정효과

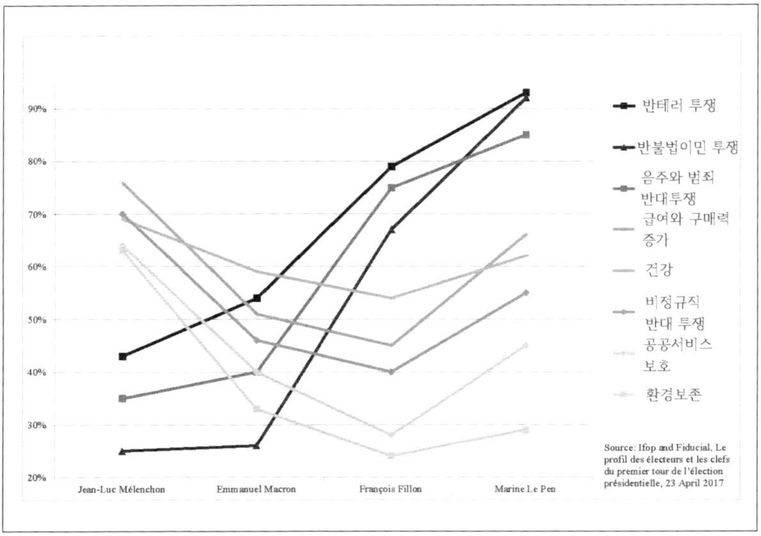

Source: De Cabanes and Le Lann 2018: 175.

용인, 블루칼라, 중간전문직의 비중을 보면, 멜랑숑은 28.4%, 21.6%, 29.8%이고 르펜은 35.0%, 32.3%, 18.4%이다. 즉 르펜은 멜랑숑보다 블루칼라만이 아니라 피고용인의 지지도 더 많이 받고 있다. 또한 프랑스의 국민전선은 EU 탈퇴만이 아니라 공공재의 국유화까지 주장하고 있는데 이런 점은 좌파의 과거 주장과도 겹친다. 그런데 <그림 3>을 보면 멜랑숑의 2017년의 지지는 32%가 2012년 사회당 후보였던 올랑드(François Hollande) 지지자 그리고 25%가 기권층과 새로운 유권자로부터 온 반면, 르펜의 지지는 15%가 우파인 싸르코지(Nicolas Sarkozy) 지지자로부터 온 것을 알 수 있다. 그리고 <그림 4>를 보면 두 후보의 지지자는 테러, 불법 이민, 비행과 범죄에 대한 주제에서 정반대의 태도를 보이며, 임금과 구매력, 건강, 일자리 안정에 대해서는 멜랑숑 지지자들에 대한 영향이 더 크기는 하지만 르펜 지지자들에 대한 영향도 크다. 공공서비스와 환경보존의 주제는 멜랑숑 지지자들에 대한 영향력이 훨씬 더 크다.

이런 모든 통계들은 극우와 좌파의 객관적 지지계층이 겹치더라도 지지층이 중시하는 가치에 있어서 큰 차이가 있음을 보여준다. 즉 많은 연구자들이 '중심이 얇은 이데올로기' 운운하며 좌우 포퓰리즘 정당과 기성정당과의 대립을 강조하고 따라서 좌우 포퓰리즘의 동질성을 강조하지만(Mudde 2004; March and Keith 2016; Katsambekis and Kioupkiolis 2019), 2017년 프랑스 대선에서 멜랑숑과 르펜 지지자들은 좌우의 대결축으로 나뉘어 상호투과성이 극히 약하다는 것을 보여준다. 만약 두 후보의 좋은 성적에 영향을 준 결정적인 요소가 포퓰리즘이라면 두 후보의 지지층은 동질적이고 상호투과성이 있어야만 한다. 즉 멜랑숑을 지지한 주된 이유가 인민과 기득권층의 대립/대결을 강조하는 포퓰리즘이었다면 그들은 결선투표에서 포퓰리스트인 르펜을 지지해야만 한다. 더구나 <그림 4>에서 보듯 환경보존과 공공서비스의 보장에 관한 주제는 르펜 지지자들보다 멜랑숑 지지자들에게 훨씬 더 큰 영향을 끼치고 있다. 멜랑숑의 이런 지지자들을 포퓰리즘에 호응한 계층이라고 부르는 것은 난센스에 가깝다. '독일을 위한 대안당'(AfD)의 경우도 좌파당과 신자유주의 불만층과 박탈층이라는 지지계층이 겹칠지라도 2013년과 2017년의 총선결과를 보면 AfD의 지지율의 급증(+7.9%)은 좌파당(+0.6%)과 녹색당(+0.5%)이 아니라 기민당(-8.5%)과 사민당(-5.2%)의 희생 위에서 이루어졌다. 극우와 좌파의 성장추세가 서로 긴밀한 역관계를 보이지 않는다는 점은 뒤의 5-3절에서 보듯 스페인을 제외한 많은 나라의 사례에서도 확인된다. 따라서 극우와 좌파당의 성공요소로 포퓰리즘을 거론하는 것은 Podemos의 경우를 제외하면 별로 근거가 없다.

그리고 독일에서는 녹색당과 좌파당의 지지계층이 확연히 갈리지만 녹색의제를 선점한 적녹당의 경우는 녹색 지지계층을 확보하고 있다. 이런 점에서 녹색의제를 수용하고 조직노동자만이 아니라 신자유주의 박탈층까지 포용하려는 전략의 잠재력은 크다. 낙태 비범죄화 투쟁이나 동성혼 합법화 투쟁 등을 주도하고 있는 포르투갈의 좌파블록(BE), 사회운동과의 결합을 통해 성장한 Syriza의 주도세력인 Synaspismos, 녹색의제를 선점한 북부유럽의 적녹당들의 성장을 보면 잠재적 지지계층의 변화에 부응하는 것이 중요하다는 것을 알 수 있다.

- 계급투쟁

좌파당의 성장과 부진을 결정적으로 결정짓는 요소는 대중의 계급의식인데 계급의식, 계급투쟁, 정치적/경제적/사회적 모순의 심화는 서로 긴밀하게 연관되어 있다. 1990년대 후반부터 좌파가 커다란 성공을 거둔 배경에는 거의 대부분 강력한 대중동원이 있었다. 허드슨은 좌파의 귀환과 관련하여 특히 마스트리흐트 협약에 따른 노동계급의 대응을 주목한다: 1992년 5월 독일 공공부문 파업, 1994년 11월 복지 삭감에 반대하여 150만 명이 참가한 이탈리아 노동자와 연금생활자의 시위, 1995년 11월에 시작되어 프랑스의 운송을 완전히 멈춰버린 노조의 3주 이상 지속된 총파업과 시위(Hudson 2012: 9-10)가 그렇다. 키오케티 역시 좌경적인 사회적 동원과 선거적 획득의 연관을 밝히고 있다: 프랑스에서 두 번의 선거적 피크(1995-2002, 2009-12)와 노동운동이 이끈 대규모 반우파 동원(1995, 2009-10), 이탈리아의 두 번의 피크(1995-96, 2004-06)와 노동조합(1994, 2002)과 평화운동 네트워크(2002-04)에 의한 대규모 반 베를루스코니(Berlusconi) 동원, 독일에서 민주사회주의당(PDS)/좌파당의 두 번의 큰 성장과 1992-93년 동독 사유화 반대(anti-Treuhand), 2003년 반전평화운동 그리고 2003-04년 반 하르츠(Hartz) 개혁 동원(Chiocchetti 2017: 222). 또한 경기 대후퇴 이후 그리스, 스페인, 포르투갈은 물론 아일랜드, 아이슬란드 등의 좌파당 성장의 경우에도 금융위기와 그에 이은 광범한 대중투쟁이 선행하였다. 부연하면, 2006-07년과 2008년 12월에 있었던 그리스 학생반란과 2011년부터 시작된 30회에 가까운 총파업과 결합한 강력한 반긴축 투쟁에 이은 Syriza의 성장, 그리고 2011년의 반긴축 투쟁에 이은 스페인의 Podemos와 포르투갈의 좌파블록(BE)의 성장은 물론, 1995년 유럽통합 반대투쟁, 2005년 NO[유럽헌법반대] 투쟁과 CPE[최초고용법] 반대투쟁에 이은 프랑스 좌파당들의 성장, 1999년 포르투갈의 낙태 비범죄화 투쟁과 좌파블록(BE)의 성장, 2008년 금융위기와 솥단지 투쟁에 이은 아이슬란드의 적녹운동(VG)의 성장, 2008년 금융위기와 2014년 물 사용료 반대 등 반긴축 투쟁에 이은 아일랜드의 Sinn Féin 등의 성장, 2014-15년 강력한 반긴축 시위에 이은 벨기에 노동자당(PvdA)이 주도한 선거연합인 PTB-GO!의 성장이 그것이다.

이처럼 좌파의 성장과 계급투쟁의 상관관계는 명백하다. 그런데 여기서 경제위기와 맞물린 대중동원이 아니라고 하는 것은 경제위기와 심각한 고통은 반드시 대중의 저항을 낳지만, 프랑스의 유럽헌법 반대투쟁(No to EU')이나 포르투갈의 낙태 비범죄화 투쟁처럼 대중동원이 경제위기와 연관되지 않은 경우도 있기 때문이다. 그리고 1992-93년 사유화에 대한 동독 주민들의 반감에 이은 공산당 계승당(PDS)의 성장, 1993년 이후 '충격요법'에 대한 반감과 러시아 공산당(CPRF)의 부활, 1998년 금융위기와 맞물린 대중의 불만에 이은 몰도바와 체코의 계승공산당의 성장 등은 신자유주의와 경제위기의 불만을 수렴한 것인데 대중의 동원에 의존했다기보다는 정권심판론과 과거의 위신이 작용한 것으로 보인다(Hudson 2000, 2012: 19-28). 즉 계승공산당은 극우나 녹색당과의 경쟁이 없는 조건에서 사회경제적 불만을 대변하고 수렴하는 유일한 세력으로서 지지를 획득한 것이고, 이런 유의 성장은 극우나 녹색당과 경쟁하는 서유럽에서는 기대하기 어렵다.

따라서 모든 정치적/경제적 불만이나 위기가 좌파의 성장을 낳는 것은 아니지만 좌파의 성장에는 거의 대부분 계급투쟁이 선행되었다. 모든 대중투쟁은 어느 경우에나 집권세력에 대한 반대와 분노의 표현이고 따라서 강력한 대중투쟁은 좌파의 성장으로 이어질 수 있다. 그런데 이 투쟁이 좌파의 성장으로 이어지지 않거나 혹은 오래가지 못하는 것은 좌파의 분열이나 무능력 혹은 양당제 혹은 양강제를 강요하는 정치제도나 각국의 정치구도/경쟁관계에서 원인을 찾을 수 있다.

<표 3>에서 보듯, 이론적으로도 사민당, 녹색당, 극우, 좌파는 노동계급과 중간계급의 지지를 다투고, 이들 동일한 사회적 계급과 계층 내부의 정체성은 캠페인과 계급투쟁에 영향을 받는다. 나아가 평등과 연대의 정체성은 광범한 계급투쟁을 통해 획득된다. 파업이 최상의 사회주의 학교라는 레닌의 주장도 이런 측면에 대한 것이다. 따라서 녹색당과 극우와의 경쟁이 없는 조건에서 사회경제적 불만을 수렴한 동부유럽의 계승공산당과는 달리 1990년대와 2000년대 그리고 2010년대의 서유럽 좌파의 성장배경에는 강력한 계급투쟁이 있고, 계급투쟁이 없는 좌파의 강력한 성장은 기대하기 어렵다. 또한 동부유럽도 극우와 녹색당이 성장하고 있기 때문에 계급투쟁은 더욱 중요해졌다.

그리고 반신자유주의 투쟁이 대부분 우파 집권 시에 이루어졌으며, 이 투쟁의 성과는 좌파보다는 중도좌파가 더 큰 수혜자였다는 점, 양강제 하에서 반우파 블록의 성공을 위해 중도좌파에 대한 좌파의 타협적 태도를 강요하는 경향이 있다는 점, 중도좌파와의 타협은 재앙으로 끝났고 비타협적 강경파의 반발을 사고, 비타협적 태도는 타협파의 이탈을 낳는다는 키오케티의 관찰은 맞다(Chiocchetti 2017: 207-208). 그러나 이 문제는 비타협과 타협의 문제가 아니라 원칙성과 유연성의 문제로 볼 필요가 있다. 이탈리아의 재건공산당(PRC)이 2006년 프로디(Prodi) 내각에서 아프칸 파병에 동의하는 등 좌파가 원칙성을 버렸을 때 응징이 따랐고, 유연하지 못했을 때 분열이 생기는 것은 명백하다.

- 경쟁관계 접근법: 설명요소를 통합한 설명틀

1990년대 이후 유럽 좌파의 귀환과 경기 대후퇴 이후 일부 좌파의 성장은 신자유주의 공격과 관련이 있고 주로 신자유주의 불만층과 박탈층의 요구에 부응한 것이다. 그리고 서유럽 좌파당의 성공 혹은 급격한 성장은 어느 경우에나 정치적/경제적 분노의 표현인 강력한 대중투쟁이 있었다. 이것이 허드슨(2012)으로 대표되는 좌파의 표준적인 설명이다. 아미니(2016)나 키오케티(2017)의 출발점도 같다. 그러나 이런 설명요소만으로는 왜 좌파의 성장이 주로 남부유럽과 북부유럽에서 급진좌파당과 적녹당에 의해 이루어졌는가를 설명할 수 없다.

공산당의 쇠퇴와 녹색당의 등장, 적녹당의 성장은 포스트 산업사회와 복지국가의 확립으로 인한 노동계급의 구성과 위상의 변화라는 장기적인 요소로 설명된다. 그런데 공산당이 남부유럽에서, 적녹당이 북부유럽에서, 녹색당이 중부유럽에서 그리고 계승공산당이 동부유럽에서 살아남은 이유는 역사적 배경과 제도 위에서 형성되어 온 지역별로 서로 다른 경쟁유형으로 설명된다.

이처럼 좌파의 성장은 물론 여러 좌파 당운동 소가족들의 서로 다른 성장과 부진은 1) 역사적 배경과 제도 위에서 형성되어 온 지역별로 서로 다른 경쟁유형, 2) 노동계급의 구성과 위상의 변화 및 신자유주의 박탈층을 포함한 '잠재적 지지계층의 변화', 3) '계급투쟁'이라는 세 축의 통합으로 설명된다. 좀 더 부연하면 노동계급의 구성과 위상의 변화 및 신자유주의 박탈층의 성장은 장기적이고 점진적으로 경쟁관계에 영향을 미치는 요소이고, 강력한 계급투쟁은 기왕의 경쟁관계에 단기적으로 강력한 충격을 끼치는 요소이다(경쟁관계 접근법).

바꾸어 말하면 1990년대 이후 좌파의 성장은 이미 형성된 지역별로 서로 다른 경쟁관계 위에서 이루어진 것이다. 다음 장에서는 당운동 소가족을 고려한 경쟁관계 접근법을 통해 2차대전 이후 1990년대 초반까지 역사적/지역별로 형성된 경쟁관계와 1990년대 중반 이후 변화된 경쟁관계에 대해 살피고, 좌파의 서로 다른 성장과 부진에 영향을 끼친 요소를 찾을 것이다.

5장

경쟁관계 접근법에 따른 역사적/지역별 경쟁유형과 변화된 경쟁유형

앞선 장에서는 5가지 설명요소(역사적 배경, 제도, 경쟁관계, 잠재적 지지계층, 계급투쟁)를 통합한 경쟁관계 접근법을 설명하고, 1990년대 이후의 좌파의 성장은 역사적 배경과 제도 속에서 형성된 지역별로 서로 다른 경쟁관계 속에서 이루어졌으며, 여기에 잠재적 지지계층의 변화와 계급투쟁의 요소가 결합하여 새로운 경쟁관계가 형성되었다고 하였다. 전자는 '역사적/지역별 경쟁유형'으로 주로 좌파가 사민당과 녹색당과 맺는 경쟁관계이고, 후자는 '변화된 경쟁유형'으로 여기에 극우가 추가된 경쟁관계이다.

좌파당의 성장과 부진은 지역별, 나라별, 당운동 소가족별로 서로 다르게 나타나는데, 이 세 가지 차원을 적절하게 구분하여 파악할 필요가 있다. 이 장에서는 먼저 통계작성의 방법론에 관한 논의와 적절하게 분류된 통계에서 확인된 추세의 차이를 다섯 가지 설명요소를 통합한 경쟁관계 접근법을 통해서 설명을 시도할 것이다. 즉 적절한 통계에서 확인된 좌파당의 서로 다른 성장과 부진을 역사적/지역별로 서로 다른 경쟁유형과 변화된 경쟁유형을 통해 포괄적인 설명을 시도하고 유형별로 중요한 사례에 대해 분석하면서 결정적 설명요소를 찾아내고 경쟁관계 접근법의 적실성을 확인할 것이다.

이처럼 앞선 장이 좌파의 처지(좌파당의 서로 다른 성장과 부진)에 관한 설명요소와 설명틀에 관한 추상적 논의라면, 이 장은 지역별/나라별/당별로 다르게 된 좌파당의 구체적인 성적에 대한 포괄적이고 체계적인 설명방법과 설명요소에 관한 논의이다.

5-1. 유럽 좌파당의 성적과 추세

유럽 좌파의 성장과 부진의 추세를 어떻게 확인하고 평가할 것인가는 어려운 문제다. 통계에 사용되는 수치는 객관적이지만 수치들을 취합, 가공, 분류, 해석하는 데에는 주관이 작동할 수 있기 때문에 더욱 그렇다. 그러므로 적절한 취합과 분류와 해석의 방법론을 찾는 작업은 매우 중요하다. 키오케티는 정당의 강력함 strength을 지지율, 의석수, 정부 참여 정도와 당원 수를 의미하는 선거, 의회, 정부 그리고 구성원의 4요소로 평가한다. 이런 4요소가 정당의 강함을 구성하는 요소인 점은 맞다. 그런데 예를 들어 프랑스의 경우 대통령, 국회, 지방의회 선거 득표율을 각 20%, 40%, 20%의 비중으로 반영하거나, 당원 수를 포함한 네 요소를 각 25%의 비중으로 반영하는 것에 대한 객관적 근거가 없다(Chiocchetti 2017: 20-22, 166).

정당의 힘/경쟁력이란 현실정치와 여론형성에 미치는 영향력인데, 선거란 또 다른 계급투쟁의 장이자 계급투쟁의 성과를 결산하는 장이기도 하다. 따라서 네 요소 중 지지율/득표율이 가장 기본되는 요소인데 지지율은 하룻밤 사이에도 등락을 거듭하기도 한다. 그러므로 득표율/지지율이 정당의 경쟁력을 나타내는 절대적인 지표는 아니겠지만 일단 객관적인 자료이고 나아가 10-20년에 걸친 지지율의 장기적인 추세는 특정 정당의 대략적인 힘의 크기나 경쟁력의 변화를 파악할 수 있게 한다. 이런 이유로 이 글은 다른 지표를 이용하기 어려운 사정도 있기 때문에 주로 정당의 득표율을 중심으로 각 당들의 강함/경쟁력을 살피겠다. 각 당의 지지율을 파악하기 위해서 기본적으로 대선이나 유럽의회 선거보다 총선 득표율을 이용한다. 유럽의회 선거는 참여율이 낮고 주로 고학력자나 중간계급의 참여율이 높기 때문에 총선에 비해 녹색당에 유리하게 작용하는 측면이 있기 때문이고, 대통령중심제인 프랑스의 경우에는 총선보다 대선 득표율이 유의미하기 때문에 필요한 경우 이들 자료도 동원한다.

좌파를 하나의 당가족으로 보는 키오케티는 <표 4: 서유럽 17개국 좌파의 국가별 득표율(1994-2015)>과 'W'형(하락 - 상승 - 하락 - 상승)의 추세를 보이는 <그림 5: 서유럽 좌파의 선거실적 추세>에서 보듯, 특정한 연도의 좌파의 선거실적을 나라별로 합산하여 1989: 9.7%, 1993: 5.1%, 1999: 7.2%, 2004: 5.5%, 2007: 7.4%, 2015: 9.6%로 산출하고, 1988-1993 전반적인 하락, 1994-1999 전반적인 상승, 2000-2007 보합, 2008-2015 주변부 국가와 중심부 국가의 양극화의 네 시기로 확인한다(Chiocchetti

표 4: 서유럽 17개국 좌파의 국가별 득표율(1994-2015)

	1989	1993	1999	2004	2007	2015	평균 1994-2015
종합	9.7	5.1	7.2	5.5	7.4	9.6	6.8
오스트리아	0.7	0.5	0.5	0.6	1.1	1	0.7
벨기에	2.1	0.7	0.9	0.5	1.4	3.8	1.3
덴마크	14.5	10	10.4	9	15.4	12.2	12.1
핀란드	13.6	10.3	11.8	11.2	9.6	7.5	10.3
프랑스	11.7	11	12.5	7.6	8	7.9	9.3
독일	0	2.5	5.1	4	8.8	8.7	7.2
그리스	11.3	7.7	15.5	11.5	13.9	45	16.6
아일랜드	5.6	0.7	1.2	1.2	1.2	2.8	1.5
이탤리	28.3	5.6	8.6	6.7	7.9	5.7	6.5
룩셈부르크	4.4	4.4	3.3	2.8	2.8	6.6	3.7
네덜란드	0.6	0.6	3.6	6.4	16.6	9.7	7.7
노르웨이	10.9	9	7.7	13.8	10.1	5.2	9.1
포르투갈	15.4	11.2	12.5	10.7	15.3	21.5	13.8
스페인	12.4	11.3	12.4	6.1	6.1	25.8	9.3
스웨덴	6.3	4.6	12.1	8.5	5.9	5.7	7.5
스위스	2.6	1.6	1.4	1.2	1.3	1.2	1.3
영국	0.1	0.1	0.3	0.7	0.6	0.2	0.4

Source: Chiocchetti, 2017: 66.

그림 5: 서유럽 좌파의 선거실적 추세

Source: Chiocchetti, 2017: 209.

2017: 66, 209-210). 이 추세는 1990년대 말에 반신자유주의 투쟁에 이은 좌파의 귀환과 부활 그리고 2008년 경제위기 이후의 반긴축 투쟁에 이은 약진을 잘 보여주고, 두 번의 피크(1999년과 2015년)가 있었음을 알 수 있다. 그러나 <표 4>만으로는 좌파의 성장에 대한 나라별 기여를 파악할 수 있을 뿐 신자유주의에 대한 불만 이외의 요인을 파악하기 어렵다.

한편 <표 5>와 <표 6>에서 보듯, 마치와 케이스는 유럽 각국의 주요 좌파당의 실적을 각 기간별 단순 평균값을 구하여 1980-89: 12.1(11.2)%, 1990-99: 9.1(7.2)%, 2000-08: 9.7(7.6)%, 2008-16: 10.8(9.4)%로 산출하고 있다(March and Keith 2016: 30, 40. 괄호 안은 EU 평균). 이 추계는 당별 기여율을 파악하는데 도움을 주지만 1990년대 이후 좌파가 계속 성장하는 모습을 보일 뿐 소비에트 몰락 이후 1990년대 초반에 저점을 찍고 두 번의 피크가 있었다는 사실이 잘 드러나지 않는다. 또한 유럽의 경우 좌파가 강력한 나라와 극히 미약한 나라가 있는데, 키오케티와 마찬가지로 1%도 안 되는 나라와 10-20%가 넘는 나라를 함께 취급하여 평균을 내는 것은 문제가 있다. 한편 마치와 케이스처럼 나라별 당별 실적을 비교하는 경우 어느 나라의 어느 당이 성장과 부진에 기여하였는지 파악할 수 있는 장점이 있다.

그러므로 좌파의 실적이 어떤 추세를 보이며, 그 성장과 부진이 어떤 요소에 의한 것인지를 파악하기 위해서 나라별 당별 실적을 소비에트 붕괴 후 저점(1991-1994)과 1990년대의 성장을 반영하는 고점(1995-1999) 그리고 2000년대 이후 경제위기 이전

표 5: 주요(급진) 좌파당의 실적(1980-2008. 8)

나라/당	평균 득표율 1980-9	평균 득표율 1990-9	평균 득표율 2000-2008	평균 득표율 1989-2008	평균 득표율 1999-2008	1989 이후 고점	1989년 이후 저점
EU-28개국							
키프로스(AKEL)	30.1	31.7	32.9	2.8	1.2	34.7(2001)	30.6(1991)
체코(KSČM)	CP	12.1	15.7	n/a	3.6	18.5(2002)	10.3(1996)
덴마크(EL)	8.7(a)	2.5	2.7	-6.0	0.2	3.4(2005)	1.7(1990)
덴마크(SF)	12.6	7.7	8.5	-4.1	0.8	13.0(2007)	6.0(2005)
핀란드(VAS)	13.5(b)	10.7	9.4	-4.1	-1.3	11.2(1995)	8.8(2007)
프랑스(PCF)	12.4	9.6	4.6	-7.8	-5.0	9.9(1997)	4.3(2007)
독일(LP)	CP	4	6.4	n/a	2.4	8.7(2005)	2.4(1990)
그리스(KKE)	10.4	5.1	6.5	-3.9	1.4	8.2(2007)	4.5(1993)
그리스(Syriza)(c)	6.8	6.1	3.8	-3	-2.3	10.3(1990)	2.9(1993)
그리스(DIKKI)(d)	n/a	4.4	2.2	n/a	-2.2	4.4(1996)	1.8(2004)
아일랜드(Sinn Féin)	1	2.1	6.7	5.7	4.6	6.9(2007)	1.6(1992)
이탈리아(PRC)	28.2(e)	6.7	3.6	-24.6	-3.1	8.6(1996)	3.1*(2008)
라트비아(LSP)	CP	5.6	(coalition)	n/a	n/a	5.6(1995)	5.6(1995)
룩셈부르크(LÉNK)	5.3(f)	3.3	2.6	-2.7	-0.6	3.3(1999)	1.6(1994)
네덜란드(SP)	0.4	2.4	9.6	9.4	7.2	16.6(2006)	1.3(1994)
포르투갈(PCP)	15.6*	8.8*	7.3*	-8.3	-1.4	9.0*(1999)	7.0*(2002)
포르투갈(BE)	n/a	2.4	4.6	n/a	2.2	6.4(2005)	2.4(1999)
슬로베니아(KSS)	CP	2.1	5.1	n/a	3	6.3(2002)	0.8(1992)
스페인(PCE)	5.9*	9.2*	4.8*	-1.1	-4.4	9.2*(1993/6)	3.8*(2008)
스웨덴(V)	5.6	7.6	7.2	1.6	-0.4	12.0(1998)	4.5(1991)
EU-28개국 평균	11.2	7.2	7.6	-3.6	0.4		
비EU 국가들							
아이슬란드(VG)	15.4(g)	12.6	11.6	-3.8	-1.0	14.3(2007)	8.8(2003)
몰도바(PCRM)	CP	30.1	48.1	n/a	18.1	50.1(2001)	30.1(1998)
노르웨이(SV)	6.8	7	10.7	3.9	3.7	12.5(2001)	6.0(1997)
러시아(KPRF)	CP	19.7	12.1	n/a	-7.6	24.3(1999)	11.6(2007)
산 마리노(RCS)	26.6(h)	3.4	6.1	-20.5	2.7	8.7*(2006)	3.3(1998)
우크라이나(KPU)	CP	18.7	9.7	n/a	-9	24.7(1998)	3.7(2006)
비EU 국가 평균	16.3	15.3	16.4	0.1	1.1		
전반적 평균	**12.1**	**9.1**	**9.7**	**-2.4**	**0.6**		

3% 이상의 득표나 1석 이상의 의석이 있는 경우에 한한다. *는 연합이고 RLP에 의한 경우에는 제외했다. CP는 집권 공산당이다; (a) 4개 당이 합하여 EL을 만들었다. (b) Finnish People's Democratic League(SKDL) 1987년엔 SKDL + Democratic Alternative); (c) 2004년까지는 Synaspismós; (d) 2007년 Syriza에 합류한 Democratic Social Movement; (e) 이탈리아 공산당(PCI); (f) 1999년까지 룩셈부르크 공산당(KPL); (g) 1995년까지 People's Alliance(AB); (h) 산마리노 공산당(PCS). Source: March and Keith 2016: 30.

표 6: 유럽 (급진)좌파당의 실적(2018. 9-2016. 2.)

나라/당	경제위기 후 실적	경제위기 후 변화	경제위기 후 증가율(%)
EU 국가			
벨기에(Workers' Party of Belgium)	2.8(average 2010-2014)	+2.0	350
키프로스(Progressive Party of Working People)	32.7(2011)	+1.6	105.1
체코(Communist Party of Bohemia and Moravia)	13.1(average 2010-13)	+0.3	102.3
덴마크(Red-Green Alliance)	7.3(average 2011-15)	+5.1	331.8
핀란드(Left Alliance)	7.6(average 2011-15)	-1.2	86.4
프랑스(Left Front)	6.9(2012)	+2.6	160.5
독일(Left Party)	10.3(average 2009-13)	+1.6	117.8
그리스(Communist Party of Greece)	6.3(average 2009-15)	-1.9	76.9
그리스(Syriza)	24.0(average 2009-15)	+19.0	480.4
아일랜드(Anti-Austerity Alliance - People Before Profit)*	3.1(average 2011-16)	+2.0	281.8
아일랜드(Sinn Féin)	11.9(average 2011-16)	+5.0	172.4
이탈리아(Left Ecology Freedom)	3.2(2013)	+0.1	103.2
룩셈부르크(The Left)	4.1(average 2009-13)	+2.2	215.8
네덜란드(Socialist Party)	9.8(average 2010-12)	-6.8	59.0
포르투갈(Portuguese Communist Party)	8.0*(average 2009-15)	+0.4	105.7
포르투갈(Left Bloc)	8.4(average 2009-15)	+2.0	131.3
슬로베니아(United Left)*	6.0*(2014)	+6.0	n/a
스페인(PCE/United Left)*	5.3*(average 2011-15)	+1.5	139.5
스페인(Podemos)	20.7(2015)	+20.7	n/a
스웨덴(Left Party)	5.7(average 2010-14)	-0.2	95.8
영국(Respect)	0.1(average 2010-15)	-0.3	16.7
EU 평균	9.4	+2.9	164.9
비EU 국가			
아이슬란드(Left-Green Movement)	16.3(average 2009-13)	2	114.0
몰도바(Party of Communists of Republic of Moldova)	37.8(average 2009-14)	-8.2	82.2
몰도바(Party of Socialists of Republic of Moldova)	20.5(2014)	15.5	410.0
노르웨이(Socialist Left Party)	5.2(average 2009-13)	-3.6	59.1
러시아(Communist Party of the Russian Federation)	19.2(2011)	7.6	165.5
산 마리노(United Left)*	8.9*(average 2008-12)	0.2	101.7
스위스(Labour Party of Switzerland)	0.6(average 2011-15)	-0.1	78.6
우크라이나(Communist Party of Ukraine)	8.6(average 2012-15)	3.2	159.3
비EU 국가 평균	14.6	2.1	146.3
평균(Syriza와 Podemos 제외)	10	1.4	147.0
전반적 평균	**10.8**	**2.7**	**159.4**

*표는 연합. Source: March and Keith 2016: 40.

의 저점과 고점(2001-2008), 경제위기 이후의 변화(2009-12, 2013-16)와 최근 실적(2017-2020. 2.) 등 7개 시점의 실적을 비교할 필요가 있다. 그리고 나라별 선거 일정이 다른 것을 감안하여, 분류 기간 중 2개 이상의 선거가 있을 경우 추세에 맞게 선택할 필요가 있다. 예를 들어 그리스의 경우 2009-15년 사이 세 번의 선거가 있었고 2015년 고점에 달한 후 2019년 하락하였는데 세 번의 선거의 평균값을 취하면 계속 상승하는 것으로 나타나 추세가 왜곡되기 때문이다. 또한 서유럽의 경우 적녹당이 선전하는 북부, 공산당과 급진좌파당이 경쟁하는 남부, 독일을 제외하고는 좌파가 미약한 중부유럽의 실적이 확연히 구분되므로, 지역별 당운동 소가족별로 파악할 필요가 있다. 그리고 어느 경우에나 통계의 분류과 가공에는 주관이 개입하기 때문에 완벽한 통계는 불가능하다.

<표 7>은 이상과 같은 방법론을 감안하여 작성된 '유럽 좌파당의 지역별 당별 득표율'이다. 키오케티가 대상으로 한 서유럽 17개국은 자치령과 도시국가를 제외한 것인데, 이 글에서는 좌파의 선거실적이 사실상 전무한 영국과 네덜란드를 제외하고 아이슬란드를 포함한 16개국을 대상으로 하였다. 그리고 프랑스는 중부유럽에 속하지만 역사적 배경 때문에 남부유럽으로 분류하였다.

<표 7>을 보면 서유럽의 전반적인 추세는 <표 4>와 <그림 5>의 'W'형 추세와 같다. 2013-16년의 실적을 보면, 좌파는 프랑스와 이탈리아의 낮은 실적에도 불구하고 남부유럽(20.1%)에서 강력한 반면 아일랜드와 독일의 기여에도 불구하고 중부유럽

표 7: 유럽 좌파당의 지역별 당별 득표율(%)

나라/당		1980-9	1990-4 (a)	1995-9	2000-4	2005-8	2009-12	2013-16(b)	2017-2020.2	b-a
덴마크(RGA)	RG	8.7	3.1	2.7	2.4	3.4	6.7	7.8	6.9	4.7
덴마크(SF)*	R/G	12.6	7.3	7.5	6.4					-7.3
핀란드(VAS)	RG	13.5	11.2	10.9	9.9	8.8	8.1	7.1	8.2	-4.1
노르웨이(SV)	RG	6.8	7.9	6.0	12.5	8.8	6.2	4.1	6.0	-3.8
스웨덴(V)	RG	5.6	6.2	12.0	8.4	5.9	5.6	5.7	8.0	-0.5
아이슬란드(VG)*	RG	15.4		9.1	8.8	14.3	21.7	10.9	16.9	10.9
북부 5개국 평균		**12.5**	**7.1**	**9.6**	**9.7**	**8.2**	**9.7**	**7.1**	**9.2**	**0.0**
아이슬란드 제외		11.8	8.9	9.8	9.9	6.7	6.7	6.2	7.3	-2.8
아일랜드(Sinn Féin)	RC	1.4	1.6	2.5	6.5	6.9	9.9	13.8	24.5	12.2
아일랜드(SP+AAA-PBP)*	R			0.7	0.8	1.1	1.0	3.9	2.6	3.9
독일(LP)*	RL		4.4	5.1	4.0	8.7	11.9	8.6	9.2	4.2
오스트리아(KPÖ+)	RC	0.7	0.3	0.5	0.6	1.0	0.8	1.0	0.7	0.7
벨기에(PvdA)	RC	2.1	0.5	0.5	0.3	0.8	1.6	3.7	8.6	3.2
룩셈부르크(LÉNK)*	RL			3.3	1.9	1.9	3.3	4.9	5.5	4.9
룩셈부르크(KPL)*	ST	5.3	1.6		0.9	0.9	1.4	1.6		0.0
룩셈부르크(PdA)	RC	0.9	1.2	1.0	0.7	0.7	0.5	0.6	1.0	-0.6
스위스(SOL)	R		0.3	0.5	0.5	0.4	0.3	0.5	PdA	0.2
중부 6개국 평균		**1.7**	**1.7**	**2.4**	**2.7**	**3.7**	**5.1**	**6.4**	**8.7**	**4.8**
아일랜드 제외		1.8	1.7	2.2	1.8	2.9	4.0	4.2	5.0	2.5
프랑스(PCF/ FdG)	RC	12.4	9.2	9.9	4.8	4.3	6.9	6.9	2.7	-2.3
이탈리아(Left Ecology Freedom, SI)	RL						3.1	3.2	3.4	3.2
이탈리아(PRC)	RC	28.2	6.0	8.6	5.0	5.8	SA	RC		
이탈리아(PDCI)	RL				1.7	2.3	SA	RC		
이탈리아(VERDI/GS)	RL		2.7	2.5	2.2	2.1	SA	RC		
포르투갈(BE)*	RL		1.2	2.4	2.8	6.4	9.8	10.2	9.5	9.0
포르투갈(PCP)	ST	15.6	8.6	9.0	7.0	7.6	7.9	8.3	6.3	-0.3
스페인(PCE/IU)	RC	5.9	9.6	10.5	5.0	3.8	6.9	3.7	UP	-5.9
스페인(Podemos)/UP	LP							20.7	12.8	20.7
그리스(KKE)	ST	10.4	4.5	5.6	5.9	8.2	4.5	5.5	5.3	1.0
그리스(Synaspismos+Syriza)	RL		2.9	5.1	3.2	5.0	26.9	36.3	31.5	33.4
키프로스(AKEL)	RC	30.1	30.6	33.0	34.7	31.1	32.7	25.7		-4.9
남부 6개국 평균		**17.1**	**12.5**	**14.4**	**12.1**	**12.8**	**16.5**	**20.1**	**11.9**	**7.5**
키프로스 제외		14.5	8.9	10.7	7.5	9.1	13.2	19.0	14.3	9.0
서유럽 17개국 평균		10.3	7.1	8.8	8.1	8.2	10.5	11.5	10.0	4.3
체코(KSČM)	SC	CP	13.2	11.1	18.5	12.8	11.3	14.9	7.8	1.7
몰도바(PCRM)	SC	CP		30.1	50.1	46.0	39.3	17.5	3.8	17.5
러시아(KPRF)	SC	CP	12.4	24.3	12.6	11.6	19.2	13.3		0.9
슬로바키아(KSS)	SC	CP	0.8	2.8	6.3	3.9	0.7	0.6		-0.1
우크라이나(KPU)	SC	CP	13.6	25.4	20.8	5.4				-13.6
슬로베니아(ZL, LEVICA)*	RL							6.0	9.3	6.0
동유럽 6개국 평균			**10.0**	**18.7**	**21.7**	**15.9**	**17.6**	**10.5**	**7.0**	**0.5**

RG: 적녹당, RC: 개혁공산당, RL: 급진좌파, ST: 스탈린주의당, R: 혁명적 좌파, SC: 계승공산당, LP: 좌파 포퓰리스트당. 같은 기간 중 여러 번의 선거가 있을 경우는 추세에 맞춰 선택했다. 해당 기간에 선거가 없을 경우 앞 선거로 보충했다. 1990-94년에 때로는 1995년의 득표율을 넣었다. 독일(LP)의 경제위기 이전의 수치는 2005년과 2009년의 수치이다. 포르투갈(BE)의 1990-04년의 수치는 1995년 PSR+UDP의 득표율이다. 1980-9의 수치는 March and Keith(2016: 30)에서 인용했다.

Source: www.parties-and-elections.eu.

표 8: 유럽 좌파당의 당운동 소가족별 득표율(%)

나라/당	1980-9	1990-4 (a)	1995-9	2000-4	2005-8	2009-12	2013-16 (b)	2017-2020.2	b-a
아일랜드(SP+AAA-PBP)			0.7	0.8	1.1	1.0	3.9	2.6	3.9
스위스(SOL)		0.3	0.5	0.5	0.4	0.3	0.5	PdA	0.2
혁명적 좌파		**0.2**	**0.6**	**0.7**	**0.8**	**0.7**	**2.2**	**1.3**	**2.1**
룩셈부르크(KPL)	5.3	1.6		0.9	0.9	1.4	1.6		0.0
포르투갈(PCP)	15.6	8.6	9.0	7.0	7.6	7.9	8.3	6.3	-0.3
그리스(KKE)	10.4	4.5	5.6	5.9	8.2	4.5	5.5	5.3	1.0
스탈린주의당	**10.4**	**4.9**	**4.9**	**4.6**	**5.6**	**4.6**	**5.1**	**3.9**	**0.2**
아일랜드(Sinn Féin)	1.4	1.6	2.5	6.5	6.9	9.9	13.8	24.5	12.2
오스트리아(KPÖ+)	0.7	0.3	0.5	0.6	1.0	0.8	1.0	0.7	0.7
스위스(PdA)	0.9	1.2	1.0	0.7	0.7	0.5	0.6	1.0	-0.6
프랑스(PCF/ FdG)	12.4	9.2	9.9	4.8	4.3	6.9	6.9	2.7	-2.3
이탈리아(PRC)	28.2	6.0	8.6	5.0	5.8	SA	RC		
스페인(PCE/IU)	5.9	9.6	10.5	5.0	3.8	6.9	3.7	UP	-5.9
키프로스(AKEL)	30.1	30.6	33.0	34.7	31.1	32.7	25.7		-4.9
개혁공산당	**11.4**	**8.4**	**9.4**	**8.2**	**7.7**	**8.2**	**7.4**	**4.1**	**-1.0**
덴마크(RGA)	8.7	3.1	2.7	2.4	3.4	6.7	7.8	6.9	4.7
핀란드(VAS)	13.5	11.2	10.9	9.9	8.8	8.1	7.1	8.2	-4.1
노르웨이(SV)	6.8	7.9	6.0	12.5	8.8	6.2	4.1	6.0	-3.8
스웨덴(V)	5.6	6.2	12.0	8.4	5.9	5.6	5.7	8.0	-0.5
아이슬란드(VG)	15.4		9.1	8.8	14.3	21.7	10.9	16.9	10.9
적녹당	**10.0**	**5.7**	**8.1**	**8.4**	**8.2**	**9.7**	**7.1**	**9.2**	**1.4**
독일(LP)		4.4	5.1	4.0	8.7	11.9	8.6	9.2	4.2
룩셈부르크(LÉNK)			3.3	1.9	1.9	3.3	4.9	5.5	4.9
벨기에(PvdA/PTB-GO!)*	2.1	0.5	0.5	0.3	0.8	1.6	3.7	8.6	3.2
이탈리아(Left Ecology Freedom, SI)						3.1	3.2	3.4	3.2
이탈리아(PDCI)				1.7	2.3	SA	RC		
이탈리아(VERDI(GS))		2.7	2.5	2.2	2.1	SA	RC		
포르투갈(BE)		1.2	2.4	2.8	6.4	9.8	10.2	9.5	9.0
그리스 Synaspismos+Syriza)		2.9	5.1	3.2	5.0	26.9	36.3	31.5	33.4
슬로베니아(ZL, LEVICA)							6.0	9.3	6.0
급진좌파당		**1.7**	**2.7**	**2.3**	**3.9**	**8.1**	**10.4**	**11.0**	**8.7**
Spain(Podemos)/UP							20.7	12.8	20.7
좌파 포퓰리스트당							20.7	12.8	20.7
체코(KSČM)	CP	13.2	11.1	18.5	12.8	11.3	14.9	7.8	1.7
몰도바(PCRM)	CP		30.1	50.1	46.0	39.3	17.5	3.8	17.5
러시아(KPRF)	CP	12.4	24.3	12.6	11.6	19.2	13.3		0.9
슬로바키아(KSS)	CP	0.8	2.8	6.3	3.9	0.7	0.6		-0.1
우크라이나(KPU)	CP	13.6	25.4	20.8	5.4				-13.6
계승공산당		**10.0**	**18.7**	**21.7**	**15.9**	**17.6**	**11.6**	**5.8**	**1.6**

벨기에는 마오주의 계열의 혁명적 좌파인 PvdA가 2014년 공산당과 제4인터내셔널의 LCR/SAP와 선거연합을 한 PTB-GO!의 성적이다. Source: 표 7과 동일.

(6.4%)이 북부유럽(7.1%)보다 약하다. <표 4>와 <표 7>의 추세에서 경제위기 이후 큰 성장을 보인 남부유럽과 아일랜드와 아이슬란드의 성장을 감안하면, 키오케티처럼 신자유주의에 대한 불만이나 경제위기의 고통이 큰 나라 혹은 주변부 국가의 기여가 컸다고 할 수도 있다. 그러나 좌파가 분열되어 있는 남부유럽에서 보듯 좌파의 성장에 대한 기여는 당운동 소가족별로 큰 차이가 있다.

<표 8>은 <표 7>의 실적을 당운동 소가족별로 재분류한 것이다. <표 8>에서 확인할 수 있는 것은 2013-16년의 실적과 1990-4년의 실적을 비교할 때: 좌파의 성장에 급진좌파당의 기여가 가장 크다(+8.7%): 적녹당은 좌파의 비중에 기여했지만 스칸디나비아 3국의 좌파는 1990년대 말과 2000년대 초반에 피크에 달한 후 이후 계속 하락하고 있다(+1.4%); 개혁공산당의 경우 좌파 공화주의당인 아일랜드의 Sinn Féin과 민족 공산당인 키프로스의 AKEL을 포함해도 실적이 극히 낮다(-1.0%); 스탈린주의당인 그리스 공산당(KKE)과 포르투갈 공산당(PCP)의 실적은 답보상태이고(+0.2%), 두 나라의 성장은 두 당을 추월한 급진좌파당인 Syriza와 좌파블록(BE)에 의해 이루어졌다; 동부유럽의 몇몇 국가에서 1990년대에 체제전환에 따른 불만을 수렴했던 일부 계승공산당들은 최근 급격히 축소되었고, 극히 일부의 국가에서 급진좌파당이 성장하고 있다; 혁명적 좌파당들의 선거연합인 아일랜드의 AAA-PBP(S-PBP)는 선호투표제라는 관대한 제도와 물 사용료 반대 등 반긴축 투쟁과의 결합이 큰 영향을 미친 예외적인 경우이고, 스페인의 좌파 포퓰리스트당인 Podemos의 성공도

아직 일반화하기 어려운 예외적인 경우다.

요약하면 좌파당의 실적은 주로 남부와 중부의 일부 급진좌파당과 북부유럽의 일부 적녹당에 의해 이루어진 것을 알 수 있다. 그런데 이러한 추세는 통계를 통해 객관적으로 파악되지만, 왜 좌파의 성장이 지역별로 그리고 당운동 소가족별로 차이가 있게 되었는지는 별도의 설명이 필요하고, 먼저 지역별로 서로 다른 역사적 배경에서부터 출발할 수밖에 없다. 즉 현시기 유럽 좌파 내외의 서로 다른 성장과 부진은 좌파가 다른 정치세력과 맺는 경쟁구도/유형의 변화를 소비에트의 붕괴나 체제전환을 기점으로 전과 후로 나누어 중층적으로 파악할 필요가 있다. 달리 말하면 현시기 유럽 좌파의 서로 다른 성장과 부진 혹은 변화된 경쟁유형은 역사적/지역별 경쟁유형을 바탕으로 이루어진 것이다. 그리고 이 장의 목표는 역사적/지역별 경쟁유형의 차이와 변화된 경쟁유형의 차이를 만들어 낸 핵심적인 설명요소를 찾는 것이다. 이 과정을 통해서 다섯 가지 설명요소를 통합한 경쟁관계 접근법의 적실성을 따질 것이다.

5-2. 역사적/지역별 경쟁유형

에스핑-엔더슨(Esping-Anderson 1990)은 복지국가 체제를 북유럽의 사회민주주의 체제, 대륙의 보수주의 조합주의 체제, 앵글로색슨의 자유주의 체제로 나눌 수 있고, 이들은 각각 보편적 복지, 선별적 복지, 잔여적 복지 유형으로 특징지울 수 있으며, 그 배경에는 노동계급이 중간계급인 농민계급 나중에는 신중간계급과 맺는 계급연합 혹은 계급구조의 차이가 크게 작동했다고 주장한다.

마찬가지로 유럽의 정치지형(정치세력들의 혹은 좌파 내외의 경쟁관계)도 비교적 동질적인 역사적 경험이나 계급지형을 배경으로 지역별regional로 비슷한 양상을 보이고 있다. 2차대전 후 서유럽의 정치지형은 우파 혹은 중도우파 대 중도좌파가 대결하면서 번갈아 집권하는 양강제 혹은 양블록제가 지배적이었다. 여기에 1970년대에 등장한 녹색당이 1980년대부터 유의미한 참여자가 되었고, 대부분 1990년대 이후에 등장한 극우는 2000년대부터 큰 성장을 보였다. 녹색당의 배경에 포스트 포드주의 사회와 복지국가의 성립이 있고, 극우와 좌파의 성장 배경에 신자유주의와 경제위기가 있다는 것은 확실하다(Richardson and Rootes 1995; Langenbacher and Schellenberg 2011; Hudson 2012).

그런데 유럽을 보면 사민당이 지속적으로 추락하는 가운데 녹색당은 중부유럽에서 강력하고, 극우는 중부와 북부 그리고 동부유럽의 일부 국가에서 강력하다. 좌파당의 경우 남부유럽에서는 급진좌파당이 가장 성공적이고, 북부유럽에서는 적녹당이 사민당의 하위 파트너로서 선전하고 있고, 동부유럽에서는 몇몇 계승공산당이 대중의 지지를 획득한 반면 대부분의 좌파당들은 극히 미약하다.

이처럼 특정한 지역에서 특정한 유형의 당들 즉 특정한 당운동 소가족들이 성장한 반면 다른 지역에서는 그렇지 못한 이유는 지역마다 다른 경쟁구도가 작동되고 있는 것을 의미한다.

- 북부/중부/남부 유럽의 역사적/지역별 경쟁유형

유럽 좌파당들의 득표율/지지율을 확인하면 지역별로 뚜렷한 차이 즉 경쟁구도의 차이가 있는 것을 알 수 있는데, 이러한 차이가 나타나게 된 이유를 설명하는 것이 관건이다. 그 해답은 서구에서는 전후부터 1990년대 이전에 형성된 노동계급의 구성과 위상의 변화 및 그와 맞물린 각 당들의 노동계급 내의 헤게모니와 관련이 있다. 서유럽에서 북부와 중부, 남부의 경쟁구도에 영향을 미친 가장 중요한 요소는 전후 형성된 노동계급의 지지유형이다.

1923년 이래 서구에서 공산당은 사민당과 비교하여 노동계급이나 노조의 지지에서 한 번도 다수가 되어본 적이 없다. 이런 사정은 전후에도 마찬가지인데 다만 남부유럽에서만 반파쇼투쟁 또는 1970년대까지 이어진 반독재투쟁의 영향으로 그리스, 이탈리아, 프랑스, 스페인, 포르투갈, 키프로스 등 일부 국가에서 공산당이 사민당보다 일시적으로 높은 위신을 가졌고 오늘날까지도 공산당이 살아남은 이유이다. 무장독립투쟁을 벌였던 아일랜드의 Sinn Féin도 같은 경우다. 북부유럽과 독일을 제외한 중부유럽에서도 공산당은 2차 대전 직후 반파쇼투쟁의 위신을 가지긴 했지만 냉전의 영향과 사민당과의 경쟁 속에서 주변화되었다. 이탈리아 좌파가 몰락한 것은 1991년 공산당(PCI)이 사민주의 세력으로 전향하고 노조의 지지도 옮겨간 후의 일이다.

그런데 중요한 것은 북부유럽에서는 사민당이 노조의 지지를 독점했고, 중부유럽에서는 중도우파(기민당/기사당)와 중도좌파(사민당)가 노동계급의 지지를 나누어 가졌고, 남부유럽에서는 사민당과 공산당이 노조의 지지를 놓고 경쟁했다는 점이다. 또한 북부유럽과 중부유럽에서는 우파와 중도 또는 중도우파 대 사민당의 대결구조였고, 두 지역 모두 공산당은 극히 미약했고 노조의 지지가 거의 없었다(Sassoon 2010). 반면 남부유럽에서는 우파나 중도우파가 우세한 가운데 공산당을 억제하기 위해 사민당이 육성되었고(스페인의 사회주의노동자당(PSOE)이나 그리스의 범그리스사회주의운동(PASOK)이 대표적인 예이다(Hudson 2012)), 사민당은 공산당과 노조의 지지를 놓고 경쟁하였다. 바로 이 차이 즉 전체 권력의 대결구조와 노동계급이나 노조의 지지 유형의 차이가 전후부터 1990년대 이전의 경쟁구조의 차이를 만들어 내었다.

1950-60년대 서구 자본주의의 장기적인 호황과 포스트 산업사회 그리고 복지국가의 성장은 공산당의 전통적 지지기반이었던 산업노동자의 비중을 축소시키고, 공공부문 노동자와 서비스 산업 노동자의 증가를 가져왔다. 많은 노동자의 학력이 높아지고 중산층에 편입됨에 따라 공산당의 지지율은 끊임없이 감소하였다(Sassoon 2010; Chiocchetti 2017: 172-174. 3-4절에 있는 <표 2: 프랑스 좌파 지지계층의 변화> 참조). 68혁명 이후 혹은 동구권 붕괴 이후 공산당은 과거의 지지기반과 교의를 벗어날 수 없는 교조적 공산당(스탈린주의당)과 소비에트 체제의 정치적 억압을 비난/반성하면서 부르주아 민주주의(다당제 민주주의)의 현실 속에서 공공복지와 일자리 등 노동계급의 이익을 옹호하는 제도

내 개혁공산당과 공산당의 이름을 버리고 신좌파 의제를 수용/결합한 적녹당, 급진좌파당으로 나뉘었다. 그리고 스탈린주의를 비판하는 트로츠키주의와 마오주의에 입각한 혁명적 좌파가 등장하였다. 그들은 주로 학생운동과 지식인에 기반하고 있었다.

유럽의회의 녹색당 득표율인 <표 9>에서 보는 것처럼, 동구권 붕괴 후인 1994년 유럽의회 선거에서 녹색당은 남부와 동부 유럽에는 세력이 거의 없고 중부유럽의 대부분의 나라와 북부유럽의 덴마크와 스웨덴에서만 강력하다. 그런데 스웨덴은 뒤에 나오는 <표 16: 스웨덴 의회 선거의 정당별 득표율(%)>에서 보듯 유럽의회 선거의 특수성 때문에 부풀려졌다. 즉 스웨덴의 1994년과 1998년 총선 득표율은 좌파당(V)이 각 6.2%, 12%인 반면 녹색당은 5%, 4.5%이고, 덴마크는 마오주의 세력이 2004년에 녹색당으로 전향한 사회주의인민당(SF)의 지지율이다. 요약하면 1990년대에 녹색당은 오직 중부유럽에서만 좌파보다 강력했다.

바꾸어 말하면, 1990년대에 중부유럽에서는 강력한 사민당과 제도에 정착한 녹색당보다 좌파가 훨씬 미약한 반면, 북부유럽에서는 좌파가 녹색당을 앞지르고 있는 것을 알 수 있다. 이것은 노조가 사민당에 장악되어 있는 상황에서 사회운동과 결합한 좌파가 신좌파 의제를 선점했거나 적극 수용함으로써 이루어진 것이다(Seierstad 2012).

바로 이 점 즉 북부유럽과 중부유럽 모두 사민당이 강력하고 좌파는 기반이 없다는 점은 같은데도 북부에서는 적녹당이 그리고 중부에서는 녹색당이 성장할 수 있었던 이유는 무엇인가? 북

표 9: 유럽의회 선거 녹색당 득표율(%)

	1979	1984	1989	1994	1999	2004	2009	2014
오스트리아				6.8	9.3	12.9	9.7	14.5
벨기에	3.4	8.2	13.9	11.6	16	8.7	13.5	11
불가리아						0.5		0.9
크로아티아								9.4
키프로스						0.9	1.5	*
체코						3.2	2.1	3.8
덴마크	4.7	9.2	9.1	8.6	7.1	8	15.9	10.9
에스토니아						2.7	2.7	0.3
핀란드				7.6	13.4	10.4	12.4	9.3
프랑스	4.4	3.4	10.6	2.9	9.7	7.7	17.3	8.9
독일	3.2	8.1	8.4	10.1	6.4	11.9	12.1	10.7
그리스						0.7	3.5	0.9
헝가리						5.3	5.3	5
아일랜드		0.5	3.7	7.9	6.7	4.3	1.9	4.9
이탈리아			3.8	3.2	1.7	2.5		0.9
라트비아						4.3	3.8	8.3
리투아니아								3.6
룩셈부르크		6.1	10.5	10.9	10.7	15	16.8	15
몰타						9.3	2.3	2.9
네덜란드		5.6	7	6.1	11.8	7.4	9.1	7.2
폴란드						0.3		0.3
포르투갈								
루마니아						0.4		0.3
슬로바키아							2.1	0.5
슬로베니아						2.3	1.9	0.8
스페인								
스웨덴				18.2	9.5	6	11	15.3
영국	0.1	0.5	14.4	3.1	6.4	6.1	8.3	8.3

* 녹색당은 사민당과 선거연합(EDEK)을 하였다.
Source: Emilie van Haute 2016: 252.

부는 보편적 복지국가의 기반과 비례대표제에 의한 다당제 의회주의 위에서 스칸디나비아 5당 체제라고 얘기되듯 우파와 중도, 중도우파 대 노조의 지지를 독점한 사민당이 대결하는 블록 간 대결구조였기 때문에(Steiner 2012), 좌파의 가치가 옹호되었고 따라서 좌파가 억압/배제되지 않았다. 그런데 중부유럽에서는 냉전의 영향 속에서 조직노동의 지지를 독점하지 못한 사민당은 좌파를 배제하였고 따라서 좌파는 생존의 기반과 전망이 없었다. 즉 북부나 중부 유럽의 좌파는 조직노동의 지지기반이 없었기 때문에 모두 사회운동과 결합하고 있었지만, 노골적으로 억압되지 않았던 북부의 좌파는 스탈린주의와 단절하면서 좌파의 정체성을 지킨 채 녹색의제와의 결합을 추진할 수 있었던 반면 중부의 좌파는 냉전의 영향 속에서 계급운동의 전망이 없었기 때문에 녹색당의 경로를 밟은 것이다(Richardson and Rootes(1995) 참조). 신좌파 의제와 운동을 낳은 68혁명과 그 영향은 프랑스와 독일 등 중부유럽에서 강력하였고 북부유럽에서는 커다란 사회적 갈등으로 표출되지 않았다. 녹색당의 강력함과 68혁명과 신좌파 운동의 강력함은 서로 연결되어 있지만, 신좌파 의제에 반응하는 신중간계급은 북부와 중부에서 모두 성장해 있었고 따라서 왜 운동이 주로 중부유럽에서 강력했는가는 또 다른 설명요소가 필요하다. 그 이유는 보편적 복지국가였던 북부유럽이 중부유럽과 비교하여 덜 권위적이고 더 포용적이기도 했고, 사민당이 양블럭제 하에서 우파와의 대결을 위해 좌파를 배제하지 않았기 때문이다.

여성과 환경/생태 등 신좌파 의제는 사회경제적 갈등이 아니라 사회문화적 갈등이고 비계급적 갈등이다. 이런 이유로 민주주의와 시민사회 나아가 시민운동의 전통이 미약하고 극심한 체제전환의 고통을 겪었기 때문에 여전히 사회경제적 갈등이 앞서는 동부유럽은 물론 70년대에야 민주화를 쟁취하고 신자유주의가 한참 추진되던 1980년대부터 복지국가를 추진했던 남부유럽은 우파의 강력한 영향력과 사회경제적 갈등이 앞서기 때문에 녹색당이 성공하기 어려웠다(Richardson 1995). 바로 이 점 즉 녹색당의 지지기반은 신중간계급이고 그들은 포스트 포드주의 사회의 산물인 개인주의적 가치를 우선시하지만, 녹색당 운동은 사회경제적 갈등이 어느 정도 해소되고 사회문화적 갈등이 앞설 때 성공할 수 있다는 점에서 포스트 포드주의 사회라고 하더라도 복지국가의 확립과 긴밀한 연관이 있다. 신자유주의 공격이 강화되고 경제위기와 긴축의 고통이 강력할 때 사회경제적 갈등이나 계급적 갈등이 앞서는 것은 당연하다.

이상의 점을 염두에 두고 좌파 내외의 경쟁관계를 다시 지역별로 살펴본다면, 북부유럽은 2차대전 이전부터 노조의 지지를 독점한 사민당이 강력한 반면 공산당은 미약하였고, 권력은 우파와 사민당의 대결이었다. 이런 계급지형 속에서 보편주의적 복지국가는 농민은 물론 신중간계급을 포용할 수 있었고(Esping-Anderson 1990), 신자유주의 공격도 미약하였다. 계급간 갈등보다 포용이 지배적인 상황에서 노동계급의 지지기반이 없는 사민당 왼편의 좌파는 일찍부터 NATO 반대나 미사일기지 반대, 핵발전소 반대 등 사회운동과 적극 결합하였고 그들의 지지기반은 시민사회 즉 신중간계급이었다(Frankland 1995). 또한 핀란드 공산당이 1990년대에 사민당과의 연정에 참여한 것에서 보듯 사민당은 강력한 우파 블럭과의 대결을 위해 좌파와의 선거연합을 추구하였다. 즉 중부유럽과 달리 좌파가 배척되거나 억압의 대상은 아니었다. 이런 이유로 북부유럽의 대부분의 나라에서 좌파당은 사민당의 대안이라기보다는 사민당의 하위 파트너의 위치에서 세력을 보존하였다. 또한 사회운동과 결합한 좌파는 일찍부터 비계급적 의제인 신좌파 의제를 전면적으로 수용하는 적녹동맹을 발전시켰다. 즉 신좌파 의제와 적극 결합하거나 선점함으로써 녹색당의 독자적인 출현을 억제하였다(Seierstad 2012). 이것이 북부유럽에서 좌파가 녹색당을 앞서게 된 이유이다. 이들은 좌파와 사회운동이 결합하면서 선거연합-우산정당-통합당의 발전경로를 밟았다. 여기에는 노르웨이의 사회주의좌파당(SV), 스웨덴의 좌파당(V), 핀란드의 좌파동맹(VAS), 덴마크의 적녹동맹(RGA) 등 NGL에 속해있는 당들이 속한다. 덴마크의 사회주의인민당(SF)는 마오주의적 뿌리에서 출발하였지만 계급보다는 지역과 풀뿌리운동에 치중하였고 민주집중제를 포기하지 않고 있는 분파sect적 운동당이고, 2004년 유럽의회에서 녹색당 그룹에 합류했다.

통일 전 서독을 비롯한 중부유럽은 우파 또는 중도우파(기독교민주당, 기독교사회당)와 중도좌파(사민당)가 정치지형을 주도하였고, 노동계급의 지지는 중도우파와 중도좌파로 나뉘었다. 강력한 조합주의적 전통과 결합한 중도파의 정치는 조합주의적 선별적 복지국가를 완성시켰고(Esping-Anderson 1990), 비교적 낮은 사회적 갈등, 사민당의 공산당 배제 정책, 냉전의 영향 등은 사민당 왼편의 좌파들을 초토화시켰다(Sassoon 2010). 이런 환경에서 노동계급의 지지기반이 없는 좌파들이 신좌파 의제를 전면화한 신사회운동을 주도하면서 녹색의제를 받아들인 점은 북부유럽과 같다. 북부유럽과 중부유럽의 차이는 북부유럽에서는 좌파를 포용했다면 중부유럽에서는 억압/배제했고 계급운동의 전망을 찾기 어려웠다는 점이다. 유럽의 모든 나라에 녹색당이 있지만 유의미한 세력으로 먼저 성장한 곳은 대부분 중부유럽 국가인 것은 이런 배경이 있다. 군소정당인 녹색당이 성장의 과정에서 Realos(현실주의자)와 Fundis(원칙주의자) 간의 갈등을 겪으면서 중도정당으로 변신한 것은 계급운동의 전망을 찾기 힘들었고 지지계급이 겹치는 중도정당(사민당, 기민당, 기사당)과 경쟁해야 했기 때문이다. 그리고 사민당과의 연정 등 제도 속으로의 끊임없는 편입은 초기의 변혁적 성격을 약화시켰다. 사민당 왼편의 좌파가 미약한 것은 노동조합이 중도우파와 중도좌파의 영향하에 있었던 점도 중요하지만, 서독 공산당의 불법화 등 냉전의 영향과 복지국가의 성립이 크게 작용하였다. 동서독의 통일로 동독 공산당(SED)이 민주사회주의당(PDS)으로 변신한 후 사민당의 이탈파 혹은 사민주의 좌파의 선거연합(WASG)과 선거연합의 과정을 거쳐 통합당인 좌파당(Die Linke)으로 발전한 것은 잘 알려진 사실이다. 이외에 중부유럽의 작은 나라들의 급진좌파는 사민당은 물론 녹색당과 비교하여 훨씬 미약하다. 바꾸어 말하면 동독의 PDS의 기반이 없었다면 Die Linke의 성공도 없고 따라서 급진좌파당인 Die Linke의 성공은 중부유럽에서는 오히려 예외적인 경우이다.

남부유럽에서는 반파쇼투쟁이나 반독재투쟁의 영향으로 공산당의 영향이 강력하였다. 유럽에서 공산당이 유의미한 세력으로 남아 있는 나라가 동부유럽을 제외하면 포르투갈, 스페인, 프랑스, 그리스, 키프로스 그리고 공산당(PCI)이 사민주의 당으로 변신하기 이전의 이탈리아인 것은 결코 우연이 아니다. 또한 냉전시절의 반공체제는 공산당을 억압했기 때문에 가톨릭 등 보수파의 지지를 받은 우파가 강력할 수밖에 없었다. 우파와 공산당의 전후 양극체제는 70년대 중반 우파의 권위주의 체제를 타도한 민주화의 과정을 겪으면서 대략 우파 혹은 우파를 포용한 중도 우파 대 중도좌파의 대결구도로 가면서 공산당을 억제하였다. 보다 엄밀하게 말하면 공산당을 억제하기 위해 원래는 미약했던 중도좌파인 사민당이 육성되었다(Hudson 2012: 12). 여전히 권위주의적 잔재가 남아 있는 이들 나라의 권력은 복지의 수준과 상관없이 사회적 갈등을 포용하기보다는 대결적/억압적 측면을 지니고 있다. 똑같은 조합주의적 복지국가이면서도 독일과 달리 프랑스나 스페인에서 사회적 갈등의 폭발이 빈번한 것은 이런 배경이 있다. 프랑스에서 사회적 갈등이 제도 내로 수렴되기보다 폭발하는 경우가 많은 이유는 강력한 대통령중심제 때문이라는 연구도 있다(Vibe 2011). 사회경제적 갈등이 앞서는 이들 나라에서 사회문화적 갈등에 기초한 녹색파는 독자적인 세력을 이루기 어려웠고 따라서 스페인의 통합좌파(IU)나 프랑스의 좌파전선(FdG), 포르투갈의 통합민주연합(CDU)처럼 공산당이 주도하는 선거연합에 함께하는 경우가 많다. 특히 노동조합의 지지를 받는 강력한 공산당과 경쟁하는 남부유럽의 비공산주의적 좌파는 그리스의 Syriza나 포르투갈의 좌파블록(BE)에서 보듯 그들 자신의 사회적 기반이 신좌파 운동에 속하거나 혹은 신좌파 세력과 연대/연합하였다. 따라서 독자적인 녹색당이 성공한 경우가 거의 없다.

이 점에서 환경운동 세력이 강력한 프랑스의 경우는 예외적인데 그리스나 포르투갈, 스페인의 경우 대중적 기반이 없거나 작은 비공산주의적 좌파들이 사회운동과 결합을 추진한 반면, 프랑스의 경우는 개혁공산당과 혁명적 좌파들(혁명적 공산주의동맹/LCR, 노동자 투쟁/LO)이 신좌파 의제보다는 노동계급의 지지를 두고 경쟁했기 때문이다. 물론 영국과 프랑스는 군소정당에 극히 불리한 선거제도의 영향 때문에 녹색파들이 의회 진출보다는 사회운동에 치중한 점도 작용하였다(Richardson and Rootes 1995). 이런 점에서 프랑스는 복지국가가 성립한 중부유럽의 특징과 비포용적인 남부유럽의 특징을 함께 가지고 있고, 이런 이유로 녹색당과 비공산주의적 좌파가 병존하게 되었다.

이외에 중부유럽에는 단순다수제로 군소정당의 성장을 강력히 억제하는 영국과 민족적 분쟁을 겪으면서 다른 나라들과 정치지형이 달라진 아일랜드가 있다. 아일랜드는 좌파 공화주의에 입각하여 독립투쟁을 전개해온 Sinn Féin이 제도에 합류함에 따라 세력이 미미한 녹색당을 쉽게 앞지르게 되었는데, 이 점은 공산당이 실질적 지지기반을 가지고 있는 남부유럽과 비슷하다.

- 동부유럽(구 공산권)의 역사적/지역별 경쟁유형

1989-91년 동구 공산당의 몰락은 '역사의 종언'이라는 예단도 나왔지만, 1990년대 중후반부터 관찰된 '좌파의 귀환'이라는 현상은 서유럽뿐만 아니라 동부유럽에서도 일어났다. 계승공산당이 몰도바에서는 집권당이 되고 체코와 러시아에서는 제1야당이 되었고, 불가리아와 루마니아, 라트비아에서는 사민당과의 선거연합을 통해 가끔 의석을 얻기도 하였다. 슬로베니아의 통합좌파/좌파

(ZL/L), 폴란드의 레비짜 라젬(Lewica Razem/Left Together), 크로아티아의 노동자전선(Workers Front) 등 비스탈린주의적 급진좌파당이 성장한 것은 경기 대후퇴 이후 아주 최근의 일이다(March 2011; Hudson 2000, 2012; Holubec 2016).

이 현상을 어떻게 설명할 것인가 혹은 좌파세력이 어떤 나라에서는 성장하고 다른 나라에서는 부진한 이유는 무엇인가? 좌파당의 성장에 경기 대후퇴와 포퓰리즘의 영향이 컸다는 마치와 케이스(2016) 등의 주장이 무의미하다는 점은 이미 살펴본 바와 같은데, 그 외에 크게 보면 역사적 배경을 강조하는 헤어베어트 키쉘트 등(Herbert Kitschelt et, al. 1999)과 공산당에 대한 부정적 기억을 강조하는 스따니슬라프 홀루벡(Stanislav Holubec 2016) 그리고 체제전환에 이은 신자유주의 공격 즉 사회경제적 요소를 강조하는 케이트 허드슨(2012) 등의 설명으로 나눌 수 있다.

헤어베어트 키쉘트, 즈덴카 만스펠도바, 라도슬라브 마르콮스키와 가보르 토카(Herbert Kitschelt, Zdenka Mansfeldova, Radoslaw Markowski and Gabor Toka 1999)는 포스트 소비에트 정당체제를 분석하면서 동구권 붕괴 전 구 공산당이 인민들과 맺은 관계에 따라 민족 동화형national-accommodative, 후견형 patrimonial 그리고 관료권위주의형bureaucratic-authoritarian 공산당의 3개 유형으로 분류하고, 정치적 정당성이 약하여 억압보다 민족동화정책을 쓴 나라들(폴란드, 헝가리, 슬로베니아, 크로아티아 그리고 발트 국가들)에서 레닌주의를 비난하는 개혁주의자들이 주도한 유형, 체코와 독일처럼 2차대전 전 발달한 산업과 좌파운동 및 민주주의 전통이 있는 나라에서는 노동계급의 조직에 기대어 민주주의를 억압하는 관료 권위주의 정권이 무너지자 대중의 반란에 직면하고 계승당들이 주변화된 유형, 민주적 전통이 약하고 덜 발달한 농업국가에서 공산당이 정통성을 가지고 후견적 통치를 한 나라들(대부분의 소연방 국가들과 세르비아, 루마니아 그리고 불가리아)에서 계승당들이 맑스레닌주의를 버리지 않은 채 민족적 포퓰리스트 공산당으로 위신을 유지하는 유형으로 나눈다(Kitschelt et al. 1999, March 2011: 73-75에서 재인용).

이와 같은 키첼트 등의 분류는 체제전환 직후의 사정을 설명하는 데는 유용했는지는 몰라도, 그 이후에 진행된 상황과는 맞지 않다. 특히 민족동화형으로 거론한 나라들에서는 좌파가 거의 전멸했고, 후견형으로 거론된 루마니아나 불가리아 등에서 사민당과의 선거연합 속에서 어쩌다 의석을 얻는 경우가 있을 뿐, 오히려 관료권위주의적인 통치 때문에 좌파가 주변화되었다는 체코, 몰도바, 러시아에서 계승공산당들이 집권을 하거나 제1야당이 되었다. 이들 세 나라의 당은 모두 보수적이다. 따라서 좌파의 귀환을 설명하는 데는 역사적 배경을 고려해야 하지만 과거의 공산당의 통치유형을 곧바로 적용하기 어렵다.

스따니슬라프 홀루벡은 동부유럽에서 급진좌파의 성장을 가로막는 요인으로, 1) 민주적 제도의 약함, 2) 신자유주의의 지속적인 호소, 3) 공산주의에 대한 부정적인 기억, 4) 극우독재의 경험의 결여 5) 러시아 혐오증, 6) 2008년 경제위기의 상대적으로 약한 영향을 들고 있다. 즉 체제전환이나 신자유주의 공격에 따른 고통이나 2008년 이후의 경기 대후퇴의 영향을 경시하면서 EU에 포함된 구동구권 좌파가 부진한 이유로 공산당에 대한 부정적 기억을 강조한다(Holubec 2016). 이런 설명은 낮은 반공주의 때문에 사민당과의 연합이 허락된 불가리아와 라트비아 공산당의 생존을 설명할 수는 있지만, 집권당이나 제1야당이 되었던 몰도바나 체코, 러시아의 경우를 설명할 수 없다.

케이트 허드슨은 러시아 공산당(CPRF)에 대한 지지, 폴란드, 헝가리, 루마니아, 불가리아 계승 사민당들의 집권, 체코의 계승공산당(CPBM)의 성장을 모두 시장도입에 따른 고통의 결과로 설명한다. 그에 따르면, 공산당 계승당들은 세 가지로 분류되는데, 폴란드(SDRP)와 헝가리(HSP)의 계승사민당과 체코의 재건사민당의 경우 반공과 친시장 노선만 강조했고, 체코(CPBM)와 동독(PDS)의 계승공산당은 반자본주의의 입장을 유지했다. 불가리아와 루마니아에서는 집권 공산당이 사민당으로 전환하였지만 자유시장의 완전한 도입에 반대하면서 중요한 국영부분을 유지했고, 강력한 반대세력도 없었다. 루마니아(SDPR)와 불가리아(BSP)의 계승사민당은 급격한 자본주의로의 전환에 저항했지만, 1990년대 중반 서방 금융기구의 심대한 압력하에 자유주의적 경제정책을 시작했고, 이것은 이 당들의 대중성을 크게 축소시키면서 보다 자유주의적 연합으로 권력을 이동시켰다. 1990년대 말까지 중동부 유럽의 집권당들은 체코와 동독을 제외하고 모두 사민주의와 제3의 길을 받아들였고, 폴란드를 제외하고는 집권당과 야당을 반복했다. 1990년대 맑스주의적이거나 맑스주의적 지향을 가지고 선거에서 유의미한 계승당은 PDS와 CPBM뿐이었다 (Hudson 2012: 19-28).

이처럼 허드슨은 1990년대 중반 이후의 구 공산당 세력의 귀환을 체제전환의 고통이나 신자유주의적 공격에 따른 대중의 선택으로 설명한다. 물론 체제전환이나 신자유주의의 도입에 따른 고통은 나라마다 다르지만 허드슨의 이런 설명은 구 유고 지역과 같은 고통이 큰 나라에서 좌파가 성장하지 못한 이유를 설명하기에는 충분하지 않다.

키쉘트 등(1999)이 주장하는 구 공산당의 과거의 통치유형이나 홀루벡(2016)이 얘기하는 구 공산당에 대한 부정적 기억, 그리고 허드슨(2012)이 얘기하는 체제전환과 신자유주의 공격의 고통은 모두 대중의 선택에 영향을 미치는 요소임은 틀림없다. 문제는 왜 특정한 나라에서만 좌파의 귀환이 이루어졌는가를 설명하는 요소를 찾는 것이다.

구공산권은 러시아나 벨라루스와 같이 권위주의적 통치로 전환한 나라들을 제외하고는 대부분 비례대표제에 의한 다당제 민주주의 국가들이고, 크로아티아와 슬로베니아를 제외하면 진입장벽이 높다. 역사적/지리적 경험을 세분하면 러시아는 물론 헝가리, 폴란드, 체코, 루마니아, 불가리아와 같은 독립국들과 에스토니아, 라트비아, 리투아니아, 벨라루스, 우크라이나, 몰도바 등과 같은 소연방에서 탈퇴한 신생국들, 크로아티아, 슬로베니아 등 유고슬라비아의 붕괴에 따라 탄생한 신생국들로 나눌 수 있다.

그러나 이런 배경은 좌파당들의 성장과 유의미한 연관을 보이지 않는다. 다만 우크라이나에서 보는 바와 같이 소연방에서 탈퇴한 나라들에서는 러시아계 소수민족과 같은 민족문제가 있고, 이 점이 민족우파나 민족좌파 혹은 친소련 정당의 경쟁력에 영향을 끼치고 계급갈등보다 민족갈등이 앞서는 경우가 있다. 라트비아에서 러시아계 소수민족을 배려하기 위해 사민당이 주도하는 하모니 연합이 만들어진 것도 같은 배경이다(Holubec 2016). 그리고 홀루벡의 구 공산당에 대한 부정적 기억을 세분하면 키쉘트 등이 얘기하는 과거의 통치유형으로 환원할 수 있겠지만, 이 또한 만족스럽지 못한 요소라는 점은 앞에서 본 바와 같다.

녹색당이 부진한 것은 민주적 시민사회나 사회운동의 전통이 결여되어 있고 대부분의 나라가 사회문화적 갈등보다 사회경제적 갈등이 앞서기 때문이라고 설명할 수 있는데(Richardson 1995), 체제전환과 신자유주의라는 역사적 경험과 비슷한 제도 속에서 특정 국가에서만 좌파의 성장을 이루어진 것은 체제전환 후에 형성된 경쟁력의 차이 즉 좌파가 다른 정치세력과 맺는 경쟁관계에서 찾을 수밖에 없다.

1989-91년 공산당 권력의 붕괴 후 과거의 공산주의자들은 연대노조 운동이 있었었던 폴란드를 제외하면 정치적 자산을 소유한 유일한 세력이었는데, 이들은 1) 시장우파로 전향하거나, 2) 서유럽의 사민당 세력의 후원하에 사민주의로 변신하거나, 3) 공산당/공산주의자의 역사적 자부심을 고수하였다. 그런데 구 공산당 세력은 1) 러시아처럼 구 공산당이 시장우파와 공산당 고수파로 분열하거나, 2) 폴란드처럼 시장우파와 사민당으로 분열하

거나 헝가리처럼 구 공산당의 주력이 사민당으로 변신하면서 좌파가 초토화되거나, 3) 몰도바처럼 구 공산당이 사민당과 공산당 고수파로 분열하거나 체코처럼 주된 세력이 공산주의를 고수한 경우로 나눌 수 있다. 즉 체제전환 후의 경쟁관계는 나라에 따라 우파와 공산당(소련처럼 사민당이 없거나 미약한 경우), 우파와 사민당(폴란드나 헝가리처럼 좌파가 주변화된 경우), 우파와 사민당과 공산당의 대결구조(체코나 몰도바의 경우)로 바뀌었다. 사민당이 늦든 빠르든 시장과 결탁하면서 우경화하자, 체제전환에 이은 시장의 도입과 신자유주의의 공격에 대한 대안은 구 공산당 세력만이 제공할 수 있었지만, 구 공산당이 유의미한 세력으로 남아 있지 않고 초토화되거나 주변화된 나라에서는 좌파의 귀환은 이루어지지 않았다. 여기에는 4-5%의 높은 진입장벽도 한몫하였다. 또한 키쉘트 등의 주장과는 달리 1990년대 초/중반 체제전환 후 구 공산당이 최소한의 세력도 유지하지 못한 나라의 경우는 민족동화형 국가들이고, 군소세력으로 남은 곳은 후견형 국가들이고, 주요한 세력으로 성장한 곳은 관료권위주의적 국가들이다. 즉 동부유럽에서 좌파의 귀환이 이루어진 나라들은 체제전환 후 공산당이 분열 또는 해산될 때 우파나 사민당으로 전향한 경우와 비교하여 주된 세력 혹은 상당한 세력이 공산당의 정체성을 고수한 경우뿐이다. 그러므로 키쉘트 등의 설명과 달리 관료권위주의적 통치유형이 노동계급과 관료계급의 지지에 의존했기 때문에 공산당이 전적으로 배척대상이 아니라 대중 속에 상당한 지지가 있었던 것으로 추정할 수 있다. 그런데 동독이나 체코의 경우 체제전환 시 불법화되지 않았을 뿐만 아니라, 동독의 경우에는 서독 사민당(SPD)이 동독 공산당(SED) 출신을 배척했기 때문에 동유럽의 다른 나라들과는 달리 사민당으로 전향할 기회가 막혀 있었고, 체코의 경우는 1968년 프라하의 봄 이후 숙청을 통해 공산주의 고수파가 항상 다수파였던 사정이 있다(Holubec 2016). 이런 사정으로 동독과 체코의 경우 공산당의 전통과 자산을 보존할 수 있었고, 뒤이은 체제전환의 고통이나 금융위기 등 신자유주의 박탈층과 불만층의 성장에 따라 좌파정치의 대의를 수렴하게 된 것이다. 따라서 좌파의 귀환 가능성을 연 것은 체제전환에 이은 신자유주의적 고통이나 경제위기에 의한 고통이지만 그것이 좌파의 성장을 가져온 것은 진입장벽을 돌파할 수 있는 정치적 자산을 가진 경우에만 가능했던 것을 알 수 있다. 나아가 이러한 정치적 자산은 계승공산당의 당원들이 70세가 훨씬 넘는 고령층이고, 당의 보수적 성격 때문에 확장성이 없어서 지지기반이 급격하게 축소되는 과정에 있다. 2003년 체코의 CPBM은 당원의 67.4%가 연금생활자였고, 전직 경찰, 장교, 구 공산당의 하급 사무원 출신이 많았다. 2008년 독일의 좌파당(Die Linke)의 당원은 60세 이상이 54%였다(Holubec 2009; Hildebrandt 2009). 2001-09년 사이에 집권당이었던 몰도바 공산당(PCRM)은 2009년 주요 세력의 탈당으로 패배를 거듭하여 2019년 선거에서는 원외 정당으로 추락하였고 제2, 제3당의 지위를 누려왔던 체코의 CPBM도 2017년 선거에서 군소정당으로 전락하였다.

계승공산당successor party은 신자유주의의 광풍 속에서 러시아의 KPRF/CPRF나 체코의 KSČM/CPBM처럼 제1야당이 되거나 몰도바의 PCRM처럼 집권당이 되기도 하였다(March 2011; Holubec 2016). 그러나 민주주의적 전통의 결여와 신중간계급의 미발달 혹은 시민사회의 미발달 그리고 높은 진입장벽은 여성과 생태 등 신좌파 의제가 전면화되거나 사민당 이외의 비공산주의적 좌파당 운동이 발전하는 것을 막았다. 따라서 계승당들은 공산당에 대한 부정적 기억이 약한 나라에서 완전고용과 국가복지라는 과거의 위신에 기대어 과거의 공산당 지지자 중에서 체제전환 불만층이나 신자유주의 불만층의 지지를 확보할 수 있었다(러시아, 체코, 몰도바). 이러한 전통적 지지기반은 계승공산당이 과거와 단절하는 것을 어렵게 하였다.

범좌파들의 연대는 과거에 공산당이었던 계승사민당이 시장우파와의 대결 속에서 사민당 왼편의 좌파와 선거연합 혹은 공동정부의 형태로 추진되기도 한다(불가리아, 루마니아)(March 2011). 이 점은 사민당이 주도하는 범좌파 선거연합이 추진되는 북부유럽의 사정과 비슷하다. 체제전환 직후 많은 나라에서 공산당은 불법화되었는데, 발트 3국(에스토니아, 라트비아, 리투아니아)과 헝가리에서는 여전히 불법이다(Holubec 2016). 또한 유고연방에서 분열한 많은 나라들은 시장우파와 민족우파가 주도한다. <표 9>에서 보듯 녹색당이 성장한 나라들이 공산당이 억압된 발트 국가인 라트비아와 리투아니아 그리고 유고연방에서 분열한 크로아티아인 것은 우연이 아니다. 크로아티아는 군소정당에 유리한 선호투표제가 있고 녹색당만 아니라 급진좌파당인 노동자전선(Workers Front)도 성장하고 있다. 이고르 스틱스(Igor Stiks 2016)에서 보듯, 특히 전쟁으로 인한 극심한 고통을 겪었던 유고 지역은 체제전환의 고통이 가장 컸던 지역인데 이들 지역에서 교육비를 둘러싼 학생들의 투쟁이나 의료문제를 둘러싼 신자유주의에 대한 저항투쟁과 녹색당 운동 그리고 비좌파적인 사회운동이 시작되고 있지만, 공산당에 대한 부정적 기억과 진입장벽 때문에 좌파의 성장을 기대하기 어렵다. 이 점에서 슬로베니아에서 비공산주의적 좌파인 통합좌파(ZL/L)가 관대한 정당지원 제도에 힘입어 성장한 것은 예외적이다.

이외의 나라들에서 공산당은 극히 미약하고, 상당수는 그리스 공산당이 주도하는 '공산당과 노동자당의 이니셔티브'(Initiative)에 속해 있다. Initiative는 모두 맑스레닌주의당을 자임하고 공동의 입장과 전망을 마련하기 위한 연대체이고 집단지도체제를 유지하고 있다. 즉 계승공산당들은 Initiative와 유럽좌파당(PEL)으로 나뉘어 있는데(Holubec 2016), 전자는 교조적 공산당(스탈린주의당)이고 후자는 제도 내 개혁공산당으로 볼 수 있지만 애매한 경우도 있다. 몰도바의 PCRM은 PEL에 속해있기는 하지만 PEL을 주도한 프랑스 공산당(PCF)과 달리 유럽회의주의적이며 LGBT(성소수자)의 권리에 반대하고 친러시아적인 좌파이다. 마치(2011: 81)에 따르면 당내에는 더 실용적인 맑스주의적 개량주의자와 전통적인 맑스레닌주의적 현대화 경향이 있다고 한다. 체코의 CPBM은 페미니즘과 관련한 신좌파 의제에 대해서는 매우 부정적이고 가부장적이며 총회가 4년에 한 번 열린다든지 대표를 총회에서 선출하지 않는 등 모두 당내 민주주의와 관련한 민주집중제를 유지하고 있는데 Initiative나 PEL에 가입하지 않았다(Holubec 2016). 이들과 프랑스 공산당(PCF)과의 공통점은 자본주의의 현실과 부르주아 민주주의 제도 내에서 노동계급의 이익을 대변하면서 세력을 유지하고 확장하는 것밖에 없다.

이처럼 체제전환 이후 지난 30년간 동부유럽에서 체제전환이나 신자유주의에 따른 고통이 컸음에도 오직 몰도바, 체코, 러시아 등 소수의 나라에서만 좌파가 생존할 수 있었던 것은 구 공산당 해체유형에 따라 최소한의 정치적 자산을 가졌던 경우와 우파와 사민당의 대결구도에서 계승사민당이 우파에 밀리거나 민족문제 때문에 계승공산당을 하위 파트너로 용인한 경우(라트비아, 우크라이나 등)뿐이다. 따라서 구 공산당 해체유형이 결정적이었는데, 경기 대후퇴 이후 슬로베니아, 크로아티아, 폴란드에서 급진좌파당의 의회 진출이 이루어졌다. 이 경우는 정치적 자산이 없는 구 공산당만이 아니라 계승사민당까지 위신을 잃은 상황에서 신자유주의 공격이라는 좌파정치의 수요에 의한 것이다.

고령화되고 있는 계승공산당의 지지기반과 공산당에 대한 부정적 기억을 감안하면 신좌파 의제와 결합한 급진좌파당만이 생존력을 가질 것이다. 체제전환 이후 좌파가 성장한 나라들은 모두 복지 수준이 높은 나라들이고 따라서 녹색당과 극우의 잠재적 지지계층이 형성된 나라들이기 때문에 이들 나라들은 녹색당과 극우가 성공한 중부유럽과 비슷한 경쟁구도로 되어가고 있다.

5-3. 좌파 내외의 변화된 경쟁유형과 설명요소

- 잠재적 지지계층과 변화된 경쟁유형들

흔히 정치세력을 좌우로 나누어 극좌-좌파-중도좌파-중도우파-우파-극우로 구분할 때 극우와 극좌/좌파는 가장 멀리 떨어져 있는 것 같지만 극우의 지지기반인 신자유주의 박탈층과 불만층은 좌파와 겹친다. 프랑스의 르펜과 멜랑숑의 주된 지지기반은 4-3절의 <그림 2>에서 보듯 둘 다 블루칼라와 화이트칼라이다(de Cabane and Le Lann 2018). 따라서 정치세력은 일직선 위에 위치하는 것이 아니라 원을 이룬다고 할 수 있다. 그리고 어느 세력이나 자신의 좌우의 지지자를 흡수하기도 하고 빼앗기기도 한다. 이때 서로 빼앗는 관계를 경쟁관계에 있다고 한다. 사민당은 우파나 중도우파와 경쟁하지만 녹색당과 좌파와도 경쟁하고, 좌파는 사민당과 녹색당만이 아니라 극우와도 경쟁한다. 극우는 우파와 좌파만이 아니라 모든 세력과 경쟁한다.

키오케티에 의하면 "이 10년 동안[1998-2009]에 독일 사민당은 절반 이상인 1,020만 표을 잃었고, 그 중 17.6%만 좌파당(Die Linke)에게 가고, 대부분은 중도 우파(35.5%), 기권(24.2%), 녹색당(14.8%), 기타(7.8%)에게 갔다"고 한다(Chiocchetti 2017: 103). 이것은 좌파의 성장이 사민당의 우경화로 인한 빈 공간에 의해 이루어졌지만, 그 빈 공간은 녹색당과 극우만이 아니라 심지어 중도우파와도 경쟁해야 함을 의미한다.

영국에서 1979-97년까지 18년간의 보수당 정권을 끝낸 노동당의 토니 블레어(Tony Blair)는 제3의 길 즉 신자유주의를 내걸고 13년간 지속된 노동당 정권(1997-2010)을 출범시켰다. 이것은 노동당이 전통적인 지지기반인 노동계급만이 아니라 중간계급으로 지지를 넓혀 간 것을 의미하기도 하지만, 상당수의 노동계급이 경쟁과 개방을 앞세우는 신자유주의 정책을 수용한 것을 의미한다.

2차대전 이후 서유럽 좌파는 서로 다른 역사적 배경과 제도 때문에 복지국가의 성장에도 불구하고 녹색당보다 적녹당이 강한 북부유럽, 녹색당이 강력한 중부유럽, 녹색당이 거의 없고 좌파가 강력한 남부유럽과 같은 지역별로 서로 다른 경쟁유형에 처하게 되었다.

앞서 보았듯이 소비에트 붕괴 이후 좌파의 성장은 1990년대 말과 경제위기 이후(2009-15년)에 피크에 달했다. 이 시기에 사민당의 우경화와 지속적인 추락, 반신유주의 투쟁에 힘입은 좌파의 성장, 신자유주의에 대한 불만과 불안에 따른 극우의 성장, 경기 대후퇴 이후 생태/기후 위기에 따른 녹색당의 성장이 이루어졌다. 즉 좌파와 극우의 성장 시기는 겹치고 같은 시기 녹색당의 지지율은 큰 변화가 없다. 그리고 나라에 따라 다르지만 극우가 가장 크게 성장했고 녹색당이 가장 적게 성장했다.

그러나 기왕의 역사적/지역별 경쟁유형 위에서 이루어진 이들 정치세력의 성장은 균등하지 않고 서로 간에 상이한 변화된 경쟁유형들을 만들어내었다. 즉 1) 사민당의 추락이 좌파의 큰 성장으로 이어진 유형(그리스, 아일랜드, 아이슬란드), 2) 사민당이 하락하고 있고, 좌파가 극우와 녹색당을 추격하는 유형(독일, 벨기에, 룩셈부르크), 3) 사민당이 하락하고 있음에도 좌파가 저조한 가운데 극우가 추월한 경우(스웨덴, 핀란드, 노르웨이), 4)

사민당이 상대적으로 건재하고 좌파가 정체된 유형(포르투갈, 덴마크, 스페인)으로 나누어 볼 수 있다.

이외에 좌파가 없거나 추락한 나라 중 영국을 제외한 이탈리아, 네덜란드, 오스트리아의 경우는 사민당이 하락하고 극우가 성장한 3) 유형과 비슷하고, 대선 득표율만 볼 때 사회당이 몰락하고 극우와 좌파가 성장한 프랑스는 2)와 3) 유형에 가깝다. 그리고 동부유럽의 경우 몰도바, 체코의 계승공산당은 최근에 몰락했고, 슬로베니아, 폴란드, 크로아티아의 급진좌파당의 경우는 최근에 성장하기 시작한 군소정당으로 아직 따로 추세나 유형을 이룬다고 하기는 부족하다. 따라서 별도의 유형으로 분류하지 않았다.

이와 같은 네 유형의 분류는 사민당과 좌파 세력의 성적 변화를 중심축으로 하고 여기에 극우와 녹색당과의 성적 변화를 고려한 것이다. 특히 4) 유형의 분류는 학자에 따라 다른 의견이 있을 수 있다. 스페인이나 덴마크는 사민당의 하락과 좌파 및 극우 성장형으로 볼 수도 있기 때문이다. 그럼에도 이 유형을 따로 분류하는 것은 이들 나라에서 경제위기 이후 이루어진 좌파의 성장이 과연 좌파정치의 진전에 의한 것인지 의심스럽기 때문이다.

이런 판단의 배경에는 좌파정치의 성장이란 사민당의 침식에 의해서만 이루어진다는 전제가 있다. 좌파의 잠재적 지지계층은 신중간계급을 포함한 넓은 의미의 노동계급인데 이들은 사민당의 전통적 지지기반이기 때문이다. 그리고 사민당의 우경화로 인한 빈 공간 즉 넓은 의미의 노동계급 속에 형성된 신자유주의 박탈층과 불만층은 반신자유주의를 앞세운 좌파가 획득해야 할 잠재적 지지계층이다. 따라서 좌파정치의 진전은 반드시 사민당의 전통적 지지기반을 침식할 수밖에 없다. 그러므로 양강제/양블록제 하에서 사민당은 건재한데 다른 요인(정권심판모델 선거, 중간계급을 끌어당기는 녹색정치나 반부패 호소 등)으로 좌파가 성장한 경우 진정한 좌파정치의 성장이 이루어졌다고 보기 어렵다.

이 절의 목표는 역사적/지역별 경쟁유형 위에 이루어진 좌파 내외의 경쟁관계가 변화된 경쟁유형들로 나뉘게 된 이유 즉 좌파당들의 서로 다른 성장과 부진이 이루어진 이유 혹은 설명요소를 찾는 것이다.

<표 7>에서 보듯 1990-94년부터 2013-16년 사이 서유럽 좌파당의 평균 성장률은 4.3%이고, 평균 이상의 성장을 보인 좌파당은 그리스의 Syriza(+33.4%), 스페인의 Podemos(+20.7%), 아일랜드의 Sinn Féin(+12.2%), 아이슬란드의 적녹운동(VG, +10.9%), 포르투갈의 좌파블록(BE, +9.0%), 룩셈부르크의 좌파당(LÉNK, +4.9%)이고, 덴마크의 적녹동맹(RGA, +4.7%)이고 독일의 좌파당(Die Linke, +4.2%), 벨기에의 노동자당(PvdA, +3.2%)이 뒤를 잇고 있다.

이들 나라의 몇 가지 특징은 다음과 같다: 9% 이상의 큰 성장을 보인 그리스, 스페인, 아일랜드, 아이슬란드, 포르투갈은 모두 금융위기 혹은 부채위기를 겪었고, 대중의 강력한 저항이 있었던 나라들이고, 녹색당이 없거나 극히 미약하고, 극우는 그리

스와 스페인에만 있다; 벨기에와 독일의 경우는 심각한 경제위기는 없었지만 강력한 대중동원이 있었고 후발주자로서 녹색당과 극우와 경합한다; 룩셈부르크와 덴마크는 모두 경제위기 이후 대중투쟁이 없거나 미약했던 나라들이고 녹색당과 극우가 좌파당을 앞선다.

이하에서는 각 나라의 역사적으로 형성된 경쟁관계를 간략히 살핀 뒤 주로 선거결과를 중심으로 경쟁구도의 변화를 확인하면서 각국 좌파의 성장과 부진에 영향을 끼친 요소와 교훈을 살펴볼 것이다.

나라별 통계는 http://www.parties-and-elections.eu에서 제공하는 수치다. 각 당의 성격은 https://europeelects.eu에서 제공하는 분류에 따랐다: 유럽의회 정치그룹에는 좌익: GUE/NGL, 녹색당: Greens/EFA, 중도좌파: S&D, 리버럴: RE(Renew Europe), 중도우파: EPP(European People's Party), 민족보수: ECR(European Conservatives and Reformists), 우익: ID(Identity and Democracy), 무소속: NI(Non-Inscrits)이 있고, 소속 그룹에 없는 경우에는 좌파(L), 녹색당(G), 중도좌파(CL), 중도우파(CR), 중도(C), 리버럴(RE), 우파(R), 보수우파(NR), 극우(FR)로 분류하는데, 편의상 혼용하기도 하였다. 각 당의 성격에 관한 논란의 있는 경우 2장에서 설명한 바와 같이 각 당이 스스로 규정한 정체성에 따라 선택한 국제적 연계를 기준으로 하는 이 글의 일관된 입장에 따랐다. 예를 들어 아일랜드의 Sinn Féin의 경우 키오케티는 좌파로 분류하지 않지만 GUE/NGL 소속이고, 덴마크의 SF는 Greens/EFA 소속이다. 따라서 전자는 좌파로 후자는 녹색당으로 분류하였다.

- 사민당의 추락과 좌파 성장형: 그리스, 아일랜드, 아이슬란드

2008년 경제위기 이후 좌파가 가장 크게 성장한 세 나라는 심각한 부채위기에 이은 구제금융과 긴축의 강요 그리고 높은 실업 속에서 강력한 대중저항이 있었다. 주류 세력의 위신이 추락하면서 좌파가 사민당을 추월하고 주변화시킨 경우다. 녹색당의 도전이 없고, 아일랜드와 아이슬란드는 극우의 도전이 없고 그리스에서는 억제되었다.

그리스:

그리스는 1974년 민주화 이후 중도우파인 신민주당(ND)과 중도좌파인 '범그리스사회주의운동'(PASOK)이 교대로 집권하던 양당제였다. 좌파에는 반파쇼투쟁과 반독재투쟁의 위신에 힘입어 노조를 포함한 강력한 대중조직을 가진 완고한 스탈린주의당인 그리스 공산당(KKE)이 있고, 유로코뮤니스트적인 KKE 이탈파와 사회운동이 결합한 '좌파와 운동과 생태의 연합'(Synaspismos)이 2004년 비공산당 세력을 포함하는 선거연합을 출범시키고 2013년 단일당으로 전환한 급진좌파연합(Syriza)이 있다. 이외에 2009년에 출범한 혁명적 좌파들의 선거연합이자 우산정당인 '전복을 위한 반자본좌파연합'(Antarsya)이 있다.

2008년에 시작된 경제위기는 2012년 실업률이 23%(청년실업률은 64%)에 달할 만큼 심각했고, 그리스 인민의 대부분 특히 공공부문과 사적 부문의 임금 소득자, 자영업자, 소기업 종사자들을 빈곤하게 했다. 이들 사회적 그룹은 PASOK 지지층의 주력이었고, 긴축정책을 도입하자 지지층의 대규모 손실을 가져왔고 다른 좌파들을 강화시켰다(Eleftheriou 2016).

<표 10>은 그리스 총선의 정당별 득표율이고 <그림 6>은 이를 꺾은 선 그래프로 변환한 추세이다. 경제위기 전인 2007년 선거와 비교하여 2012년 5월 선거에서 집권당인 PASOK(-24.9%)뿐만 아니라 트로이카(IMF, EU, ECB)가 강요하는 긴축에 찬성한 ND(-22.9%)까지 지지율이 추락하고, 그 성과는 반긴축의 입장에 선 Syriza(+11.8%), ND에서 이탈한 반긴축 우파인 독립당(ANEL, +10.6%), 극우인 황금새벽당(XA, +7.0%)이 수렴했다. 2012년 6월 재선거에서 Syriza(+10.1%)와 ND(+10.8%)가 군소정당의 지지를 수렴화면서 양강체제로 변했다. 2019년 선거에서는 Syriza(-4%)를 비롯한 반긴축 정당들인 ANEL(-3.7%%)과 XA(-4.1%)가 하락하고 ND(+11.8%)가 성장했다. Syriza의 성장이 이루어진 2012년과 2015년 선거는 긴축과 반긴축의 대결이고, Syriza는 반긴축의 대표주자이자 대안정당으로서 PASOK을 대체했다. 이 과정에서 30회에 가까운 총파업 등 그리스 민중의 강력한 반긴축 투쟁이 있었고, 극우는 억제되었다.

2019년 선거는 긴축에 굴복한 집권당인 Syriza에 대한 정권심판 선거였고, ND는 Syriza에 대항하는 우파의 대표주자로 군소정당의 지지를 수렴했다. ND와 Syriza 양당에 지지가 수렴한 이

표 10: 그리스 의회 선거의 정당별 득표율(%)

		2004 a	2007 b	2009 c	2012I d	2012II e	2015I f	2015II g	2019 h	d-b	e-d	h-g
ND	EPP	45.4	41.8	33.5	18.9	29.7	27.8	28.1	39.9	-22.9	10.8	11.8
ANEL	R				10.6	7.5	4.8	3.7	0.0	10.6	-3.1	-3.7
PASOK(DISY) /KINAL	S&D	40.6	38.1	43.9	13.2	12.3	4.7	6.3	6.3	-24.9	-0.9	0.0
Mera25	L								3.4	0.0	0.0	3.4
SYRIZA	L	3.3	5.0	4.6	16.8	26.9	36.3	35.5	31.5	11.8	10.1	-4.0
XA	NI			0.3	7.0	6.9	6.3	7.0	2.9	7.0	-0.1	-4.1
KKE	L	5.9	8.2	7.5	8.5	4.5	5.5	5.6	5.3	0.3	-4.0	-0.3
LAOS	FR	2.2	3.8	5.6	2.9	1.6	1.0			-0.9	-1.3	0.0
EL	ECR								3.7	0.0	0.0	3.7
EK	RE		0.3	0.3	0.6	0.3	1.8	3.4	1.2	0.3	-0.3	-2.2
TO POTAMI	CR						6.1	4.1	0.0	0.0	0.0	-4.1
DIMAR(...)	CL				6.1	6.3	0.5	DISY		6.1	0.2	
기타			2.8	4	15.4	4	4.2	6.3	4			
투표율		76.6	74.1	70.9	65.1	62.5	63.9	56.6	57.9			
		ND	ND	PASOK		ND+ PASOK+ DIMAR	SYRIZA +ANEL	SYRIZA +ANEL	ND			

SYRIZA: Coalition of the Radical Left(2012II: Syriza-United Social Front, SYRIZA-EKM); ND: New Democracy; XA: Popular Association Golden Dawn; PASOK: Panhellenic Socialist Movement(2015II: Democratic Coalition, DISY - PASOK, DIMAR); KKE: Communist Party of Greece; TO POTAMI: The River; ANEL: Independent Greeks(2015I: Independent Greeks-National Patriotic Alliance, ANEL); EK: Union of Centrists; DIMAR: Democratic Left(2015I: Greens-Democratic Left, PRASINOI-DIMAR); LAOS: Popular Orthodox Rally. © 2019 Wolfram Nordsieck. Source: www.parties-and-elections.eu.

그림 6: 그리스 의회 선거의 정당별 득표율 추세

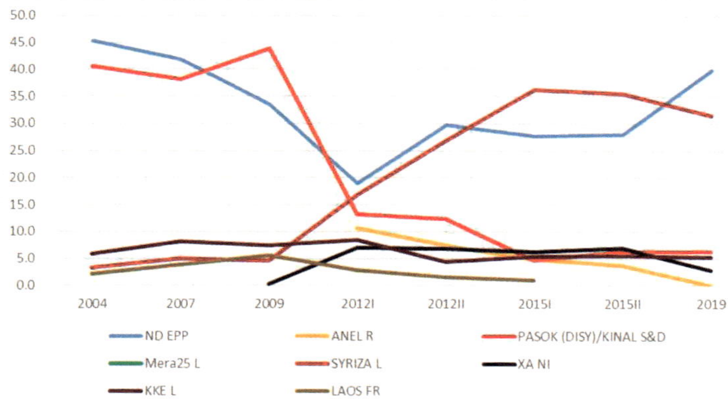

유는 제1당에게 50석의 프리미엄을 주는 제도가 있고 이 때문에 몰아주기나 사표방지 심리가 작동했기 때문이기도 하다.

그런데 스탈린주의당인 KKE와 혁명적 좌파들의 우산정당인 안따르시아(Antarsya)가 투쟁에 헌신했음에도 지지를 확장하지 못한 것은 이런 제도의 탓도 있지만 잠재적 지지계층과 결합할 수 있는 능력의 차이가 있다. 즉 좌파의 성장은 계급투쟁에 힘입은 것이지만 좌파 내부의 성적은 잠재적 지지계층과의 결합능력에 따라 다르게 되었다. 좀 더 살펴보자.

긴축에 반대하는 그리스 인민의 투쟁은 2010년 초부터 불붙기 시작했다. 2010년 5월 5일 시위대의 화염병으로 은행원 5명이 질식사하였고 투쟁은 소강상태에 빠졌다. 맹목적인 전투성이 투쟁의 성장을 막은 전형적인 예였다. 그러나 새로운 긴축안이 강요될 때마다 투쟁은 더 큰 규모로 확장되었다. 그리고 2012년 5월 총선과 2012년 6월 재선거가 있었다. 2012년 선거를 계기로 대중의 저항과 투쟁보다는 선거주의로 수렴되는 경향이 있었다. 32차례의 총파업은 구조조정을 포함한 긴축안에 반대하는 투쟁이고 당연히 공공부문이 주도해야 하지만 공공노총(ADEDY)의 지도부는 PASOK의 영향하에 있었고 투쟁에 소극적이었다. 아래로부터 떠밀린 파업은 모두 하루나 반나절 파업으로 결전으로 나아가지 못했고, 2012년 6월 이후에는 구조조정과 해고반대 투쟁이 주를 이루면서 투쟁들은 분산/고립되고 장기투쟁의 양상을 보였다. 조직노동 운동이 강력하지 않을 때 조직되지 않은 민중이나 시민들이 광장에 나선다. 2011년 스페인(15-M 운동), 그리스(신타그마 광장점거투쟁), 미국(월가 점거투쟁) 등 많은 점거투쟁이 그렇다. 2011년 5월부터 6월까지 완강하게 전개된 광장점거투쟁은 조직노동 운동과 결이 다른 일자리와 희망이 없는 교육받은 청년들이 주도하였다. 광장의 청년들은 인민과 시민의 복합적 정체성을 가지고 있었다. 좌파는 트로이카와 대결하는 반긴축 전선에서 대안을 제시하고 설득해야 했다.

2012년 총선을 앞두고 국가부도의 위기 속에서 Syriza는 유로존 잔류와 부채 재협상을 내걸었고(Synaspismos 2012), 2015년 집권하였다. 그리고 Syriza 내의 강경파 모임인 '좌파강령'(Left Platform)은 2013년 7월 창당총회에서 부채의 지불 거부, 유로존 탈퇴와 은행 국유화(플랜 B)와 좌파연합정부를 제시하였고(Kouvelakis 2012), Antarsya는 "EU 탈퇴, 보상없는 은행 국유화, 모든 전략적인 산업부문의 즉각적인 보상없는 국유화와 노동자 통제, 인민의회와 연립정부"를(Antarsya: 2012a, b), 그리고 KKE는 "EU 탈퇴, 부채의 일방적 취소, 생산수단의 사회화, 인민의 생산적 협력, 아래로부터의 노동자와 인민의 통제"(2012. 5. 7. 중앙위 성명) 그리고 민주적 계획경제, '인민권력'을 주장했다(KKE 2012; Antarsya 2012a; D'Angeli 2012).

그런데 당시에 트로이카가 강요하는 긴축의 고통은 국제 금융자본과 그리스 민중 간의 모순이고 일국 내의 자본과 노동 간의 모순으로 보기 어렵다. 따라서 플랜 B의 유로존 탈퇴와 은행 국유화를 제외하면 일국 내의 주요산업 국유화가 당장의 해법이 될 수 없기 때문에 당시의 선거국면에서 대중을 설득할 수 있었던 것은 아니라고 해야 할 것이다. 더구나 그리스는 해운을 제외하면 변변한 산업도 없고, 전기, 통신, 항만 등 주요산업이나 대기업은 대부분 공기업이었고, "노동자의 90%가 10인 미만의 사업체에 고용되어 있는 사정"(TPTG 2011: 255)을 감안하면 더욱 그렇다.

Syriza의 주축인 씨나스삐스모스('좌파와 운동과 생태의 연합'의 약칭, synaspismos는 영어의 coalition에 해당됨)의 명칭에서 보듯, Syriza는 조직노동의 기반이 없는 대신 일찍부터 사회운동과 신좌파 의제와 결합하였고, 다원주의를 채택했다. 2007년 학생반란을 유일하게 옹호한 의회정당이었고, 2011년 광장투쟁에 개인 자격으로 참여하여 토론했다. KKE는 학생반란을 비난했고, 광장투쟁에 참여하지 않았고, 2012년 선거 직전 어떤 경우에도 Syriza와 협력하지 않겠다며 공동정부를 만들 가능성을 부정했다. 혁명적 좌파인 Antarsya는 조직노동에 일부 교두보가 있기는 하지만 대중적 위신이 없었다. "KKE는 지역 지부보다 작업장 세포work-place cells를 조직의 골간으로 하고 강철공장인 할리부르기아Halyvourghia 파업을 주도하면서" 대공장의 구조조정과 해고 반대에 주력하였다(Eleftheriou 2016). Syriza는 2013년 '테살로니키 선거강령'에서 보듯 긴축의 완화와 하층민의 고통저감 방안에 집중하였다. KKE 전략의 배경에는 레닌의 제국주의론과 국가독점자본주의론 그리고 노동계급 중심주의에 입각한 일국적 이행의 전망이 있다. 오늘날 레닌주의를 주장하면서 EU 탈퇴와 일국적 이행의 전망을 얘기하는 혁명적 좌파들의 이론적 배경도 비슷하다.

2015년 6월 Syriza가 트로이카에 굴복한 것은 준비 안 된 좌파의 한계를 보여주었다, 특히 치프라스(Alexis Tsipras)가 이끄는 중앙파는 부채 재협상이 대화와 설득으로 이루어질 것으로 믿으면서 플랜 B를 준비하지 않았고, 협상 기간 중에도 원리금 상환을 계속하면서 교섭력을 고갈시켰다. 트로이카가 유로화의 공급을 끊자 굴복할 수밖에 없었다. 그리스 부채위기의 핵심은 국제 투기자본이 책임져야 할 손실을 부당하게 그리스 민중에게 전가하는 것이었고 따라서 그리스 좌파는 물론 유럽 좌파도 결코 양보할 수 없는 싸움이었다. 좌파는 채무의 탕감이 독일이나 프랑스 납세자의 부담이 아니라 국제 투기자본의 부담이 되도록 하는 강력한 국제연대를 건설하는 데 실패했다.

아일랜드:

리차드 던피(Richard Dunphy 2016)에 따르면, 2008년 경제위기가 시작되자 주택을 포함한 자산시장 버블이 은행 부실화로 이어지고 은행 구제금융은 국가채무의 위기로 이어졌다. 2010년 트로이카의 구제금융의 조건으로 의료, 교육, 사회복지, 연금에 대한 지출삭감, 주택세, 쓰레기와 물 사용료의 도입 등 공공지출을 난도질하는 광범한 긴축이 시행되었다. 2008, 2010-11년 대규모 거리시위가 있었고, 2014-15년 수많은 도시에서 물 사용료에 대한 거대한 시위집회가 열렸고, 급진좌파는 여기에 관여하였다(Dunphy 2016).

<표 11>과 <그림 7>에서 보듯, 아일랜드는 사민주의당인 노동당(LAB)이 약하고 리버럴(RE)인 피아나 파일(Fianna Fáil/FF)과 중도우파(EPP)인 피네 가엘(Fine Gael/FG)이 교대로

표 11: 아일랜드 의회 선거의 정당별 득표율(%)

		1989	1992	1997	2002	2007 a	2011 b	2016 c	2020	b-a	c-b
FF	RE	44.1	39.1	39.3	41.5	41.6	17.5	24.3	22.2	-24.1	6.8
FG	EPP	29.3	24.5	27.9	22.5	27.3	36.1	25.5	20.9	8.8	-10.6
SD	S&D							3.3	2.9	0	3.3
LAB	S&D	9.5	19.3	10.4	10.8	10.1	19.5	6.6	4.4	9.4	-12.9
GP	G	1.5	1.4	2.8	3.8	4.7	1.8	2.7	7.1	-2.9	0.9
SF	L	1.2	1.6	2.5	6.5	6.9	9.9	13.8	24.5	3	3.9
S-PBP	L	-	-	-	-	0.5	1	3.9	2.6	0.5	2.9
SP		-	-	0.7	0.8	0.6	1.2			0.6	-1.2
WP		5	0.7	0.4	0.2	0.2	0.1	0.2		-0.1	0.1
PD		5.5	4.7	4.7	4	2.7		4.7		-2.7	4.7
DL		-	2.8	2.5				2.5		0	2.5
무소속		3.3	5.8	7.9	9.5	5.2	12.5	15.7		7.3	3.2
투표율		68,5	68,5	66,1	62,6	67,0	70,0	65.2	62.9		
		FF+PD	FG+L+ DL	FF+PD	FF+PD	FF+G+ PD	FG+L	FG+L			

FG: Family of the Irish; LAB: Labour Party; FF: Soldiers of Destiny; SF: We Ourselves; GP: Green Party; SP: Socialist Party; PBP: People Before Profit Alliance; WP: Workers' Party; PD: Progressive Democrats; DL: Democratic Left. © 2016 Wolfram Nordsieck. Source: www.parties-and-elections.eu.

그림 7: 아일랜드 의회 선거의 정당별 득표율 추세

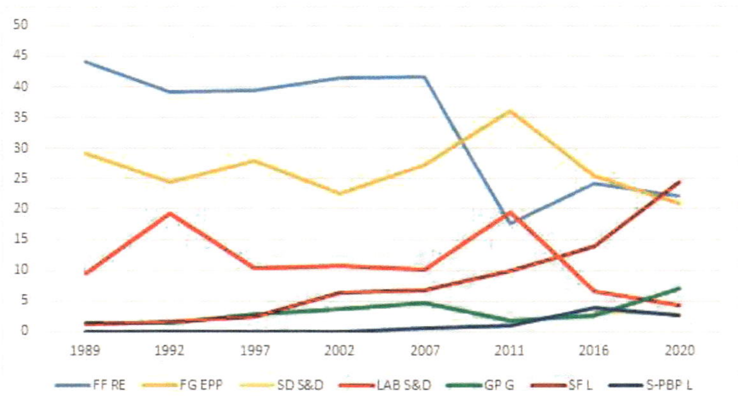

집권해왔다. 2010년 금융위기로 우파 연합정권(FF+G(Green) +PD(Progressive Democrats))이 약 30%를 잃는 동안 야당인 노

동당(LAB, +9.4%)과 중도우파인 FG(+8.8%). 좌파인 SF(Sinn Féin, +3%)가 성장하고 중도좌우 연합정부(LAB+FG)가 출범했다. 2016년 선거에서 여당인 LAB(-12.9%)과 FG(-10.6%)가 추락한 반면, 야당인 우파들 FF(+6.8), PD(+4.7) 그리고 좌파인 SF(Sinn Féin, +3.9), 혁명적 좌파들의 선거연합인 S-PBP(+2.9), 사민당(SD, 3.3%)이 상승했다. 즉 집권당 심판의 성격이 강하다. Sinn Féin은 2016년 노동당을 제치고 제3당이 되었고(+3.9%) 2020년 제1당(+10.7%)이 되었다.

Sinn Féin의 2011년과 2016년 선거에서의 성장은 반긴축 투쟁에 힘입은 것이고 이후는 정권심판론에 따른 노동당의 추락이 컸다. 후발주자인 녹색당은 2020년 선거에서 지지를 늘렸지만(2.7% -> 7.1%) 극우의 도전은 없다. 2020년 선거에서 Sinn Féin이 상승하고(13.8% -> 24.5%) S-PBP가 하락한 것은(3.9% -> 2.6%) Sinn Féin이 노동당을 포함한 범좌파의 대표주자가 된 것을 의미한다.

이처럼 아일랜드에서는 좌파 공화주의적인 Sinn Féin과 혁명적 좌파들인 사회당(SP)이 이끄는 '반긴축동맹'(Anti-Austerity Alliance: AAA)과 사회주의노동자당(SWP)이 이끄는 '이윤보다 인간'(People Before Profit Alliance: PBPA)이 2016년에 만든 선거연합(AAA-PBP, S-PBP로 바뀜)이 경쟁하는데, 좌파들은 심각한 경제위기와 그에 이은 강력한 반긴축 투쟁을 배경으로 성장하였다. 그러나 그 성과는 균등하지 않았다. 좌파당들의 입장에 대해 좀 더 살펴보자.

물 사용료 지불거부운동을 무책임하다면서 지지를 거부한

Sinn Féin을 반자본주의를 포기한 포퓰리스트당으로 보는 리챠드 던피(2016)에 따르면:

> 2014년 지방선거와 유럽의회 선거에서 두 맑스주의당[SP와 SWP]은 물과 주택세, 빈곤과 실업, 여성과 동성애 권리, 환경 이슈, 계급 불평등과 사회정의에 대한 투쟁을 강조하면서 계급에 기반한 강력한 선거운동을 벌였다. 두 당은 임대료 통제와 공공(사회)주택 건설 프로그램, 부유세 신설을 요구하면서 낙태권을 강조했다. 두 당의 선거 캠페인의 배경에 있는 이데올로기적 사고는 포퓰리즘이라기보다는 낡은 계급 대 계급 정치인 고전적인 맑스레닌주의를 반영하고 있는 것 같다. … 두 당은 Sinn Féin의 민족주의적 모든 계급의 세계관all class view에 반대하여 자본주의 지배와 긴축과 경제적 위기의 뿌리에 있는 엄격한 계급분할의 분석을 강조하는 데에 열을 올리고 있다(Dunphy 2016).

이처럼 던피는 좌파의 성장을 Sinn Féin이 수렴하고 혁명적 좌파인 SP/AAA나 SWP/PBPA가 소외된 것을 포퓰리즘이 아니라 계급에 기반한 정치와 투쟁을 했기 때문이라고 암시한다. 그러나 아일랜드 주민의 좌경화를 가져온 것은 물 사용료 반대투쟁 등 강력한 반긴축 투쟁 즉 계급투쟁이었던 점은 부인될 수 없다. 그럼에도 물 사용료 지불거부운동의 공개적 지지를 거부한 Sinn Féin보다 지불거부운동을 선도한 SP와 SWP의 선거연합(S-PBP)의 성적이 초라한 것은 "두 당[SP와 SWP]이 모두 고전적인 전위당으로 자임하고 레닌주의당들의 교조적이고 분파적이며 엘리트주의적인 특징"을 고수하고 있는 폐쇄성에서 찾아야 할 것이다(Dunphy 2016). 마찬가지로 Sinn Féin이 대중의 지지를 수렴한 것도 인민과 엘리트 혹은 기득권층과의 대결을 고취했기 때문이 아니라 오히려 "반자본이나 반기업이 아니다"고 하면서도(Finn 2016), 신자유주의 불만층과 박탈층의 편에 서서 반긴축의 대표주자로서의 위신을 가질 수 있었기 때문이다. 이 점에서 "Sinn Féin이 반자본당은 아니지만 … 공공의료와 노동자의 권리에 헌신하는 굳건한 좌파의 입장에 서있다. … Sinn Féin은 반긴축의 물결에 편승하여 지지율이 2007년 7%에서 2014년 19.5%에 달했다. Sinn Féin의 지지는 노동계급이 압도적이고 반긴축적이다. … 당의 성장은 남부 주민의 좌경화를 반영할 뿐이다"는 다니엘 핀(Daniel Finn 2016)의 평가는 정당하다. 이 점은 마치 그리스 좌파의 성장은 강력한 반긴축 투쟁에 의한 것이지만 투쟁의 성과는 투쟁에 앞장섰던 KKE나 Antarsya보다 타협적 태도를 보였던 Syriza가 수렴한 것과 비슷하다.

즉 전체 좌파의 성장은 계급투쟁으로 설명되지만 좌파 내부의 성적의 차이는 잠재적 지지계층과 결합하는 능력이다. "지난 7-8년간 대량의 회원모집을 할 기회가 있었음에도 SP는 500-600명의 당원을 주장한다"(Dunphy 2016). 이처럼 혁명적 전위당을 추구하는 두 당이 반긴축 대중정당인 Sinn Féin보다 대중적 확장력이 없는 것은 당연하다. 그리고 S-PBP가 2016년과 2020년에 각각 3.9%와 2.6%의 낮은 지지로 의회에 진출한 것은 유럽에서 혁명적 좌파로는 유일한 사례인데, 이는 진입장벽이 없고 선호투표제와 같은 관대한 선거제도의 영향이 크다.

아이슬란드:

"2008년 금융위기가 시작되었고, 18년간은 단독 집권, 12년간은 진보당(FSF)과 그리고 2년간은 사민동맹(SDA)과 공동 집권한 독립당(SSF)에게 비난이 집중되었다. 주말마다 솥과 냄비를 두드리며 시위하는 솥단지 혁명Kitchenware Revolution이 시작되었다"(Erlingsdottir 2012). <표 12>와 <그림 8>에서 보듯, 2009년 우파인 독립당(SSF, -12.9%)에 대한 심판으로 사민당(+3%)과 적녹운동(VG, +7.4%)이 정권을 잡았다. 2013년 정권심판으로 사민동맹(-16.9%)과 VG(-10.8%)가 추락하고 중도인 진보당(FSF, +9.6%)과 해적당(P, +5.1%)이 지지를 높였고, 독립당과 진보당의 우파연정이 시작되었다. 2016년 집권 진보당 수상의 부적절한 재산거래가 폭로되고 시민들이 거리로 나오자 임시선거가 실시되었고, VG와 해적당이 성장하고 독립당이 VIÐREISN(Revival)과 Bright Future(BF)와 함께 우파연정을 꾸렸다. 2017년에는 독립당 당수의 부적절한 처신이 문제되어 다시 임시선거가 실시되고 야당인 VG와 사민동맹이 성장했고, 독립당과 진보당과 함께 제2당인 VG가 수상을 맡는 대통합 연정이 시작되었다.

이처럼 금융위기와 대중의 강력한 투쟁은 2009년 좌파의 성장을 가져오고 좌파연정까지 이루었지만 "VG는 긴축이라는 망령에 문제를 제기하지 않고 시행자가 되었다. 사적인 이득으로부터 초래된 손실의 국유화가 VG에 의해 자랑스럽게 관철"되었고 (Thorsteinsson 2016), 2013년 우파에게 정권을 내주었다. 2016년

표 12: 아이슬란드 의회 선거의 정당별 득표율(%)

		1999	2003	2007	2009	2013	2016	2017	d-c	e-d	f-e
		a	b	c	d	e	f	g			
SSF	R	40.7	33.7	36.6	23.7	26.7	29	25.2	-12.9	3	2.3
FSF	C	18.5	17.7	11.7	14.8	24.4	11.5	10.7	3.1	9.6	-12.9
FF	C	4.2	7.4	7.3	2.2		3.5	6.9	-5.1	-2.2	3.5
S	SD	26.8	31	26.8	29.8	12.9	5.7	12.1	3	-16.9	-7.2
P	G					5.1	14.5	9.2	0	5.1	9.4
VG	L	9.1	8.8	14.3	21.7	10.9	15.9	16.9	7.4	-10.8	5
VIÐREISN	R						10.5	6.7	0	0	10.5
BF	CR				7.2	8.2	7.2	1.2	7.2	1	-1
M	C							10.9	0	0	0
투표율		84.1	87.7	83.6	85.1	81.4	79.2	81.2			
		SSF+ FSF	SSF+ FSF	SSF+S	S+VG	SSF +FSF	SSF+VI ÐREISN +BF	VG+ SSF+ FSF			

SSF: Independence Party; P: Pirate Party; VG: Left-Green Movement; FSF: Progressive Party; VIÐREISN: Revival; BF: Bright Future; S: Alliance-Social Democratic Party of Iceland(1999-2013: Alliance. S); BF: Citizens' Movement; FF: Liberal Party. © 2017 Wolfram Nordsieck. Source: www.parties-and-elections.eu.

그림 8: 아이슬란드 의회 선거의 정당별 득표율 추세

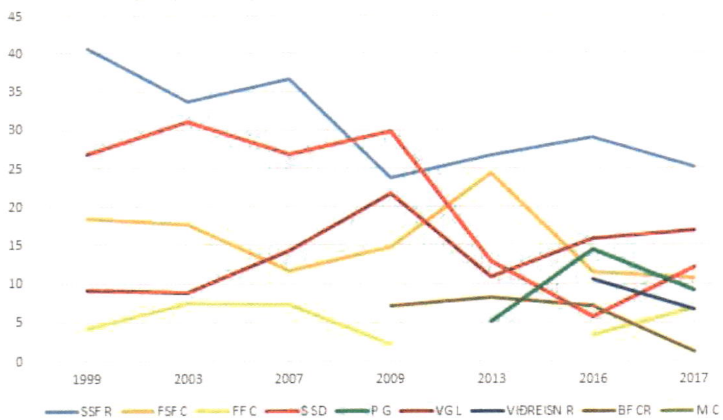

해적당은 독립당과 진보당은 연정 대상이 아니라고 밝혔다. 2016년과 2017년 선거는 부패한 기성정당에 대한 시민들의 반발이다. 그럼에도 VG가 낡은 세력과 연정을 꾸린 것은 2013년 선거처럼 또 다른 추락으로 이어질 가능성이 크다. VG는 트로이카와 Icesave 협상(파산한 Landsbanki 은행의 외국인 예금보장 협상) 시 해외 예금자들의 부당하게 높은 이자를 아무런 문제제기 없이 수용하는 등 좌파답지 못한 행보를 보인 적이 있었다. 따라서 우파와 중도우파와 좌파로 이루어진 대통합 정부에서 좌파적 정책을 얼마나 관철할지 의문이고 다시 추락할 위험이 있다. 이처럼 VG의 성장도 경제위기와 강력한 반긴축 투쟁에 힘입은 것이지만 준비 안 된 좌파의 한계를 보여주었다.

- 사민당의 하락과 좌파 및 극우 성장형: 독일, 벨기에, 룩셈부르크

이 유형은 사민당의 하락 속에서 후발주자인 좌파가 이미 성장한 녹색당과 극우와 경쟁하는 유형이다.

독일:

리버럴인 자민당(FDP)을 포용하는 합리적 보수인 기독교민주당(CDU)과 중도좌파인 사민당(SPD)이 주도하는 양 블록은 70년대 녹색당(Greens)의 진출과 2000년대 중반 좌파당(Die Linke)의 등장으로 2강(CDU, SPD) 3중(자민당, 녹색당, 좌파당)의 경쟁구도로 바뀌었다. 여기에 2008년 경제위기 이후 극우인 '독일을 위한 대안당'(AfD)과 해적당도 변수로 등장했다(Hildebrandt 2012).

좌파당은 2004년 사민당 이탈파와 노조활동가들의 선거연합

표 13: 독일 연방의회 선거의 정당별 득표율(%)

	1994 a	1998 b	2002 c	2005 d	2009 e	2013 f	2017 g	b-a	e-c	g-f	g-a
FDP(RE)	6.9	6.2	7.4	9.8	14.6	4.8	10.7	-0.7	7.2	5.9	3.8
CDU/CSU (EPP)	41.5	35.1	38.5	35.2	33.8	41.5	33	-6.4	-4.7	-8.5	-8.5
SPD(S&D)	36.4	40.9	38.5	34.2	23	25.7	20.5	4.5	-15.5	-5.2	-15.9
GRÜNE (Greens/EFA)	7.3	6.7	8.6	8.1	10.7	8.4	8.9	-0.6	2.1	0.5	1.6
DIE LINKE/PDS (GUE/NGL)	4.4	5.1	4	8.7	11.9	8.6	9.2	0.7	7.9	0.6	4.8
AfD(ID)						4.7	12.6	0	0	7.9	12.6
기타	5.4	6	3	3.9	6	6.3	5				
투표율	79	82.2	79.1	77.7	70.8	71.5	76.2				
	CDU/CSU + FDP	SPD+ Greens	SPD+ Greens	CDU/CSU+ SPD	CDU/CSU+ SPD	CDU/CSU+ SPD	CDU/CSU+ SPD				

CDU: Christian Democratic Union of Germany; SPD: Social Democratic Party of Germany; DIE LINKE: The Left(1990-2002: Party of Democratic Socialism, PDS; 2005: The Left Party.PDS, DIE LINKE.PDS); GRÜNE: Alliance 90/The Greens; CSU: Christian Social Union in Bavaria; FDP: Free Democratic Party; AfD: Alternative for Germany. © 2017 Wolfram Nordsieck. Source: www.parties-and-elections.eu.

그림 9: 독일 연방의회 선거의 정당별 득표율 추세

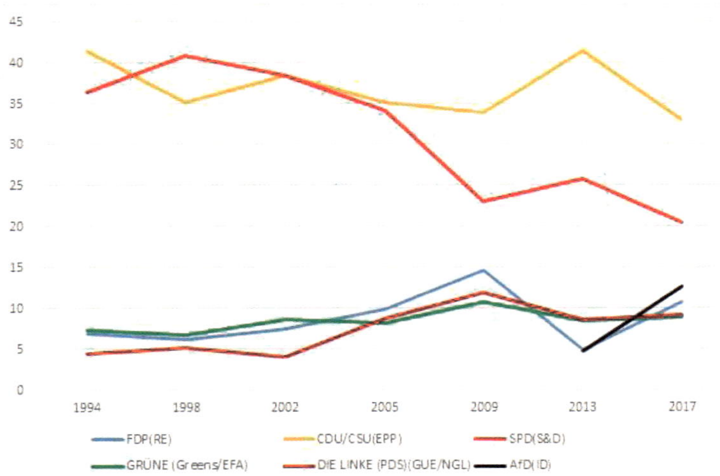

으로 출발했다가 2005년 당으로 전환한 '노동과 사회정의를 위한 선거 대안'(WASG)과 동독 공산당(SED)의 계승당인 민주사회주의당(PDS)이 2005년 선거연합을 거쳐 2007년 합당한 것이다.

<표 13>과 <그림 9>에서 보듯, 사민당의 영향력은 계속 하락하는 추세에 있다. 집권연합은 1982-98년은 기민당/기사당(CDU/CSU) + 자민당(FDP)(우파연합), 1998-2005년은 사민당(SPD) + 녹색당(Greens)(중도좌파 연합), 2005년 이후 기민당/기사당 + 사민당(대통합 연정)였다. 2005년 이후 대통합 연정은 기민당/기사당의 오랜 파트너였던 자민당이 좌파당을, 기사당이 녹색당을, "사민당이 좌파당을, 좌파당은 녹색당을 배제하려 했기 때문에 성립되었다"(Hildebrandt 2012). 이것은 녹색당과 기사당, 사민당과 좌파당의 지지기반이 겹치기 때문이다.

독일 선거의 특징은 집권당 심판의 성격이 짙다. 집권당이 상승했던 2013년 선거를 제외하고는 모두 야당이 지지를 늘렸다. 이 중 예외가 소수파 여당이었던 녹색당이 2002년 선거에서 약간의 지지(+1.9%)를 늘린 경우뿐이다. 좌파당의 성장은 우파연합에 대한 심판에서 사민당(+4.5%)이 압승했던 1998년에 미미하게 성장하고(0.6%) 주로 2002-09년에 이루어졌는데 이 시기에는 모든 야당이 성장했다. 2002-09년 사이에 사민당 지지는 1,848만 명(38.5%)에서 999만 명(23.0%)으로 15.5%가 주는 동안, 좌파당(+7.9%)과 자민당(+7.2%)이 크게 성장했고, 녹색당(+2.1%)도 약간 성장했다. 한편 2013-17년 사이에 대통합 연정의 여당이었던 기민당/기사당이 8.5%, 사민당이 5.2%를 잃을 때 극우인 독일을

위한 대안당(+7.9%)과 자민당(+5.9%)이 성과를 독점하고 녹색당(+0.5%)과 좌파당(+0.6%)의 성과는 미미했다.

요약하면 1994-17년 사이 사민당(-15.9%)은 급속히 추락하고 기민당/기사당(-8.5%)도 상당히 축소되었지만, 좌파당의 성장은 2009년에 피크에 달하고 이후에는 주로 극우가 성과를 독점하였다. "통일 후의 불만은 동독 국가소유 부문 사유화의 마지막 단계에 대한 반응으로 거대한 물결의 산업동원과 거리 동원이 일어났던 1992-93년에 절정에 달했다"는 키오케티(2017: 83)의 지적처럼, 좌파당의 전신인 PDS의 성장 배경에는 1992-93년의 동원이 있었다. 그리고 좌파당의 "2009년의 성공은 하르츠(Hartz) IV 개혁과 경제위기에 대한 사회적 불안과 불만의 감정의 성공적 동원이 기여하였을 것"이라든지(Bouma 2016), "2009년 좌파당은 연방의회(Bundestag) 선거에서 평균 11.4%를 얻어 제4당이 되었다. 좌파당은 사회복지체제와 민주주의를 위협하는 '아젠다 Agenda 2010'에 반대하는 모든 세력을 끌어당겼다"는 힐데브란트(2012)의 평가에서 보듯, 좌파당의 성공은 반신자유주의 투쟁에 힘입은 것이다. 그런데 1992-93년 동독 주민의 저항과 2003-04년 서독에서의 대중동원은 "PDS 당원에 의한 것이 아니었다"(Chiocchetti: 102-103). 이런 점에서 힐데브란트(2012)는 "좌파당의 성공은 거리에서의 비의회적 저항의 결과는 아니었다"고 평가한다.

2013년 선거에서 이주민에 반대하는 유일한 세력인 독일을 위한 대안당(AfD)이 앞서게 되었다. 2019년 유럽의회 선거에서 녹색당이 사민당을 앞질러 선전한 것은 최근에 등장한 기후위기

쟁점의 부상과 관련이 있다. “2011년 이후 그리스 부채위기와 관련하여 좌파당은 부채탕감을 주장했고 이것은 금융자본이 아니라 독일 납세자의 희생으로 받아들여졌다. 또한 이주민 포용의 입장은 대안당(AfD)을 뺀 모든 정당의 입장이 같기 때문에 다른 정치세력과 변별력이 없었다”(Chiocchetti 2017: 84). 이처럼 독일의 좌파당은 사민당의 지속적인 하락에도 불구하고 2009년에 피크에 달한 후 극우에게 추월당하는 중이다.

독일의 사례에서도 확인할 수 있는 것은 1994-98년 우파의 집권시 반신자유주의 투쟁은 좌파의 성장을 가져오지만 주된 성과는 우파의 대안으로 여겨지는 사민당이 수렴하였다. 즉 집권 우파가 -7.1% 주는 동안 사민당은 +4.5%, 좌파당과 녹색당은 각각 +0.6%와 +0.5% 성장했다.

한편 중도우파와 중도좌파의 대통합 정권 때에는 좌파를 포함한 야당이 성장하는 것이 일반적이다. 그런데 독일은 2005년 이래 사민당과 기민당의 대통합 연정이었는데, 이 시기 사민당은 급속히 추락한 반면 기민당은 상대적으로 선전하고 있고, 2002-09년 사이에는 좌파를 포함한 모든 야당이 성장했지만, 특히 2003-17년 사이에는 좌파와 녹색당은 정체한 반면 극우와 우파가 성장했다. 즉 중도좌우 대통합 연정의 신자유주의 공격에도 불구하고 좌파의 성장은 극우에 의해 억제되었다. 그리고 2009-13년에서 알 수 있듯이 집권연합이 성장했을 때 야당은 모두 하락하고 극우만 성장했다. 다시 2017년 집권 여당이 패배했을 때 모든 야당이 성장했지만 좌파당(+0.6%)과 녹색당(+0.5%)의 성장은 미미하고 자민당(+5.9%)과 극우(+7.9%)가 성과를 반분했다. 이처럼 2000년대 이후 좌파가 극우에게 추월당하는 일은 중부와 북부 유럽에서 자주 보는 일이 되었다.

즉 좌파당의 사례에서도 보듯 좌파의 강력한 성장에는 반드시 대중의식의 좌경화가 필요하고 이를 위해서는 대중의 투쟁이 필요하지만, 투쟁과 괴리된 대중의 불만은 좌파만이 아니라 극우도 (때로는 훨씬 더 많이) 수렴할 수 있다는 것을 보여준다.

벨기에:

<표 14>와 <그림 10>에서 보듯, 연방제이고 같은 성격의 두 당이 지역적으로 나뉘어 활동하므로 의회그룹으로 나누어 지지율을 합산하면, 2003년부터 2019년 사이에 3개 주류 정당들(RE, EPP, S&D: 리버럴, 중도우파, 중도좌파)의 하락분이 -28.6%에 달하고, 그 성과는 민족우파인 ECR(N-VA, +12.9%), 좌파인 노동자당(PvdA/PTB, +8.3%), 녹색당(+6.6%)이 나누어 가졌다. 그러나 극우(VB: Flemish Interest)는 2019년에도 12%를 차지하고 있다. 즉 좌파는 2014년과 2019년에 3.7%와 8.6%를 얻어 큰 성장을 했지만, 민족우파(N-VA)는 물론 녹색당, 극우(VB)에게 뒤진다. 극우의 성장이 저조한 것은 민족우파와 지지기반이 겹치기 때문이다.

90년대 이후 사민당은 대통합 연정에 참여하거나 주도하면서 신자유주의적 공격을 계속해왔다. 좌파는 북부를 비롯하여 노동운동과 지역운동에 대중적 지지기반이 있는 마오주의적 기원을 갖는 노동자당(PvdA)과 남부에서 강한 공산당(PCWB)과 제4인터

표 14: 벨기에 의회 선거의 정당별 득표율(%)

		1995	1999	2003	2007	2010	2014	2019
N-VA	ECR	-	-	3.1	CD&V	17.4	20.3	16
OPEN VLD(...)	RE	13.2	14.3	15.4	11.8	8.6	9.8	8.5
MR(PRL)	RE	10.3	10.1	11.4	12.3	9.3	9.6	7.6
CD&V(CVP, ...)	EPP	17.2	14.1	13.3	18.5	10.9	11.6	8.9
CDH(PSC)	EPP	7.7	5.9	5.5	6.1	5.5	5	3.7
PS	S&D	11.9	10.2	13	10.9	13.7	11.7	9.5
SP.A(SP, ...)	S&D	12.6	9.6	14.9	10.3	9.2	8.8	6.7
GROEN(AGALEV)	G/E	4.4	7	2.5	4	4.4	5.3	6.1
ECOLO	G/E	4	7.4	3.1	5.1	4.8	3.3	6.1
PvdA/PTB	GUE/NGL	0.5	0.5	0.3	0.8	1.6	3.7	8.6
VB(...)	FR	7.8	9.9	11.6	12	7.8	3.7	12
FDF(...)		PRL	PRL	MR	MR	MR	1.8	
PP		-	-	-	-	1.3	1.5	1.1
LDD		-	-	-	4	2.3	0.4	
FN		2.3	1.5	2	2	0.5	-	
SPIRIT		-	-	SP.A	SP.A	-	-	
VU(VU-ID21)		4.7	5.6	-	-	-	-	
기타		3.4	4	3.9	2	2.7	3.1	
투표율		91.2	90.6	91.6	91.3	87.2	88.5	90
합산	ECR			3.1	EPP	17.4	20.3	16
	RE	23.5	24.4	26.8	24.1	17.9	19.4	16.1
	EPP	24.9	20	18.8	24.6	16.4	16.6	12.6
	S&D	24.5	19.8	27.9	21.2	22.9	20.5	16.2
	G	8.4	14.4	5.6	9.1	9.2	8.6	12.2
	L	0.5	0.5	0.3	0.8	1.6	3.7	8.6

N-VA: New Flemish Alliance; PS: Socialist Party; CD&V: Christian Democratic and Flemish(1991-1999: Christian People's Party, CVP; 2007: Christian Democratic and Flemish-New Flemish Alliance, CD&V-N-VA); OPEN VLD: Open Flemish Liberals and Democrats(1995-2003: Flemish Liberals and Democrats, VLD); MR: Reformist Movement(1995-1999: Liberal Reformist Party-Democratic Front of Francophones, PRL-FDF); SP.A: Socialist Party. Different(1995-1999: Socialist Party, SP; 2003-2007: Socialist Party.Different-Spirit, SP.A-SPIRIT); GROEN: The Flemish Greens(1995-2003: To Live in Another Way, AGALEV); CDH: Humanist Democratic Centre(1995-1999: Christian Social Party, PSC); VB: Flemish Interest(1995-2003: Flemish Bloc, VB); PvdA/PTB: Workers' Party of Belgium; ECOLO: Ecolo; FDF: Francophone Democratic Federalists(1995-2010: Democratic Front of Francophones, FDF); PP: People's Party; LDD: List Dedecker; FN: National Front; SPIRIT: Spirit; VU: People's Union(1999: People's Union-ID21, VU-ID21). © 2019 Wolfram Nordsieck. Source: www.parties-and-elections.eu.

그림 10: 벨기에 의회 선거의 정당별 득표율 추세

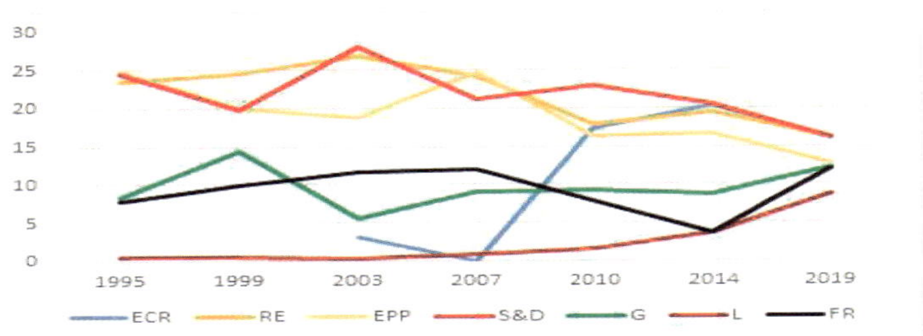

내셔널 계열인 LCR/SAP로 나뉘어 있었는데(Dupret 2009; Flenady 2016), 2014년 선거에서 노동조합 총연맹의 호소에 호응하여 PvdA가 PCWB와 LCR/SAP을 포함하는 선거연합인 PTB-GO!(PTB-Left Opening)를 출범시켜 의회에 최초로 진출했다. 리암 플레나디(Liam Flenady 2016)는 PvdA가 "맑스주의를 천명하고 의회주의에 매몰되지 않으면서 '적색이 새로운 녹색이다'Red is the New Green는 슬로건으로 기후정의 운동에도 앞장서고 있다"고 평가하기도 한다.

2010년부터 급성장한 플랑드르 민족우파인 N-VA는 2014년 제1당이 되어 자민당과 기민당과 함께 우파연정을 수립하고 은퇴연령 연장, 연동임금제의 부분적 취소, 교육과 공공부문의 축소와 사유화 등 복지국가에 대한 공격을 계속하였다. 이에 1993년 이래 처음으로 2014년 12월 총연맹이 주도하여 13만 명이 참여하는 총파업이 있었고, 2015년 10월에도 10만 명이 넘는 반긴축 시위가 있었다(La Gauche 2014; Tanuro 2014; Flenady 2016). 이처럼 2014년과 2019년 좌파의 성장은 대중의 요구와 계급투쟁에 부응한 것이다. 좌파는 여전히 녹색당, 민족우파, 극우에게 뒤진다.

룩셈부르크:

1999년 신좌파당(New Left), 혁명적사회주의당(Revolutionary Socialist Party), 공산당(KPL)이 선거연합을 하여 성과를 올렸으나 이후 갈라섰고, 앞의 두 당이 해산하여 좌파당(LÉNK)을 출범시켰고, 소수당에게 유리한 집중투표와 분산투표 제도에 힘입어 의회에 진출했다(Wagener 2012). <표 15>와 <그림 11>에서 보듯, 2004년부터 2013년 사이에 좌파당(LÉNK)은 1.9%에서

표 15: 룩셈부르크 의회 선거의 정당별 득표율(%)

		1989	1994	1999	2004 a	2009	2013 b	2018 c	b-a	c-b
ADR	ECR	7.3	7	11.3	10	8.1	6.6	8.3	-3.4	1.7
CSV	EPP	31.7	31.4	30.1	36.1	38	33.7	28.3	-2.4	-5.4
DP	RE	16.2	18.9	22.4	16.1	15	18.3	16.9	2.2	-1.4
LSAP	S&D	27.2	24.8	22.3	23.4	21.6	20.3	17.6	-3.1	-2.7
GRÉNG	G	4.2	10.9	9.1	11.6	11.7	10.1	15.1	-1.5	5
PIRATEN							2.9	6.5	2.9	3.6
LÉNK	L			3.3	1.9	3.3	4.9	5.5	3	0.6
KPL	L	5.1	1.6	LÉNK	0.9	1.4	1.6		0.7	-1.6
GLEI		4.2	-	-	-	-	-			
기타		4.1	5.4	1.6	0.1	0.9	1.6	5.5		
투표율		87.4	88.3	86.5	91.7	85.2	91.4	89.7		

CSV: Christian Social People's Party; LSAP: Luxembourg Socialist Workers' Party; DP: Democratic Party; GRÉNG: The Greens; ADR: Action Committee for Democracy and Pension Justice; LÉNK: The Left; PIRATEN: Pirate Party Luxembourg; KPL: Communist Party of Luxembourg; GLEI: Green List Ecological Initiative. © 2018 Wolfram Nordsieck. Source: www.parties-and-elections.eu.

그림 11: 룩셈부르크 의회 선거의 정당별 득표율 추세

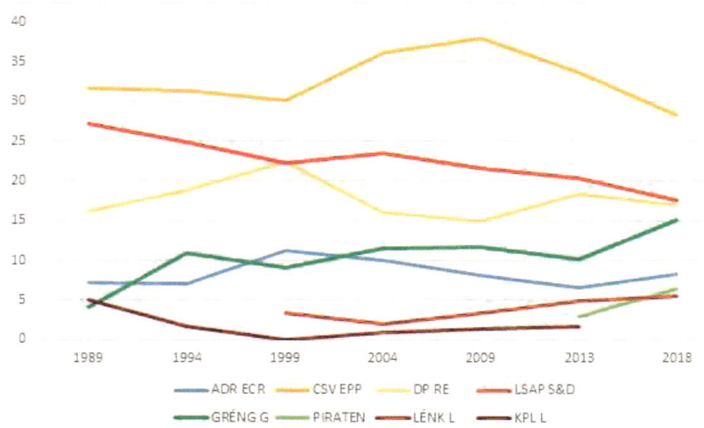

4.9%로 성장했으나 다른 정치세력에게 밀리고, 공산당(KPL)은 2013년 1.6%의 성적을 얻었다. 이 기간 중 보수우파(ADR, -3.4%), 기독사회인민당(CSV, -2.4%), 사노당(LSAP, -3.1%)이 하락하는 동안 LÉNK(+3%)와 해적당(+2.9%)이 성장했다. 2018년 선거에서는 기독사회인민당(-5.4%)과 사노당(-2.7%)이 하락하고 녹색당(+5%), 해적당(+3.6%)이 성장한 반면 좌파(LÉNK +0.6%, KPL -1.6%)의 성과는 미미했다. 이것은 계급투쟁이 미미한 상황에서 좌파의 성장이 다른 비주류 정당에게 억제당하고 추월당한 경우이다.

- 사민당과 좌파의 하락과 극우 성장형: 스웨덴, 핀란드, 노르웨이

다당제에 기반한 양블록제 하에서 미약한 녹색당을 앞질렀던 좌파가 사민당의 하위 파트너가 되어 동반 하락하면서 극우가 성장하는 유형이다.

스웨덴:

다당제인 스웨덴은 중도좌파(사회민주노동자당, S/SAP)와 중도우파(근대연합당, M)가 주도하는 양블록제이다. 1994-06년까지 사회민주노동자당이 좌파당(V)의 지지를 받아 집권했다. 2006-14년에는 중도우파연합이었고, 2014년 이후에는 다시 중도좌파연합(사회민주노동자당과 녹색당)이 좌파당의 지지를 받아 집권하고 있다.

<표 16>과 <그림 13>를 보면, 중도좌파인 사회민주노동자당(S)은 계속 하락하고 있는데, S와 직접적 경쟁관계에 있는 중도우파인 근대연합당(M)은 2002년 이후 동반 하락하고 있다. 좌

표 16: 스웨덴 의회 선거의 정당별 득표율(%)

		1994(a)	1998	2002	2006	2010	2014	2018(b)	b-a
C	RE	7.7	5.1	6.2	7.9	6.6	6.1	8.6	0.9
KD(KDS)	EPP	4.1	11.8	9.1	6.6	5.6	4.6	6.3	2.2
M	EPP	22.2	22.7	15.3	26.2	30.1	23.3	19.8	-2.4
S	S&D	45.4	36.6	39.9	35	30.7	31	28.3	-17.1
MP	G	5	4.5	4.6	5.2	7.3	6.9	4.4	-0.6
V	L	6.2	12	8.4	5.9	5.6	5.7	8	1.8
SD	ECR	0.3	0.4	1.4	2.9	5.7	12.9	17.5	17.2
FP/L	RE	7.2	4.7	13.4	7.5	7.1	5.4	5.5	-1.7
투표율		86.8	81.4	80.1	82	84.6	85.8	87.1	
		S <V	S <V	S <V	M+C+FP+KD	M+C+FP+KD	S+G < V	S+G < V	

S: Social Democratic Workers' Party; M: Moderate Coalition Party; SD: Sweden Democrats; MP: Environment Party The Greens(1991: Environment Party. MP); C: Centre Party; V: Left Party; FP: Liberal People's Party; KD: Christian Democrats(1991: Christian Democratic Society Party. KDS). © 2018 Wolfram Nordsieck. Source: www.parties-and-elections.eu.

그림 12: 스웨덴 의회 선거의 정당별 득표율 추세

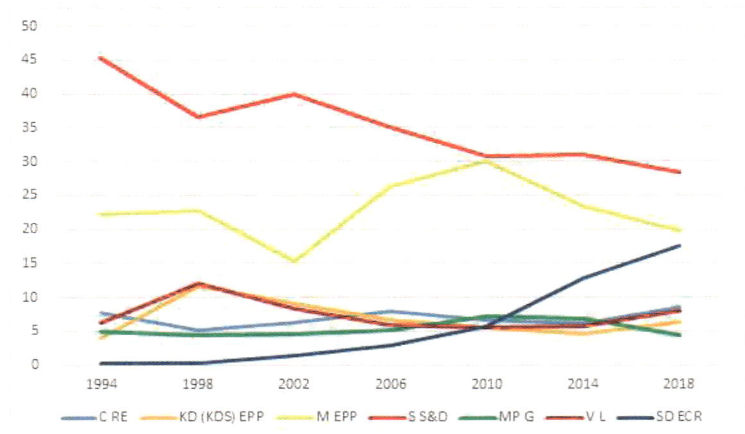

파당은 1998년에만 성장했을 뿐 계속 하락추세에 있고, 2010년까지 기민당(KDS)은 S의 성장과 역관계였지만 이후 S와 동반 하락하고 있고, 그 후에는 극우에 가까운 보수우파(ECR)인 스웨덴민주당(SD)이 주류정당의 이탈표를 수렴하면서 급격하게 성장하고 있다. 좌파는 1990년대의 성장을 유지하지 못하고 집권당인 S의 하위 파트너로서 계속 하락하였고, 경제위기 이후에는 보수우파의 성장에 막혔다.

"복지의 삭감이나 사유화를 추진한 사민당에 대해 우파는 '보다 나은better 사민당'으로 나서면서 사민주의적 헤게모니를 굳히고 있다. 이것은 무조건적인 복지국가에서 노동 수행에 대한 조건적 지지인 '복지 대신 노동복지'workfare instead of welfare를 의미하는 사회적 국가social state 정책으로 이동한다." 2010년 좌파당(V)은 사회민주노동자당(S)과 녹색당(G)과 함께 선거연합을 만들었고, 우파정권에 대항해 사회민주노동자당과 함께 하는 적녹연합을 추진하고 있다(Steiner 2012).

스웨덴의 선거 역시 집권당 심판의 성격이 짙고, 중도좌파의 하락에도 불구하고 좌파가 대안세력으로 인식되지 못함에 따라 사회적 불만을 극우나 보수우파가 수렴하는 경우다. 녹색당의 지지는 큰 변화가 없지만 경제위기 이후 극우가 앞서고 좌파는 이들과 경합하고 있다.

핀란드:

핀란드도 스웨덴처럼 전형적인 스칸디나비아 5당 체제로 이루어진 다당제였고, 중도, 중도우파, 사민당이 3강을 이루면서 다양한 집권연합이 있었다. "1990년 핀란드 공산당(CPF)과 유로코뮤니스트 경향인 '핀란드 인민을 위한 민주동맹'(Democratic League for the Finnish People/DLFP)과 민주대안(Democratic Alternative)이 합당한 좌파동맹(Left Alliance/VAS)은 1995년부터

표 17: 핀란드 의회 선거의 정당별 득표율(%)

		1995 a	1999 b	2003 c	2007 d	2011 e	2015 f	2019 g	g-a	e-d	f-e	g-f
KESK	C	19.4	22.4	24.7	23.1	15.8	21.1	13.8	-5.6	-7.3	5.3	-7.3
KOK	CR	17.9	21	18.6	22.3	20.4	18.2	17	-0.9	-1.9	-2.2	-1.2
SFP	CR	5.1	5.1	4.6	4.5	4.3	4.9	4.5	-0.6	-0.2	0.6	-0.4
SDP	SD	28.3	22.9	24.5	21.4	19.1	16.5	17.7	-10.6	-2.3	-2.6	1.2
VIHR	G	6.5	7.3	8	8.5	7.2	8.5	11.5	5	-1.3	1.3	3
VAS	L	11.2	10.9	9.9	8.8	8.1	7.1	8.2	-3	-0.7	-1	1.1
PS(SMP)	FR	1.3	1	1.6	4.1	19	17.6	17.5	16.2	14.9	-1.4	-0.1
KD(SKL)	R	3	4.2	5.3	4.9	4	3.5	3.9	0.9	-0.9	-0.5	0.4
Åland	R	0.4	0.4	0.4	0.5	0.4	0.4	0.4	0	-0.1	0	0
투표율		68.6	65.3	66.7	65	67.4	66.9	68.7				
		SD+ KOK+ VAS+ SFT+G	C+SD+ SFP	C+SDP +SFP	C+KOK	KOK+ SDP+ VAS+G +SFP+ KD	C+F+ KOK	SD+C+ G+VAS +SFP				

KESK: Centre of Finland; KOK: National Coalition Party; PS: True Finns(1995: Rural Party of Finland. SMP); SDP: Social Democratic Party of Finland; VIHR: Green League; VAS: Left Alliance; SFP: Swedish People's Party in Finland(1995-2007: Swedish People's Party. SFP); KD: Christian Democrats of Finland(1995-1999: Christian League of Finland. SKL). © 2019 Wolfram Nordsieck. Source: www.parties-and-elections.eu.

그림 13: 핀란드 의회 선거의 정당별 득표율 추세

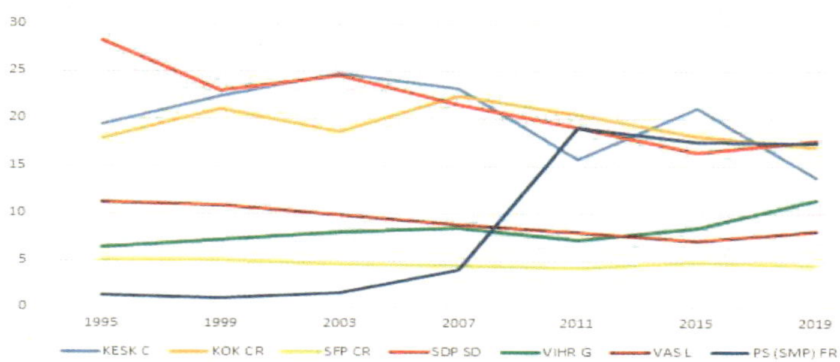

2003년까지 사민당과 녹색당, 온건 보수정당과 함께 소위 레인보우Rainbow 정부에 참여했다. 레인보우 정부는 신자유주의 정책을 추진하였고 강경파는 당에서 쫓겨났다"(Kontula and Kuhanen 2012).

<표 17>과 <그림 13>에서 보듯, 1995-2019년 사이 사민당(-10.6%)이 계속 하락하는 가운데 좌파(VAS, -3.%)도 동반 하락했다. 2011년 구제금융을 받았고 이때 극우(+14.9%)가 급성장했다. 2015년에 성립된 우파연합에 이은 2019년 선거에서 사민당(+1.2%)과 좌파동맹(VAS, +1.1%)이 약간 회복하고 녹색당(+3%)이 성장하면서 좌파연합정부가 이루어졌다. 대안정당으로 인식되지 않는 좌파동맹은 경제위기의 기간 동안 전혀 성장하지 못했고, 주류정당에 대한 불만은 극우와 녹색당이 수렴했다.

노르웨이:

다그 싸이어스타드(Dag Seierstad)에 따르면, 1961년 나토가입과 핵무기 경쟁에 반대하여 노동당 좌파가 사회주의인민당(Socialist Peoples' Party/SF)을 창당했다. 1972년 EU 가입을 묻는 국민투표가 부결되자 EU에 비판적인 노동당 당원들과 공산당(NKP) 탈퇴파, 환경과 여성운동 활동가들이 SF에 가입하여 사회주의좌파당(Socialist Left Party/SV)을 창당했다. 우파와 중도좌파의 경쟁구도이다. SV를 제외한 우파와 중도정당들은 1980년대 초반부터 탈규제와 사유화 등 신자유주의를 추진하였다. 중도와 좌파는 환경이나 개발원조와 이민자 연대 등에서 동일한 입장이다. 노조는 SV와 협력하여 좌파연합을 하도록 노동당을 압박하고 있다. 2005년 선거연합인 적녹동맹red-green alliance이 이루어지고 2009년에도 추진되었고, 중도와 좌파[centre-left, 중도좌파와 좌파 연립] 정부가 승리했다(Seierstad 2012).

<표 18>과 <그림 14>에서 보듯, 1993-2017년 사이에 노동당(AP, -9.5%), 중도당(SP, -6.4%), 기민당(KRF, -7.9%)이 하락

표 18: 노르웨이 의회 선거의 정당별 득표율(%)

		1993	1997	2001	2005	2009	2013	2017	2017-1993
H	R	17	14.3	21.2	14.1	17.2	26.8	25	8
SP	C	16.7	7.9	5.6	6.5	6.2	5.5	10.3	-6.4
KRF	CR	7.9	13.7	12.4	6.8	5.5	5.6		-7.9
AP(DNA)	S&D	36.9	35	24.3	32.7	35.4	30.8	27.4	-9.5
MDG	G	0.1	0.2	0.2	0.1	0.3	2.8	3.2	3.1
SV	L	7.9	6	12.5	8.8	6.2	4.1	6	-1.9
FRP	NR	6.3	15.3	14.6	22.1	22.9	16.3	15.2	8.9
R(RV)	L	1.1	1.7	1.2	1.2	1.3	1.1	2.4	1.3
V	CR	3.6	4.5	3.9	5.9	3.9	5.2	4.4	0.8
투표율		75.9	78.3	75.5	77.1	75.7	78		

AP: Labour Party(1993-2009: Norwegian Labour Party, DNA); H: Right; FRP: Progress Party; KRF: Christian People's Party; SP: Centre Party; V: Left; SV: Socialist Left Party; MDG: Environment Party The Greens; R: Red(1993-2005: Red Election Alliance, RV). © 2017 Wolfram Nordsieck. Sauce: www.parties-and-elections.eu.

그림 14: 노르웨이 의회 선거의 정당별 득표율 추세

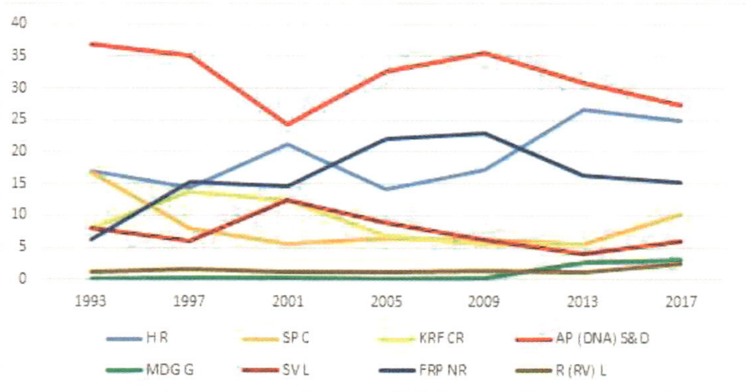

하는 동안, 그 성과는 보수우파(FRP, +8.9%)와 우파(H, +8%)가 수렴하였고, SV는 2001년(12.5%)에 피크에 달한 뒤 2013년(4.1%)까지 계속 하락하였다. 녹색당이 미약한 가운데 SV 역시 사민당의 하위 파트너로서 경제위기의 불만을 전혀 수렴하지 못하고 있다.

- 사민당의 상대적 건재와 비주류정당 각축형: 포르투갈, 덴마크, 스페인

이 유형은 좌파의 성장이 있긴 했지만 사민당이 건재한 경우다. 좌파정치의 성장은 지지계층을 공유하는 사민당 지지기반의 침식이 있어야 한다. 따라서 이들 나라의 좌파의 성장은 좌파정치의 전진보다는 주로 생태나 반부패 등 비계급적 호소에 더 많이 힘입은 것으로 추정할 수 있다.

포르투갈:

민주화 이행기에 포르투갈의 정치지형은 장기간의 반독재투쟁 속에서 살아남아 조직노동 운동을 장악한 공산당(PCP)과 노동운동에 별 영향력이 없는 군소 좌파세력이 있었고, 후자는 여성주의를 비롯한 사회운동에 개입했고, 때로는 선거연합을 만들기도 하였다. 그리고 민주화 이행이 23년이 지난 1998년이 되어서도 낙태 비범죄화를 쟁취해내지 못한 좌파의 무능력에 대한 반성이 새로운 당건설의 기획으로 이어졌다. 새로운 당(Bloco de

Esquerda/Left Block: BE)은 애초부터 마오주의(UDP), 트로츠키주의(PSR), 유로코뮤니스트 경향인 스탈린주의 이탈파(Política XXI)라는 3개의 정치조직이 모인 만큼 이데올로기적인 동질성은 추구할 수 없었고, 따라서 다원주의의 승인과 민주집중제의 폐기는 당연한 수순이었다(Sousa and Costa 2011).

긴축정책을 시행하던 2009년 사회당(PS) 소수파 정부는 2009년 이자율이 치솟자 국제기구에 지원을 요청하고 2011년 5월 긴축(사유화, 노동시장의 탈규제와 임금동결, 공공부문 종사자의 축소 등)을 강요하는 양해각서를 체결하였다(Freire and Lisi 2016).

<표 19>와 <그림 15>에서 보듯, 중도우파(사민당(PSD)+인민당(CDS-PP))와 사회당(PS)이 교대로 집권하는 양블록 체제이고, 전형적인 집권당 심판 유형이고, 2강 체제는 굳건하다. 중도우파에 대한 심판이었던 2005년 선거에서 사회당(PS, +7.2%)과 좌파블록(BE, +3.6%)이 성장했고, 사회당 정권에 대한 심판이었던 2009년 선거에서 중도우파인 인민당(CDS-PP)과 좌파블록(BE) 등 모든 야당이 성장했다. 2011년 부채위기로 인한 사회당 정권 심판 때엔 사회당(-8.5%)과 좌파블록(-4.6%)의 지지율이 축소됐고, 2015년 중도우파 심판 시 사회당(+4.2%)과 좌파블록(+5%)이 지지율을 회복했다.

좌파블록(BE)은 창당 후 20년 동안 10%의 지지를 받는 중소정당으로 성장했지만, 2010년 이후의 부채위기 때 성장하지 못했고, 중도우파와 사회당의 양당체제는 굳건하고 공산당(PCP)은 답보상태다. 녹색당과 극우의 도전은 아직 약하다. “포르투갈노동자총연맹(CGTP)이 시민사회에 대한 공산당(PCP)의 전달벨트

표 19: 포르투갈 의회 선거의 정당별 득표율(%)

		1999 a	2002 b	2005 c	2009 d	2011 e	2015 f	2019 g	g-a	c-b	d-c	e-d	f-e	g-f
PSD	EPP	32.3	40.1	28.7	29.1	38.7	32.1	27.8	-4.5	-11.4	0.4	9.6	-6.6	-4.3
CDS-PP	EPP	8.3	8.8	7.3	10.4	11.7	6.5	4.2	-4.1	-1.5	3.1	1.3	-5.2	-2.3
PS	S&D	44.1	37.9	45.1	36.6	28.1	32.3	36.3	-7.8	7.2	-8.5	-8.5	4.2	4
PAN	G					1	1.4	3.3	3.3	0	0	1	0.4	1.9
BE	L	2.4	2.8	6.4	9.8	5.2	10.2	9.5	7.1	3.6	3.4	-4.6	5	-0.7
PCP/ CDU	L/G	9	7	7.6	7.9	7.9	8.3	6.3	-2.7	0.6	0.3	0	0.4	-2
CHEGA	FR							1.3	1.3	0	0	0	0	1.3
기타		4	3.4	4.9	6.2	7.4	9.2							
투표율	%	61.1	62.8	65	59.7	58.1	55.9	48.6						
		PS	PSD+ CDS- PP	PS	PS	PSD+ CDS- PP	PS<BE +PCP +G	PS						

PaF: Portugal Ahead - PSD, CDS-PP; PS: Socialist Party; BE: Left Bloc; CDU: Unitary Democratic Coalition; PAN: People-Animals-Nature; PSD: Social Democratic Party; CDS-PP: People's Party. © 2019 Wolfram Nordsieck. Source: www.parties-and-elections.eu.

그림 15: 포르투갈 의회 선거의 정당별 득표율 추세

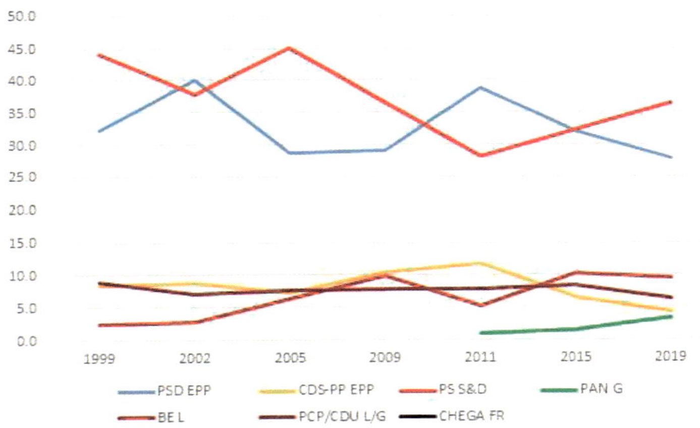

임에 반해 좌파블록은 노조의 기반이 없다. 양대 노총(CGTP와 UGT)은 긴축정책에 반대하고 위기 동안 중요한 동원기구였다. 시위는 30만 명 이상이 참여한 2011-12년에 정점에 달하고 그 후 감소했다"는 앙드레 프레이레와 마르코 리지(André Freire and Marco Lisi 2016)의 평가처럼, 대중의 동원은 짧고 강력하지 않았다. 경제위기 이전과 이후(2009-15년)의 좌파의 비중은 큰 변화가 없다.

좌파블록이 사회당의 성적과 동조화되고 있는 것은 사회당의 대안세력으로 인식되지 않기 때문이다. 좌파블록의 성장은 낙태 비범죄화 투쟁과 동성애 합법화 투쟁에 힘입은 바 크다.

덴마크:

잉어 비 요한센(Inger V Johansen)에 따르면, 친소련적인 공산당(DKP)에서 1959년 사회주의인민당(Socialist People's Party/SF)이 분당하고 1967년 SF에서 신좌파당인 좌파사회당(VS)이 분당했다. 1989년 DKP는 2%의 문턱을 넘기 위해 VS와 제4인터내셔널 계열의 사회주의노동자당(Socialist Workers' Party/SAP)과 선거연합인 적녹동맹(RGA/EL: Enhedslisten-De Rød-Grønne /Unity List-Red-Green Alliance)을 구성하였고, 1991년 개인 가입을 허용하고 마오주의자들을 받아들였고 1994년 의회에 진출했다. 사민당(SD/S)은 90년대 중반부터 신자유주의적 공격을 시작했고, 2001년 우파의 집권으로 이어졌다. 2011년 RGA는 우파정부를 종식시키기 위해 SD, SF, RV(Radical Liberals)로 이루어진 중도좌파정부를 지지했다(Johansen 2012).

자유당(V)과 사민당(S)이 이끄는 양 블록이 경쟁한다. 극우인 덴마크인민당(DF)은 일찍부터 성장하여 중도-우파 블록을 지지해왔다. <표 20>과 <그림 16>에서 보듯, 적녹동맹(RGA/EL)은

2011년 2.2%에서 6.7%로 급속히 성장한 후 정체되어 있다. 2011년 선거는 2001년부터 계속된 중도우파연합을 저지하는 선

표 20: 덴마크 의회 선거의 정당별 득표율(%)

		1998 a	2001 b	2005 c	2007 d	2011 e	2015 f	2019 g	e-d	f-c	g-a
KF	EPP	8.9	9.1	10.3	10.4	4.9	3.4	6.6	-5.5	-6.9	-2.3
V	RE	24	31.3	29	26.2	26.7	19.5	23.4	0.5	-9.5	-0.6
RV	CR	3.9	5.2	9.2	5.1	9.5	4.6	8.6	4.4	-4.6	4.7
S	S&D	36	29.1	25.8	25.5	24.9	26.3	25.9	-0.6	0.5	-10.1
SF	G/E	7.5	6.4	6	13	9.2	4.2	7.7	-3.8	-1.8	0.2
EL	GUE/ NGL	2.7	2.4	3.4	2.2	6.7	7.8	6.9	4.5	4.4	4.2
DF	ID	7.4	12	13.3	13.9	12.3	21.1	8.7	-1.6	7.8	1.3
A	G						4.8	3	0	4.8	3
LA(NA)	RE				2.8	5	7.5	2.3	2.2	7.5	2.3
KD(KRF)	EPP	2.5	2.3	1.7	0.9	0.8	0.8	1.7	-0.1	-0.9	-0.8
CD		4.3	1.8	1	-	-	-				
FRP		2.4	0.6	-	-	-	-				
기타		0.4	0	0.3	0	0.1	0.1				
		S	V+KF< DF	V+KF< DF	V+KF< DF	S+SF+R V<EL	V<KF+ LA+DF	S+V+ SF+EL			

S: Social Democracy in Denmark; DF: Danish People's Party; V: Left, Liberal Party of Denmark; EL: Unity List-The Red-Greens; LA: Liberal Alliance(2007: New Alliance, NA); RV: Radical Left; SF: Socialist People's Party; KF: Conservative People's Party; KD: Christian Democrats(1998-2001: Christian People's Party, KRF); CD: Centre Democrats; FRP: Progress Party. © 2019 Wolfram Nordsieck. Source: www.parties-and-elections.eu.

그림 16: 덴마크 의회 선거의 정당별 득표율 추세

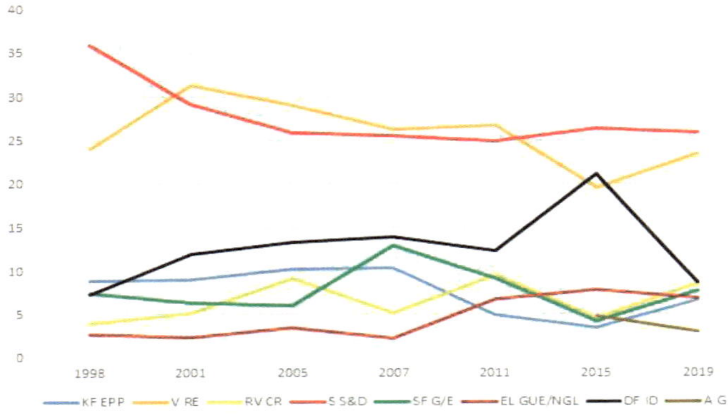

거였는데 이 선거에서 보수우파(KF, -5.5%)와 녹색당(SF, -3.8%)의 지지가 줄고 자유주의 우파(V, 4.4%)와 좌파(RGA, +4.5%)의 지지가 증가했다. 2015년 극우인 인민당(DF)이 크게 성장했고, 2019년 선거에서 DF, SF, RGA는 경합했다. RGA는 좌파였다가 녹색당으로 전향한 SF와 경쟁관계이고 2011년 선거에서의 성장은 경제위기와 긴축에 대한 불만층을 수렴한 것으로 보인다. 특이한 점은 2005-15년 사이 사민당의 지지는 안정적인데(+0.5%), 자유당(-9.5%)과 중도우파인 보수인민당(KF, -6.9%)의 하락을 극우(DF, +7.8%)와 녹색당(Å: The Alternative, +4.8%), 좌파(RGA, +4.4%)가 수렴한 점이다.

요약하면 RGA가 경제위기 시에 지지를 늘리기는 했지만 사민당이 안정되어 있는 가운데 극우나 녹색당, 보수우파와 경쟁하는 모습을 보이고 있다. 그 이유는 최근 선거에서 이주민 문제나 기후위기-온실가스 감축 등 생태문제가 전면에 나서고, 사민당 왼편의 당들이 이 주제를 놓고 경쟁하기 때문이다. 즉 좌파당 지지의 확장 여부와는 별개로 계급정치가 전면화되고 있지 않다.

특히 RGA의 생태강령을 보면 녹색당보다 더 철저한 생태정당을 지향하면서 기후정의와 탄소제로 사회를 위해 화석연료 생산의 중단, 대중교통의 무료화, 전기차 구매 지원금 등을 제시한다(Søndergaard 2019). 그런데 이 강령에는 반자본의 입장이 없다. 오늘날 많은 나라에서 탄소제로 사회로의 전환을 위해 새로운 에너지의 생산과 소비에 많은 자금을 배분하고 있고, 전기차나 태양광 발전, AI 등 많은 산업이 국가의 지원으로 육성되고 있다. 그런데 그린 뉴딜Green New-Deal이 자본가 기업의 블루오션이 되도록 방치할 것인지 사회적 투자에 따른 사회화된 기업을 창출할 것인지는 중요한 문제다. 물론 덴마크처럼 자동차 기업 등 제조업이 약하고 많은 공산품을 수입하는 소규모 경제의 한계는 있겠지만, 재정 혹은 공적자금의 성과가 사회적으로 공유되어야 한다는 발상은 탄소제로 사회와 AI 등 4차 산업사회로의 전환이 시작되고 있는 시점에서 매우 중요하다. 오늘날 많은 자본가 기업들이 국가 보조금으로 육성되고 지지되고 있는 현실 때문에 더욱 그렇다.

스페인:

스페인은 사민당의 희생으로 좌파가 성장한 경우에 해당되지만, 최근 극우에게 추월당했고 사민당은 여전히 건재한 매우 독특한 유형의 국가이다.

도미닉 하일리히(Dominic Heilig 2012)에 따르면, 민주화 이후 중도좌파인 사회주의노동자당(PSOE)과 중도우파인 인민당(PP)의 양극화 속에서 최대 노조인 노동자위원회(Workers' Commissions: CC. OO.)의 지지를 받는 공산당(PCE)의 지지율은 감소해왔다. 통합좌파(Izquierda Unida/United Left: IU)는 NATO 가입반대 세력이 선거연합을 거쳐 1992년 등록한 우산정당이고, 그 속에 수많은 좌파, 공산주의자, 생태운동당이 결합하고 있고, 공산당(PCE)이 유일한 전국적 기반을 갖는 조직이다. 스페인은 1986년 EC 가입 후 독일의 경제기적과 같은 경제성장을 경험했다. EU의 구조조정자금은 스페인의 계급적 프롤레타리아의 해체에 기여하고 공산당은 자기 기반의 상당 부분을 잃었다. 스페인은 2011년 경제위기에 들어갔다. 부동산 거품이 폭발하고 2008년 30만 가구가 퇴거되었다. 실업자는 2008년 2백만 명에서 2011년 22%, 440만 명에 달했다. 사회주의노동자당(PSOE) 정부는 교육, 건강, 연금, 공적서비스, 임금을 감축했고, 연금수령 연령을 65세에서 67세로 연장했다(Heilig 2012).

<표 21>과 <그림 17>에서 보듯, 스페인은 중도우파인 인민당(PP)과 중도좌파인 사회주의노동자당(PSOE)이 번갈아 집권해 왔지만 금융위기 전인 2008년부터 2019년 11월 사이에 각각 -19.1%, -15.5%로 양당의 비중은 크게 축소되었다. 이 하락분은 극우에 가까운 민족우파인 복스(VOX, 소리voice라는 뜻)(+15.1%), 좌파연합인 UP(IU+Podemos, +12.8%) 그리고 중도우파인 씨우다다노스(Ciudadanos/C's, 시민이란 뜻, +6.6%)가 흡수하였다. 2011년 선거는 금융위기를 가져온 PSOE에 대한 심판(-15.1%)이었고 야당이었던 PP(+4.7%)와 공산당과 좌파의 선거연합인 IU(+3.1%)의 지지가 상승했다. 2015년 경제위기에 대한 심판은 주류 양당인 PP(-15.9%)와 PSOE(-6.8%)의 하락을 가져왔고, 뽀데모스(Podemos, '우리는 할 수 있다'(We Can)는 뜻)(+20.7%)와 C's(+13.9%)가 지지를 수렴했다. 2019년 두 번의 선거는 여당에 대한 심판이었고 PP(-12.2%)와 C's(-6.3%)가 하락하고, 야당이었던 PSOE(+5.4%)가 약간 상승하고 VOX(+14.9%)가 급상승한 반면, UP(-8.4%)는 추락하였다.

2016년 총선에서 IU와 Podemos는 인민당(PP)의 집권을 종

표 21: 스페인 의회 선거의 정당별 득표율(%)

		2004 a	2008 b	2011 c	2015 d	2016 e	2019I f	2019II g	g-b	c-b	d-c	g-e
PP	EPP	37.7	39.9	44.6	28.7	33	16.7	20.8	-19.1	4.7	-15.9	-12.2
Cs	RE		0.2		13.9	13.1	15.9	6.8	6.6	-0.2	13.9	-6.3
PSOE	S&D	42.5	43.9	28.8	22	22.6	28.7	28	-15.9	-15.1	-6.8	5.4
ERC	G	2.5	1.2	1.1	2.4	2.6	3.9	3.6	2.4	-0.1	1.3	1
IU(...)	L	5	3.8	6.9	3.7	UP	UP		-3.8	3.1	-3.2	
PODEMOS (UP)	L				20.7	21.2	14.3	12.8	12.8	0	20.7	-8.4
EHB (AMAIUR)	L			1.4	0.9	0.8	1	1.2	1.2	1.4	-0.5	0.4
VOX	ECR				0.2	0.2	10.3	15.1	15.1	0	0.2	14.9
JxCat (CDC, ...)	NI	3.2	3	4.2	2.3	2	1.9		-3	1.2	-1.9	-2
EAJ-PNV		1.6	1.2	1.3	1.2	1.2	1.5		-1.2	0.1	-0.1	-1.2
COM.		-	-	0.5	POD.	UP	0.7					
CC-PNC(...)		0.9	0.7	0.6	0.3	0.3	0.5	0.5	-0.2	-0.1	-0.3	0.2
UPN(NA+)		PP	PP	PP	PP	PP	0.4	0.4				
BNG		0.8	0.8	0.8	0.3	0.2	0.4	0.5	-0.3	0	-0.5	0.3
PRC		-	-	0.2	-	-	0.2	0.3				
UPD		-	1.2	4.7	0.6	0.2	-					
기타		5.8	4.1	4.9	2.8	2.6	3.6					
투표율		75.7	73.8	68.9	69.7	66.5	71.8	69.9				
		PSOE	PSOE	PP	PSOE+C's	PP-C's		PSOE				

PSOE: Spanish Socialist Workers' Party; PP: People's Party; Cs: Citizens-Party of the Citizenry; PODEMOS: We Can(2016-2019: United We Can, UP); VOX: Vox; ERC: Republican Left of Catalonia; JxCat: Together for Catalonia(2004-2011: Convergence and Union, CiU; 2015: Democracy and Freedom, DL; 2016: Democratic Convergence of Catalonia, CDC); EAJ-PNV: Basque Nationalist Party; EHB: Basque Country Gather(2011: Amaiur); COMPROMÍS: Compromise Coalition; CC-PNC: Canarian Coalition-Canarian Nationalist Party(2004: Canarian Coalition, CC; 2011: Canarian Coalition-New Canarias, CC-NC); UPN: Navarrese People's Union(2019I: Sum Navarre, NA+); BNG: Galician Nationalist Bloc; PRC: Regionalist Party of Cantabria; IU: United Left(2011: Plural Left, IP; 2015: Popular Unity, UP); UPD: Union, Progress and Democracy. © 2019 Wolfram Nordsieck. Source: www.parties-and-elections.eu.

그림 17: 스페인 의회 선거의 정당별 득표율 추세

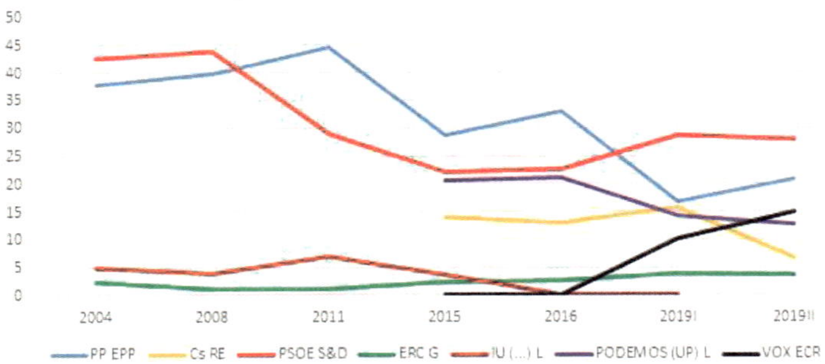

식시키고 사회주의노동자당(PSOE)을 주변화시키기 위해 선거연합인 우니다스 뽀데모스(Unidas Podemos/UP(United We Can)로 임했다. UP는 2016년과 2019년 총선에서 각 21.2%, 14.3%를 얻었다. 2019년 11월 총선에서 UP(21.2%->12.8%)와 C's(13.1%->6.6%)의 지지는 하락하고 VOX(0.2%->15.1%)가 급성장했다. 2019년 4월 총선에서 VOX(+10.1%)의 급성장은 PP(-16.3%)와 UP(-6.9%)의 하락 속에서 이루어졌다. 즉 극우에 가까운 민족우파인 VOX는 우파와 좌파의 지지를 잠식했다. 2015년 Podemos 상승의 배후에 '분노한 자들'Indignados 운동(15-M 운동)이 있었던 것은 확실하고, 2019년 선거 때는 카탈루냐 독립투쟁 등의 갈등이 있었는데 Podemos의 입장은 진보적이지 않았다. VOX는 경제적 불만을 배외적인 입장에서 수렴하는 유일한 세력으로서 지지를 결집한 것으로 보인다.

그런데 라클라우가 말하는 포퓰리즘 전략이 좌파의 전략으로 유효한지 그리고 가치가 있는지는 별론으로 하더라도, Podemos의 전략과 실천은 의심스럽다.

먼저 스페인의 금융위기는 2010년부터 시작되었고, 2011년 5월에 15-M 운동이 시작되고 11월에 총선이 있었다. 이 선거에서 "PP는 다수당이 되었다. PSOE는 전 선거에 비교하여 400만 표를 잃었는데 60만은 PP로 갔고, 200만은 그냥 사라졌다"는 하일리히(2012)의 평가처럼 2011년 선거는 금융위기를 가져온 PSOE에 대한 심판(-15.1%)이었고 야당이었던 PP(+4.7%)와 공산당과 좌파의 선거연합인 IU(+3.1%)의 지지가 상승했다.

2011년 IU(6.9%)의 실적과 비교하여 2015년 IU(3.7%)와 Podemos(20.7%)의 성적을 비교하면 Podemos의 성장이 포퓰리즘 때문이었는지는 별론으로 하더라도 IU보다 Podemos의 흡입력이 훨씬 더 크다는 것을 알 수 있다. 그런데 2016년과 비교하여 2019년 두 번의 총선에서 IU와 Podemos의 선거연합인 UP의 성적이 21.2%-> 14.3%-> 12.8%로 추락한 사정에 대하여는 학자마다 평가가 다르다.

루이스 라미로(Luis Ramiro 2016)는 "Podemos는 가끔 시민적 민족주의적 언사를 사용한다. Podemos는 득표 최대화를 우선하기 때문에 온건하거나 비이념적 유권자를 소외시킬 수 있는 분명한 입장을 취하는 것을 피해왔다. 모든 계층 획득전략 catch-all strategy을 취해왔다"는 점을 Podemos의 취약점으로 지적한다. 류크 스토바르트(Luke Stobart 2016) 역시 "민족주의적 포퓰리스트적인 언사로 틀지워진 윤리적 정치를 통해 다수를 획득하려는 Podemos의 전술은 카탈루냐 민족주의에 대한 적대적인 반응에서 나온 새로운 경쟁자인 Ciudadanos에게 문을 열었다. 젊고 잘생긴 이 당은 우익의 경제적 방책(의료의 부분적 사유화)과 권위적인 내외의 정책을 옹호하면서 부패방지를 강령의 중심으로 삼고 있다. Ciudadanos(C's)는 Podemos와 PP의 표를 잠식하면서 성장했다"고 평가한다. 즉 Podemos의 지지가 중도우파인 C's와 민족우파인 VOX에게 잠식당했다는 것은 Podemos의 지지층이 좌파정치의 지지층만으로 이루어져 있지 않다는 것을 의미한다. 따라서 "Podemos 투표자의 1/3이 2009년 유럽의회 선거에서 PSOE에 투표했고, 이데올로기적으로 IU와 PSOE 사이에 위치한다"는 하일리히(2016)의 평가는 과도한 것이다.

Podemos는 2014년 1월 창립총회에서 지도부의 제안의 통과를 쉽게 하는 온라인 결정을 택했고, 하향식 당이 되었다. 창립총회 때 112,000명이던 당원은 2015년 여름 53,000명으로 축소되었다(Stobart 2016). Podemos를 포퓰리즘 기획으로 분석하는 알렉싼드로스 키윺키올리스(Alexandros Kioupkiolis) 역시 Podemos의 실패의 배경에 당의 사당화, 수직주의, 관료화, 대중성의 침식을 거론한다. 특히 그는 관료화의 예로서 시민들의 참여와 동원의 결여, 당의 지역적 기반의 부족, 반기득권층과 반특권층 담론의 완화, 이데올로기적 애매함과 정치적 기회주의, 확신을 줄 수 있는 정치적 프로그램의 결여, 2015년 후반의 사민주의의 수용, 전통적 좌파와의 선거연합, 급진적이고 진보적인 포퓰리즘으로부터의 이탈을 들고 있다(Kioupkiolis 2019).

먼저 그의 주장 중 "경제적 위기와 국가의 신자유주의 정책들로부터 나온 사회적 요구들의 다양성(사회복지와 사회적 권리의 방어, 긴축정책의 종식, 인민주권)은 민주주의라는 '빈 기표'empty signifier의 주위에 단일한 등가의 연쇄를 가져왔다"는 해석은 이상하다. "사회복지와 사회적 권리의 방어, 긴축정책의 종식"은 다양한 요구들이 아니라 모두 반긴축/반신자유주의 요구이고 인민주권과 민주주의는 이 요구들을 주장하는 근거와 제도 속에서 실현할 방도를 제시한 것일 뿐이다. 즉 15-M 운동은 반긴축 투쟁이고 Podemos의 슬로건은 반긴축 혹은 반신자유주의 요구들을 의회적 다수로 관철하자는 것으로 무슨 등가의 연쇄를 거론할 이유가 없다. 노동자, 농민, 병사들이 빵과 토지와 평화라는 슬로건으로 집결할 때 서로 구분되는 이해와 요구의 등가의 연쇄라고 할 수 있지만, 반긴축 투쟁인 15-M이나 반신자유주의 강령을 가진 Podemos의 경우를 "민주주의라는 '빈 기표'의 주위에 단일한 등가의 연쇄"를 이루었다는 것은 지나치다.

특히 키윤키올리스가 "Podemos의 특성과 대중성을 침식한 전통적 좌파의 입장과의 점진적인 혼합"이나 "전통적 좌파와의 선거연합"을 실패의 배경으로 암시하고 있는 것은 설득력이 없다. 2015년 IU와 Podemos의 득표율(3.7%+20.7%=24.4%)은 2016년 UP의 득표율(21.2%)과 별 차이가 없고 2019년 두 번의 선거 득표율이 14.3%, 12.8%로 반 토막 났다. 만약 좌파 즉 IU와의 선거연합이 하락의 이유였다면 2015년 선거부터 급속히 하락했어야 한다. 특히 "2015년 IU가 공동후보를 제안했지만 Podemos가 거부했다. 선거 후에 전국적인 좌파동맹을 만들 수 없는 Podemos 지도부의 계속되는 무능력 때문에 IU는 선거 직후 녹색당인 에쿠오(Equo)와 Podemos 활동가들과 함께 아호라 엔 꼬문(Ahora en Común/Together Now) 강령을 결성했다. Podemos와 IU가 공동선거한 카탈루냐에서는 제1당, 갈리시아에서는 제2당이 되었다"(Heilig 2016). "2015년 5월 '시민연합들'citizens' coalitions은 5개 대도시 중 4개 도시의 시의회를 점령했다. 시민연합들의 지도부는 주거직접행동운동(PAH) 등 많은 시민운동의 지도자들을 포함하고 있었다. 시민연합들은 Podemos와 공산당(PCE)이 이끄는 통합좌파(IU)를 포함하였고, 후보와 정책은 공개투표로 결정되었다"는 스토바르트(Stobart 2016)의 지적에서 보듯 IU와의 선거연합 즉 좌파와의 결합이 성공적인 성과를 가져온 것은 부인될 수 없는 사실이다.

따라서 2015년 선거에서 보듯 Podemos가 IU보다 대중적 흡입력이 있었다는 점은 인정된다고 하더라도 포퓰리즘이 아니라 좌파적 호소를 결합했기 때문에 실패했다는 주장은 근거가 없다. 왜냐하면 2015년 지방선거에서 보듯 Podemos는 좌파 세력과 결합했을 때 가장 좋은 성과를 얻었기 때문이다. 따라서 Podemos의 성공은 "무엇보다 기성정당의 신뢰의 상실 때문이고, 중간층의 빈곤에 떨어지고 있는 두려움에 의해 작동된 것이다"는 하일리히(2012)의 평가처럼 경제위기 나아가 긴축과 신자유주의에 대한 대중의 불만과 불안을 수렴한 것이다. 그리고 Podemos가 탈계급적인 포퓰리스트적 호소 때문에 C's와 VOX에게 지지층을 잠식당한 것은 포퓰리즘 전략의 유효성과 가치를 의심하게 만든다.

이상으로 살펴본 바와 같이, 스페인은 주류정당의 축소에도 불구하고 그 성과는 민족우파/중도/좌파 비주류정당(VOX, C's, Podemos)이 지지를 분점했다. 이 점은 주류정당의 하락 속에서 비주류정당이 경쟁하는 유형으로 볼 수 있다. 그리고 좌파의 성장배경에 15-M 운동과 같은 대중동원이 있었다는 점은 분명한데, 2015년 선거에서 공산당(PCE)이 주도하는 IU 대신 Podemos가 성과를 수렴한 것은 잠재적 지지계층과 결합하는 능력의 차이라고 할 수 있다. 광장을 점거한 '분노한 자들'은 주로 '일자리와 희망이 없는 교육받은 청년들'educated youth without job and hope이었고, 따라서 주로 조직노동자들을 옹호한다는 공산당의 낡은 이미지로는 이들을 수용하기 어려웠다. 그럼에도 Podemos의 지나친 의회주의, 사당화, 좌파적 가치와 정책의 포기 등등은 좌파정당이나 반긴축 정당으로서의 매력을 손상시켰다. 이런 퇴보가 중도우파인 C's와 민족보수인 VOX가 성장할 여지를 주었고, PSOE의 부활을 가져왔다. 따라서 스페인의 경우는 Podemos의 성장이 있었긴 하지만 좌파정치가 진정한 전진을 이룬 경우라고 하기 어렵다. 계급적 관점을 버린 Podemos가 비계급적 세력에게 지지를 침식당한 사실은 급진민주주의 전략이나 탈계급적 포퓰리즘 전략을 회의하게 만든다.

5-4. 소결

2차대전 후 서구에서는 반파쇼/반독재 투쟁의 위신에 힘입어 공산당이 일시적으로 위신을 가졌지만 공산당은 오직 남부유럽에서만 살아남았다. 다당제이자 양블록제인 북부유럽에서 노조의 지지를 독점한 사민당은 좌파를 포용하였고, 중부유럽에서는 냉전의 영향은 물론 노조의 지지를 중도우파와 나누어 가진 사민당이 좌파를 배제했다. 남부유럽에서는 권위주의적이고 보수적인 우파가 강력한 가운데 반파쇼/반독재 투쟁의 위신에 힘입은 공산당에 대응하기 위해 사민당이 육성되었고, 사민당과 공산당은 노조의 지지를 놓고 경쟁했다. 68혁명과 1970년대 이후 복지국가의 성립과 녹색의제의 성장에도 불구하고 녹색당은 주로 계급운동의 전망을 찾기 어려웠던 중부유럽에서 성장했고, 녹색의제를 선점하여 좌파가 적녹당으로 변신한 북부유럽이나 사회문화적 갈등보다 사회경제적 갈등이 앞서는 남부유럽에서는 성장이 미미하였다. 이처럼 좌파의 성적이 지역별로 다르게 된 이유는 2차대전 후 형성된 노동계급의 지지유형의 차이 때문이다. 그리고 동부유럽에서는 구 공산당 해체유형에 따라 최소한의 정치적 자산을 가진 계승공산당이 있었던 나라들에서만 성장할 수 있었다. 노동계급의 지지나 정치적 자산이란 결국 잠재적 지지계층과 결합할 기회나 능력으로 환원된다

1990년대 이후 사민당은 꾸준히 하락했고, 2008년 경제위기와 그에 이은 경기 대후퇴 시기 많은 나라에서 극우가 가장 큰 성장을 이루었고 녹색당은 정체한 가운데 몇몇 나라에서 좌파의 성장이 이루어졌지만 그 성과는 균등하지 않았다.

1990년대 이후 좌파의 선거실적의 추세를 보면 1990년대 말과 2015년의 두 번의 고점이 있다. 즉 1990년대 후반과 2000년대 초의 성장은 유럽통합 반대, 노동의 탈규제와 복지의 삭감 반대 등 반신자유주의 투쟁에 힘입은 것이다. 독일, 프랑스, 이탈리아, 그리스, 포르투갈 그리고 핀란드를 제외한 북부유럽의 나라들이 해당한다. 2008년 경제위기와 그에 이은 경기 대후퇴 기간 중의 성장 역시 반긴축 투쟁에 힘입은 것이다.

큰 성공을 거둔 그리스, 아일랜드, 아이슬란드의 성장 배경에는 강력한 대중투쟁이 있었고 극우의 도전은 없거나 제약당했다. 경제위기의 영향이 약했던 중부유럽의 독일, 벨기에, 룩셈부르크에서는 대중의 불만에 힘입은 좌파의 성장이 없지는 않았지만, 이주민 문제 등에 대한 배외적 입장을 취하는 유일한 세력인 극

우가 좌파의 성장을 억제하고 앞질렀다. 북부유럽의 스웨덴, 핀란드, 노르웨이에서는 극우가 성장하는 가운데 사민당의 하위 파트너인 좌파는 동반 하락하였다. 한편 사민당이 상대적으로 건재한 포르투갈, 덴마크, 스페인에서는 좌파의 성장이 있긴 했지만 계급정치의 진정한 전진이 있다고 보기 어렵다. 낙태 비범죄화와 동성애 합법화에 앞장선 포르투갈의 좌파블록(BE)과 탄소제로 등 녹색의제에서 가장 철저한 입장을 내세우는 덴마크의 적녹동맹(RGA)의 성장이 사민당의 침식을 수반하지 않았다는 것은 이 당들의 성장이 잠재적인 녹색 지지층의 획득에 힘입은 것으로 보인다.

이처럼 좌파가 다른 세력과 경쟁하는 유형이 달라진 가장 결정적인 요소는 계급투쟁이다. 4-3절의 <표 3>에서 보듯, 사민당의 지지기반은 블루칼라만이 아니라 신중간계급을 포함한 넓은 의미의 노동계급과 중간계급이고, 신구 중간계급은 녹색당의 지지기반이기도 하다. 또한 신자유주의 공격은 넓은 의미의 노동계급과 중간계급 내에 신자유주의 박탈층, 불만층, 불안층을 만들어 내었고 이들은 좌파와 극우의 잠재적 지지기반이다. 즉 사민당의 우경화로 인한 빈 공간은 녹색당과 극우와 좌파가 경쟁하고 있다. 그리고 경제위기에 따른 불만은 좌파만이 아니라 극우도 수렴할 수 있지만 서유럽에서 좌파가 앞선 나라는 계급투쟁이 강력한 경우뿐이다. 그 이유는 배제에 기초한 극우와 연대에 기초한 좌파의 정체성이 다르고 평등과 연대와 같은 좌파의 정체성은 대중의 투쟁 속에서 이루어지기 때문이다

마치와 케이스(2016)는 현시기 대부분의 좌파가 포퓰리즘을

채택하고 있으며, Syriza, Podemos, Sinn Fein의 사례를 들어 경제위기 시 포퓰리스트적인 당이 성장했다고 주장한다. 그러나 트로이카와의 대화와 타협을 내걸고 집권한 Syriza나 반자본이나 반기업이 아니라고 주장하는 Sinn Fein의 경우를 인민과 기득권층의 대립을 고취하는 포퓰리즘으로 성공했다는 주장은 설득력이 없다. 그들은 포퓰리즘을 인민과 기득권의 대립으로 정의하지만 계급이 아니라 인민을 앞세우는 호소를 포퓰리즘으로 보는 듯하다. 그러나 무엇보다도 경제위기 시 성장한 당들은 모두 반긴축을 앞세웠는데 반긴축이야말로 신자유주의 박탈층과 불만층에 대한 가장 계급적인 호소이고 이들의 성장에 강력한 반긴축 계급투쟁이 있었던 것은 부인될 수 없다.

심지어 키윷키올리스(2019)는 "Podemos의 특성과 대중성을 침식한 전통적 좌파의 입장과의 점진적인 혼합"이나 "전통적 좌파와의 선거연합"을 실패의 배경으로 암시하고 있다. 그러나 Podemos는 2015년 지방선거에서 보듯 계급세력과 결합했을 때 가장 좋은 성적을 내었고 계급적 호소를 약화시켰을 때 C's와 VOX에게 침식당했다. 특히 프랑스의 2018년 결선투표에서 보듯 극우인 르펜과 좌파인 멜랑숑 지지자의 정체성의 차이는 크다. 그럼에도 스페인의 Podemos가 중도우파인 C's와 민족우파인 VOX에게 자신의 지지층을 빼앗긴 것은 좌우의 대립이 아니라 인민과 기득권층의 대립을 앞세우는 포퓰리즘 전략을 회의하게 만든다.

또한 좌파의 성장은 주로 남부유럽과 중부유럽의 급진좌파당과 북부유럽의 적녹당에 의해 이루어진 반면 스탈린주의당과 개혁공산당은 정체했고 급진좌파당에게 추월당했다. 이처럼 좌파와 다른 정치세력과의 성적의 차이는 녹색의제를 선점한 적녹당의 경우에서 보듯 잠재적 지지계층에 결합하는 능력과 극우와의 경쟁에서 보듯 계급투쟁의 요소가 결정적이었다. 한편 좌파 내부의 혁명적 좌파나 공산당과 급진좌파당 간의 성적의 차이는 잠재적 지지계층에 결합하는 능력의 차이에서 비롯되었다.

특히 남부유럽에서 보듯, 공산당이 전통적인 노동계급이나 조직노동자를 앞세우는 당이라는 대중적 인식은 신자유주의 희생층과 불만층으로 이루어진 넓은 의미의 노동계급과 중간계급에 대한 흡입력을 손상시켰다.

이러한 발견은 좌파가 녹색당과의 경쟁을 위해 녹색의제를 전면화하면서 블루칼라를 포함한 전통적인 조직노동자층만이 아니라 실업자, 비정규직, 연금생활자 등 대부분 비조직 노동계급에 해당하는 신자유주의 박탈층, 불만층에 부응해야 한다는 의미를 함축하고 있다.

6장

결론

이 글은 다양한 모습으로 존재하고 다양한 처지에 있는 현시기 유럽 좌파를 '포괄적이고 체계적으로' 파악하기 위해, 1) 현시기 유럽 좌파당 운동은 어떠한 틀로 파악되어야 하고, 어떻게 규정하고 분류해야 하는가, 2) 현시기 유럽 좌파의 가장 큰 특징을 이루는 새로운 좌파당 운동인 급진좌파당 운동은 어떠한 배경에서 출현하였고 그 보편적인 특질은 무엇인가? 3) 현시기 유럽 좌파는 어떻게 부침해 왔고 그 원인은 무엇인가 혹은 좌파의 귀환과 일부 좌파의 성장 현상과 관련하여 좌파당들의 서로 다른 성장과 부진은 어떤 방법론 즉 어떤 설명요소와 설명틀을 통해 파악해야 하는가? 4) 이런 현상에서 끌어내어야 할 교훈은 무엇인가라는 질문에서 출발하였다.

이를 위해 1) 현시기 유럽 좌파의 성격과 구성 혹은 정의와 분류, 2) 급진좌파당(RLP)의 성립계기와 특질, 3) 좌파당들의 서로 다른 성장과 부진을 설명할 수 있는 설명요소와 설명틀, 4) 역사적/지역적 경쟁유형과 변화된 경쟁유형들과 설명요소 등을 탐구하였다. 간략히 말하면 각 주제들에 대한 가장 바람직한 설명방법을 탐구하였다. 혹은 각 주제들에 대한 다양한 주장과 그를 뒷받침하는 접근법을 비판하면서 이 글의 주장과 접근법의 적실성을 따졌다. 좀 더 자세히 살펴보면 다음과 같다.

이 글은 신자유주의를 수용하고 우경화한 중도좌파인 사민주의 세력이 좌파에 속하지 않는다고 본다. 또한 좌파에게 있어서 당이란 시작부터 끝까지 조직이자 운동이고, 좌파는 분열주의에 의한 것이 아닌 한 운동론을 둘러싸고 끊임없이 분열해 왔고 구분되어 활동해 왔다. 당이 운동이고 현시기 유럽 좌파 역시 서로 다른 당운동론을 가진 다양한 좌파당들로 이루어져 있다는 관점 즉 당운동 접근법이 이 글의 출발점이다.

당이 운동이라는 관점이 없고 좌파 내의 동질성을 강조하는 당가족 접근법과 당운동론의 차이라는 이질성을 강조하는 당운동 접근법은 현시기 유럽 좌파의 존재와 처지에 관련된 이 글의 여러 주제에 대해 각각의 주장과 접근법이 다르다.

급진좌파가 1990년대 이후 출현하였다는 현상에 대해 두 입장은 차이가 없지만, 당가족 접근법은 동질성을 강조하기 때문에 전체 좌파의 성격 변화에 주목하고, 탈급진화의 과정으로 파악하거나, 이념상의 진화로 파악하거나, 반자본주의적 성격을 탈각한 반신자유주의 세력으로의 전화로 파악한다. 이에 비해 당운동 접근법에 선 이 글은 1990년대 이후에 출현한 급진좌파당을 '다양한 좌파가 하나의 당으로 결집한' 새로운 유형의 좌파당 운동으로 파악한다. 따라서 단일한 이념과 정체성으로 모인 구 좌파당

운동이 남아 있는 한 사민주의 왼편의 세력은 급진좌파가 아니라 좌파이며, 급진좌파는 좌파의 일부이다. 이것이 급진좌파가 출현한 역사적 맥락에 합치하고 좌파들의 용법에 맞고 당운동론에 따라 분열된 좌파의 현실에 맞다.

현시기 유럽 좌파는 사용 목적과 관점에 따라 다양한 지표 예를 들어 이데올로기의 차이, 신좌파 의제의 수용 여부, EU에 대한 태도, 개량과 혁명의 이분법 등을 기준으로 분류할 수 있다. 그러나 현실 속의 유럽 좌파는 각 당이 갖는 당운동론에 따라 형성된 정체성의 차이에 따라 구분되어 활동하고 있고, 이것은 각 당이 맺는 국제적 연계에서 확인된다. 따라서 다양한 분류지표가 가능할지라도, 당운동론의 차이에 따른 국제적 연계를 지표로 하는 것은 좌파당 운동사의 역사적인 맥락과 현실의 반영이 된다. 즉 현시기 유럽 좌파는 당운동론에 따라 '국제적 연계'를 지표로 서로 구분되어 활동하는 혁명적 좌파당, 스탈린주의당, 개혁공산당, 적녹당, 급진좌파당, 좌파 포퓰리스트당의 6개의 '당운동 소가족'으로 이루어진 대가족이다.

당가족 접근법 역시 급진좌파의 출현 배경에 대해 자신들이 파악한 급진좌파로의 성격 변화를 뒷받침하는 여러 역사적 계기나 좌파의 대응을 촉발한 다양한 위기들을 거론한다. 그런데 특히 급진좌파당을 새로운 유형의 당운동으로 보는 당운동 접근법에서는 당운동론의 변화를 강요한 특별한 사정을 성립계기로 도출한다. 나아가 당운동론의 변화 때문에 달라질 수밖에 없는 특질을 제시한다. 즉 현시기 유럽 좌파당 운동의 가장 큰 특징을 이루는 '급진좌파당'은 1990년대 이후에 출현하였고, '다양한 좌파가 하나의 당으로 결집한' 급진좌파당은 본질상 지구화된 신자유주의 시대의 좌파통합당 운동이고, 이 새로운 당운동론의 채택을 강요한 배경에는 1989-91년 소비에트 블록의 붕괴로 절정에 달한 사회주의 위신의 추락, 68혁명과 신좌파 의제의 배후에 있고 레닌주의 혁명모델의 난처함으로 이어지는 '노동계급의 구성과 위상의 변화'(블루칼라의 축소와 신중간계급의 성장), 신자유주의 지구화와 유럽통합'이라는 세 가지 성립계기가 있고, 사회주의와 혁명에 관해 다양한 입장을 가진 세력이 함께하기 위해 개량과 혁명의 이분법의 폐기, 당 내외의 다원주의의 수용과 민주집중제의 폐지, 신좌파 의제의 수용을 특질로 할 수밖에 없었다.

좌파당을 단지 외적 조건에 대응하는 행위자로 보면서(행위자 접근법), 좌파당의 성장요소로 경제위기(수요요소)와 포퓰리즘(공급요소)을 드는 것은 왜 특정한 나라에서만 극우보다 좌파당이 성장했는지 설명되지 않는다. 나아가 경기 대후퇴 후 좌파가 성장한 나라는 모두 강력한 계급투쟁이 있었는데, 포퓰리즘을 앞세우는 학자들이 계급투쟁 요소를 경시하는 것은 자의적이라는 비난을 피할 수 없다.

포퓰리즘을 앞세우는 학자들은 인민을 앞세우는 호소를 모두 포퓰리즘이라고 부른다. 그런데 좌파는 노동계급만이 아니라 모든 인간의 해방을 추구해왔고 전 인민의 단결을 위해 계급연대 전략을 추진해왔다. 따라서 좌파의 인민에 대한 호소는 당연한 것이다. 레닌이라는 위대한 지도자가 노동자, 농민, 병사의 세 주체를 전러시아소비에트로 묶어 세우고 빵과 토지와 평화라는 요구의 등가의 연쇄를 통해 인민의 도덕적인 일반의지를 실현한 포퓰리즘의 전형적인 예였다고 주장해본들 레닌과 볼셰비키당이 갖는 사회주의 운동사 속의 특수성은 파악되지 않는다. 전체 인민의 단결을 호소한 반파쇼투쟁이나 반제해방투쟁을 좌파가 협소한 계급정치에서 벗어나 포퓰리즘을 통해 승리했다고 하는 것은 난센스에 가깝다.

나아가 좌파와 극우는 신자유주의 박탈층과 불만층 등 지지계층이 겹치지만 그들의 정체성은 확연히 구분되고 상호투과성이 없다. 바꾸어 말하면 좌파와 극우를 '중심이 얇은 이데올로기'라면서 포퓰리즘의 동질성으로 묶으려는 것은 현실과 충돌한다. 좌파와 극우는 외견상 인민에 대한 호소를 공유할지라도 포퓰리즘이 아니라 각자가 갖는 좌파와 극우의 정체성에 따라 행동한다. 따라서 좌파의 실천을 포퓰리즘으로 파악할 이유나 가치가 없다.

포퓰리즘을 앞세우는 학자들은 포퓰리즘이 좌파당의 성장에 기여했다고 주장한다. 이 주장은 좌파가 낡고 좁은 계급정치에서 벗어나 탈계급적 포퓰리즘 전략을 채택해야 한다는 함의를 가지고 있다. 포퓰리즘은 인민과 엘리트(기득권층)의 대립/대결 구도로 정의된다. 그러나 그리스의 Syriza나 아일랜드의 Sinn Féin, 아이슬란드의 적녹운동(VG)는 모두 기득권층과의 대립/대결이 아니라 대화와 타협을 내걸고 집권하거나 성장하였고, 반긴축이라는 지극히 계급적인 호소와 지극히 계급적인 투쟁을 배경으로 성장하였다. 또한 노동계급을 호명하지 않는 Podemos는 좌파세력과 함께 했을 때 성적이 가장 좋았고, 좌파적/계급적 호소를 약화시켰을 때 다른 비계급적 세력에게 침식당했다. 요컨대 좌파의 실천은 포퓰리즘의 틀로 파악할 이유나 가치가 없고, 스페인의 Podemos의 경우를 제외하고는 포퓰리즘이 좌파의 성장에 기여하였다는 주장은 수용되기 어렵고, 계급적 관점을 버린 Podemos가 비계급적 세력에게 지지를 침식당한 사실은 포퓰리즘 전략을 회의하게 만든다.

전후 완전고용과 복지국가를 추구했던 사민당의 지지기반이었던 노동계급과 중간계급은 탈산업사회와 복지국가의 성립과 함께 블루칼라 노동자의 축소와 서비스산업 종사자 특히 공공서비스 노동자를 포함한 화이트칼라로 이루어진 신중간계급이 성장하였다. 이들이 복지국가와 사민당의 지지계층이었고, 녹색당 출현의 기반이었다. 또한 신자유주의의 공격으로 주로 비조직 노동자들인 실업자, 비정규직 등 신자유주의 박탈층과 연금생활자 등 신자유주의 불만층이 출현했고, 이주민 반대와 복지 쇼비니즘에 호응하는 주로 중간계급의 하층으로 이루어진 신자유주의 불안층이 생겨났다. 즉 포스트 포드주의 사회와 복지국가의 성립으로 노동계급의 구성과 위상이 변하였고, 신자유주의 지구화의 공격으로 신자유주의 박탈층, 불만층, 불안층이 증가하였다. 그러므로 사민당의 우경화로 인한 빈 공간은 사민당만이 아니라 녹색당, 극우, 좌파당이 경쟁하게 되었다.

좌파란 다른 세력과의 경쟁관계 속에 있는 행위자이자 경쟁자이다. 그리고 좌파당의 성적이란 다른 세력과의 경쟁관계 속에서 잠재적 지지계층과 결합하는 능력이다. 이 경쟁관계에 영향을 미치는 요소는 역사적 배경, 제도, 잠재적 지지계층의 변화, 계급투쟁이다. 그리고 경쟁관계는 여러 설명요소가 반영되는 틀이기도 하고 그 자체가 설명요소이기도 하다.

좌파의 동질성을 강조하는 당가족 접근법에서는 좌파(당)의 성장을 설명하기 위해 다양한 설명요소를 자의적으로 동원하여 평면적으로 비교할 수밖에 없다. 그러나 좌파의 성장이 주로 남부유럽의 급진좌파당과 북부유럽의 적녹당에 의해 이루어진 사실, 같은 나라 내에서도 혁명적 좌파나 공산당보다 급진좌파당에 의해 이루어진 사실, 그리고 계급투쟁이 강력했던 나라들에서만 이루어진 사실, 바꾸어 말하면 지역별로 나라별로 그리고 당운동 소가족별로 좌파당의 서로 다른 성장이 이루어진 사실은 당운동 소가족을 고려한 경쟁관계를 축으로 파악하면서 설명요소를 찾을 수밖에 없다. 즉 다양한 당운동 소가족들로 이루어진 좌파당들의 서로 다른 성장과 부진은, 1) 역사적 배경과 제도 위에서 형성되어 온 지역별로 서로 다른 '경쟁관계'와, 2) 여기에 장기적이고 점진적인 영향을 미치는 '잠재적 지지계층의 변화', 그리고 3) 단기적으로 급속한 영향을 미치는 '계급투쟁'의 세 축을 통합한 '경쟁관계 접근법'으로 설명된다.

2차대전 후 서유럽에서는 '노동계급의 지지유형'이 남부유럽의 공산당, 북부유럽의 적녹당, 중부유럽의 녹색당의 성장에 영향을 미쳤고, 동부유럽에서는 체제전환 후의 '구 공산당 해체유형'에 따라 최소한의 정치적 자산을 소유한 계승공산당만이 성장할 수 있었다. 이것이 2차대전 후부터 1990년대 초반까지 역사적/지역별로 다르게 된 경쟁유형이다. 역사적 배경이라 할 수 있는 노동계급의 지지유형이나 구 공산당 해체유형은 잠재적 지지계층과 관련된 요소이기도 하다.

1990년대 중반 이후 반신자유주의 투쟁과 반긴축 투쟁에 힘입어 좌파의 성장이 이루어졌지만, 그 성과는 균등하지 않았고 변화된 경쟁유형들(사민당의 추락과 좌파 성장형, 사민당의 하락과 좌파 및 극우 성장형, 사민당과 좌파의 하락과 극우 성장형, 사민당의 상대적 건재와 비주류정당 각축형)을 만들어내었다. 그리고 그 배경에는 역사적/지역별 경쟁유형이 있다. 또한 변화된 경쟁유형별로 그리고 나라별로 서로 다른 좌파당의 성장은 계급투쟁의 영향이고, 좌파당과 녹색당 사이의 그리고 좌파들 내부의 성적의 차이는 잠재적 지지계층과 결합하는 능력이다.

이처럼 이 글은 당운동 접근법을 통해 현시기 유럽 좌파의 성격과 구성, 새로운 유형의 좌파당 운동인 급진좌파당의 성립계기와 특질을 밝히고, 당운동 접근법을 고려한 경쟁관계 접근법을 통해 좌파당들의 서로 다른 성장과 부진을 설명하는 설명요소와 설명틀을 제시하고, 역사적/지역별 경쟁유형과 변화된 경쟁유형들을 분석하면서 좌파 내외의 서로 다른 성장과 부진의 설명요소로 당운동론의 차이에 따른 잠재적 지지계층과 결합하는 능력과 계급투쟁을 추출하였다.

이처럼 이 글의 모든 주장과 방법론은 특히 당가족 접근법에 대비되는 당운동 접근법에 기초하고 있고 경쟁관계 접근법을 동반한다. 이러한 접근법에 기초한 이 글의 성과는 다음과 같다:

현시기 사민주의 왼편의 정치세력을 급진좌파가 아니라 좌파로 불러야 하고, 급진좌파당은 1990년대 이후에 출현한 새로운 유형의 당운동이라는 점을 명백히 밝혔다. 그리고 '당운동 소가족'이라는 개념을 제시하고, 현시기 유럽 좌파가 하나의 당가족을 이루는 것이 아니라 당운동론에 따라 국제적 연계를 지표로 서로 구분되어 활동하는 6개의 당운동 소가족으로 이루어진 대가족임을 밝힌 것도 성과라고 할 수 있다.

또한 '다양한 좌파가 하나의 당으로 결집하는' 것을 특징으로 하는 급진좌파당 운동이 본질상 지구화된 신자유주의 시대에 채택된 좌파통합당 운동이고, 이 새로운 당운동론의 채택을 강요한 성립계기와 이 당운동이 갖출 수밖에 없는 특질을 밝힌 것은 전혀 새로운 주장은 아닐지라도 학술적 틀을 갖추어 설명을 통일한 데 의의가 있다.

그리고 좌파당 운동을 포퓰리즘으로 파악할 이유나 가치가 없고 성공한 좌파당들이 포퓰리즘으로 성장했다고 볼 이유가 없다는 점과, 좌파의 동질성에 입각한 당가족 접근법에 서서 좌파당을 행위자로 보고 내외의 수요와 공급요소의 유불리를 따지는 행위자 접근법이나, 좌파 내의 차이에 주목하지 않는 종합적 접근법으로는 좌파당의 서로 다른 성장요소를 추출하기 어렵다는 점을 분명히 했다.

특히 서유럽에서 노동계급의 지지유형의 차이와 동유럽의 구공산당 해체유형의 차이라는 역사적 배경과 제도 속에서 지역별로 다르게 된 경쟁관계와, 이 경쟁관계에 장기적이고 점진적으로 영향을 미치는 잠재적 지지계층의 변화, 단기적으로 급속한 영향을 미치는 계급투쟁의 세 축을 통합한 '경쟁관계 접근법'을 설명틀로 제시하면서 다양한 좌파 당운동 소가족들의 서로 다른 성장과 부진을 설명할 수 있었던 것이 가장 큰 성과라고 할 수 있다. 즉 당운동 접근법에 따른 당운동 소가족을 고려한 경쟁관계를 축으로 하는 '경쟁관계 접근법'을 제시하여, 역사적/지역별 경쟁유형과 변화된 경쟁유형들을 확인하고 잠재적 지지계층의 변화와 계급투쟁을 설명요소로 추출한 것은 관련 주제의 이론적 발전에 기여한 것이다.

나아가 현시기 유럽 좌파를 '당운동 소가족'으로 나누어 분석함으로써, 좌파가 녹색당과의 경쟁을 위해 녹색의제를 전면화하면서 블루칼라를 포함한 전통적인 조직노동자층만이 아니라 실업자, 비정규직, 연금생활자 등 대부분 비조직 노동자에 해당하는 신자유주의 박탈층, 불만층에 부응해야 한다는 전략적 함의를 객관적으로 도출한 것도 성과라고 할 수 있다.

따라서 이 글의 가장 큰 의의와 기여는 관련 연구분야에서 주류를 이루고 있는 비교정치학자들의 주장과 접근법 특히 당가족 접근법에 대비되는 '당운동 접근법'을 제시한 점, 당운동론에 따라 구분되는 '당운동 소가족'이란 개념과 좌파의 분류에 대한 지표로 '국제적 연계'를 제시한 점, 현시기 유럽좌파는 6개의 당운동 소가족으로 이루어진 대가족임을 밝힌 점, 당운동 소가족을 고려한 경쟁관계를 축으로 장기적 요소(역사적 배경과 제도), 점진적 요소(잠재적 지지계층의 변화), 단기적 요소(계급투쟁)의 영향을 반영할 수 있는 '경쟁관계 접근법'을 설명틀로 제시한 점, 이 설명틀에 기초하여 좌파당들의 지역별/나라별/당운동 소가족별로 서로 다른 성장과 부진을 '역사적/지역별 경쟁유형'과 '변화된 경쟁유형'들로 중층적으로 나누어 분석함으로써 핵심적인 설명요소로 당운동론에 따라 다르게 된 잠재적 지지계층과 결합하는 능력과 계급투쟁을 추출할 수 있었던 점 등이다.

좌파당의 실천은 선거나 의회투쟁에 멈추지 않는다. 그런데 선거란 또 다른 계급투쟁의 장이고 계급투쟁을 결산하는 장이기도 하다. 그리고 좌파당의 강함 혹은 경쟁력이란 단지 득표율만으로 파악될 수 없다. 그럼에도 이 글은 좌파당의 강함이나 성적을 분석하면서 객관적으로 비교가능한 자료가 달리 없기 때문에 부득이 득표율만을 기준으로 하였다. 그리고 각국 좌파당의 전략과 실천을 모두 다루지 않고 필요한 경우에만 다루었다. 대부분의 좌파당의 주장과 실천이 사민주의 좌파에 머물고 있는 현실에서 세세히 다룰 필요가 없었기 때문이다. 또한 좌파당의 바람직한 전략과 실천 방향에 대한 비판적 기준도 제시하지 않았다. 그리고 2020년 초에 시작된 코로나 19의 세계적 유행과 그것이 좌파당에 미칠 영향이나 전략도 다루지 않았다. 이런 점들이 이 글의 한계다.

향후의 과제는 먼저 수많은 좌파당들에 대한 보다 깊은 사례연구와 좌파가 사민당, 녹색당, 극우 등 다른 정치세력과 맺는 경쟁관계 특히 신자유주의의 발전에 따른 계급구성의 변화와 계급투쟁 등을 고려한 좌파의 전략과 실천에 대한 탐구를 심화하는 일일 것이다. 그리고 신자유주의 지구화와 경제위기에 대한 좌파의 대응전략도 부족한 점이 많지만, 기후정의(탄소제로 사회)와 재난 자본주의에 대한 좌파적 대안도 아직 충분하지 않다. 1990

년대 이후 유럽의 많은 좌파당들이 성장하고 때로는 정권에 참여하거나 권력을 잡기도 하였다. 그러나 이런 제도 내의 성장이 반자본주의 정치를 전진시킨 경우는 없었다. 사민당이 신자유주의에 굴복한 전 지구적인 정치/경제 질서는 좌파에게도 동일하다. 따라서 위기에 대한 설득력 있는 대안만이 아니라, 현시기 지구화된 자본주의가 강요하는 질서를 넘을 수 있는 설득력 있고 실현가능한 좌파적 대안과 전략을 마련하는 것이 현시기 좌파의 가장 큰 숙제일 것이다.

보론

현시기 좌파의 전략 모델과 통합당 모델의 특수성

(이 보론은 《마르크스주의 연구》 2020년 가을호 17권 제3호에 실린 필자의 논문 「급진좌파당 운동의 쟁점과 교훈」의 일부이고, 이 책 3장에 이어지는 글이다. 이 글에서 사용하는 혁명적 좌파 등은 실천이 아니라 주장을 기준으로 한 분류이고, 변혁좌파란 반자본 사회주의를 천명하면서도 그 경로와 수단에 대해 명료한 입장을 밝히지 않는 세력을 말한다.)

1. 좌파의 전략 모델과 특수성

현시기 유럽 좌파당 운동의 가장 큰 특징을 이루는 '급진좌파당'은 1990년대부터 출현하였고, 사민주의 왼편에 있는 세력인 좌파의 일부이고, 단일한 이념이나 정체성을 기준으로 모였던 구좌파당 운동과는 다르게 '다양한 좌파가 하나의 당으로 결집한' 새로운 유형의 당운동이고, 본질상 지구화된 신자유주의 시대의 좌파통합당 운동이다.

1990년대 이후에 유럽 좌파의 상당수가 이 당운동론을 채택할 수밖에 없었던 배경인 소련의 몰락으로 상징되는 사회주의 위신의 추락, 서구사회에서의 레닌주의 혁명모델의 난처함, 지구화된 신자유주의 공격 등은 한국의 사정과 다르지 않다. 그럼에도 한국에서 이런 당운동이 추진되지 않았거나 좌절한 것은 이 당운동의 특수성 즉 성립계기와 특질에 대한 이해가 부족했기 때문이다.

지구화된 신자유주의 시대에 좌파들의 결집이나 통합의 기준과 범위는 1) 혁명적 좌파를 제외하면, 2) 반자본주의, 3) 반신자유주의, 4) 인간의 얼굴을 한 자본주의이고, 현시기의 전선은 반신자유주의 전선이므로 이 기준에 따른 당운동 전략 모델은 1) 혁명당-통일전선, 2) 반자본 통합당-반신자유주의 통일전선, 3) 반신자유주의 통합당, 4) 반긴축 범좌파당으로 나눌 수 있다. 물론 3), 4)유형도 반신자유주의 전선이 통일되어 있지 않을 때는 다른 신자유주의 세력과의 통일전선을 고려해야 한다.

1)유형은 혁명적 전위당을 추구하는 영국의 사회주의노동자당(SWP), 프랑스의 노동자 투쟁(Lutte Ouvrière: LO), 아일랜드의 사회당(SP)과 같은 정파당과 혁명적 좌파의 정파연합/우산정당인 그리스의 '전복을 위한 반자본좌파연합'(Antarsya)이 있고, 이들은 모두 혁명당-통일전선 모델을 추구한다. 2)유형은 프랑스의 반자본주의신당(NPA)이 대표적이고, 3)유형은 흔히 급진좌파당으로 부르는 포르투갈의 좌파블록(Bloco de Esquerda/Left Block: BE), 독일의 좌파당(Die Linke), 그리스의 급진좌파연합

(Syriza)이 대표적인데, 북유럽의 적녹당들도 다양한 좌파의 통합으로 이루어졌다는 점에서 3)유형과 다르지 않다. 4)유형에는 인간의 얼굴을 한 자본주의의 입장에 선 반긴축 범좌파당 즉 프랑스의 멜랑숑이 주도하는 '굴복하지 않는 프랑스'(La France Insoumise)와 스페인의 Podemos 등이 있다.

어느 모델을 택할지는 각국의 상황과 여러 좌파가 갖는 전망에 따라 다를 것이다. 그런데 어떤 모델을 선택하더라도 각각의 모델에는 그에 특유한 성립조건/성립계기와 특질에 따른 내적 논리와 한계가 있고, 이 논리와 한계를 벗어나면 실패할 수밖에 없다.

좌파 특히 혁명적 좌파는 자신의 처지나 전망/전략에 따라 네 유형 중 하나를 선택할 수 있는데, 먼저 4)유형의 경우 혁명적 좌파는 시민권이 없는 경우가 많기 때문에 입당전술에 의거하여 내적 규율을 갖는 분파로 활동한다. 2)와 3) 유형의 경우 혁명적 좌파나 변혁좌파는 시민권이 보장되므로 경향으로 활동하지만, 분파 유지를 선호하는 그룹도 있다. 1)유형은 투쟁에 개입하기 위해 반드시 통일전선에 의지해야 할 뿐 아니라 반신자유주의 투쟁이 성장해도 대중은 혁명당의 바깥에 있다.

그런데 통합당 전략을 취하더라도 어떤 통합의 기준을 선택할지는 각국의 정치적 상황과 좌파 세력들이 갖는 전망에 따라 다르다. 특히 2)유형은 대중정당을 추구하기 위해 분파주의, 교조주의, 정파주의에서 벗어나 통합당 전략을 채택했을지라도, 3)유형에 비교하여 혹은 3), 4)유형이 존재할 때 대중성을 확보하기 어렵고, 반신자유주의 통일전선의 필수성만이 아니라 대중적 위신이 반신자유주의 통일전선에 있기 때문에 불가피하게 반자본 사회주의 세력의 활동가 정당으로 제약될 가능성이 크다.

NPA가 초기의 의욕적이고 성공적인 출발에도 불구하고, 대중으로부터 고립되고 실패한 것은 프랑스 공산당(PCF)이 주도하는 선거연합 즉 통일전선인 좌파전선(Front de Gauche/Left Front: FdG)에 참여하지 않은 것이 결정적 요인이다. NPA는 끊임없이 사회당과 협력하는 공산당을 개량주의 세력으로 볼 수밖에 없었고, 이런 불신이 반자본 통합당에 반드시 필요한 반신자유주의 통일전선에의 참여를 가로막았다. 프랑스 사회당의 우경화로 인한 빈 공간은 공산당을 포위한(이념상으론 공산당의 오른편이지만 실천이나 이미지로는 왼편인) 반긴축 범좌파당인 '굴복하지 않는 프랑스'가 차지했다. 이것은 대중적 위신과 동원력을 갖는 공산당의 왼편에 반자본 통합당을 만들려는 구상이 적절하거나 충분했는지 의문을 제기한다.

NPA는 "당은 혁명가들의 통합으로 축소되어서는 안 되며, 활동가와 지지자들이 자신들의 배경을 보존하면서 그들의 사회적 정치적 경험과 통합시킬 수 있는 당, 모든 반자본 경향들을 묶어 내는 다원주의적 당"을 추구한다고 했지만, 동시에 "이 당은 새로운 정치적 현실을 대변해야만 하고 혁명운동의 전통을 따라야 한다"고 주장했다(Sabado 2008). 이런 주장이나 부르주아 국가기구를 그대로 인수하여 쓸 수 없다는 NPA '창립원칙'의 입장은 그들이 선언한 다원주의가 매우 제한적임을 보여준다. (NPA 창립과 창립원칙의 자세한 분석은 정성진(2010)과 이기웅(2010)을 참조하라). NPA의 당운동론은 정파당이나 혁명당 모델에서 벗어났지만 같은 통합당인 급진좌파당과 달리 개량과 혁명의 이분법을 완전히 폐기한 것이 아니다. NPA는 개량주의 세력에게 위신이 남아 있는 상황에서 그들이 추구한 반자본 통합당 모델의 이론적 특수성 즉 개량주의자와의 통일전선의 필수성과 다수 대중이 반자본 통합당의 바깥에 있다는 특수성을 인식하지 못했기 때문에 실패했다.

2. 좌파통합당 운동의 관점에서 본 한국 좌파당 운동

좌파의 전략모델과 관련한 위와 같은 인식에 기초하여 2000년대 이후 한국에서 진행된 좌파당 운동을 살펴보면 다음과 같다. 2000년 1월에 출범한 민주노동당에는 다함께, 해방연대와 같은 혁명적 좌파부터 사민주의 좌파(평등파, PD), 좌파민족주의자(자주파, NL) 그리고 통일근본주의자까지 모여 있었다. (민주노동당 이전의 범좌파당/진보정당 운동의 흐름과 민주노동당의 강령 및 지지계층의 변화는 정병기(2007)를 참조하라). 민주노동당은 범좌파 통합당이기 때문에 다원주의를 존중해야 함에도 NL 세력의 당을 장악하려는 패권주의 때문에 2008년 반대파들이 탈당하여 진보신당을 만들었고, 2011년 통합진보당으로 당명을 바꾼 뒤 2014년 12월 해산되었다.

진보신당의 분당을 종북-진보 혹은 자주파-평등파 간의 노선의 차이를 극복하지 못한 것으로 볼 수 있겠지만, 이미 다양한 정파들이 8년간이나 동거해 온 사실과 2011년에도 진보신당 탈당파와 민주노동당 등이 통합진보당으로 합당한 사실을 고려하면, 자주파의 패권주의를 강조하는 조현연(2009)의 평가가 설득력이 있다. "당권파이자 지배 정파로서 자주파는 민주노동당을 유지시키기 위해서는 협력적이고 개방적으로 당을 운영해야 했다. 이를 위해서는 무엇보다도 타협과 존중과 배려의 중요성을 이해해야 했는데, 자주파는 그것을 거부한 채 자신들만의 노선과 방침을 민주노동당에 강요하려 했다"는 조현연(2009)의 지적처럼, 통합당에는 당내 민주주의를 넘어 특정 정파의 전횡을 막을 수 있는 제도적 장치만이 아니라 자기와 다른 세력을 존중하고 배려하는 문화와 작풍이 중요하다.

포르투갈의 좌파블록(BE)은 3대 구성세력이 다수이지만 의결기구의 50% 이상을 장악하지 않고, 집행기구까지도 공동참가의 원칙을 지키고 있다. 케이트 허드슨(Kate Hudson)은 이탈리아의 다양한 좌파 세력이 통합한 재건공산당(PRC)을 비롯한 좌파의 거듭된 분열을 노선의 차이(중도좌파에 대한 태도의 차이)로 설명하지만, 당내 다수파가 노선 결정과 자원 배분권을 독점하는 제도와 문화 때문에 당내 경쟁과 분열이 심화된 측면도 있다. 이에 비하면 동독의 민주사회주의당(PDS)과 서독의 사민당 이탈파(WASG)가 합당한 독일의 좌파당(Die Linke)은 다수파인 PDS가 자원을 독점하지 않았고 소수파를 배려하기 위한 당내연합 결성권과 보조제도를 만들었다(Sousa and Costa 2011; Hildebrandt 2012; Hudson 2012: 107-115; Chiocchetti 2017: 88, 136-138). 이처럼 애초에 다양한 노선을 가진 좌파가 모인 통합당에서 분열이 일어나는 것은 노선의 차이보다는 소수파를 포용하는 제도와 문화의 결여 때문이다.

민주노동당 이후에 시도된 좌파통합당 건설운동은 비제도 좌파/대안 좌파를 추구하면서 1999년 8월 결성된 '노동자의 힘'이 2009년 2월 트로츠키주의 계열인 사노련(사회주의노동자연합) 등과 합작한 사노준(사회주의노동자당 준비모임)이 있고 이때 많은 좌파적 지식인들이 떨어져 나갔다. (노동자의 힘의 형성과정과 성격, 실천과 평가는 이광일(2008, 2010)을 참조). 2011년 6월 사노준이 사노위(사회주의노동자정당건설 공동실천위원회)로 전환할 때 강령논쟁을 둘러싸고 구 사노련 세력의 대부분이 철수하였다. 사노위는 2012년 10월 노동현장 활동가들과 함께 변혁모임(변혁적 현장실천과 노동자계급정당 건설을 위한 추진모임)을 결성한 뒤, 2013년 11월 '노동자계급정당 추진위원회'로 전환하고 2016년 1월 변혁당(사회변혁노동자당)으로 출범했지만, 사노위의 주도를 의심하는 많은 현장 좌파나 혁명적 좌파들은 참여하지 않았다(사회변혁노동자당 2016). 변혁당은 2020년 2월 노동당(진보신당의 후신), 노해투(노동해방투쟁연대)와 함께 사회주의 대중정당을 추진하겠다고 밝혔다.

노동자의 힘은 변혁좌파들의 활동가연합, 사노준은 변혁좌파와 혁명적 좌파의 정파연합당, 사노위는 혁명적 좌파당, 그리고 변혁당은 반자본 통합당이라 할 수 있다. 이처럼 비제도 좌파가 수 차례 변신한 것은 그들의 전투성이나 헌신성에도 불구하고 대중성을 확보할 수 없었고 활동가당을 벗어날 수 없었기 때문이다. 사노위로의 전환 당시 트로츠키주의에 입각한 혁명당 강령을 원했던 구 사노련 세력은 여성과 생태 의제는 수용(양해)했지만, 폭력혁명, 프롤레타리아 독재, 공장위원회, 노동자평의회, 이중권력, 무장 준비의 필요성을 강령에 명기할 것을 요구하다 관철되지 않자 대부분이 철수하였고, 2011년 6월 최종적으로 채택된 사노위의 '강령초안'에 프롤레타리아 독재, 노동자 생산통제, 평의회에 기반한 노동자 직접권력, 민주집중제, 노동자국가 등을 남겼다(이에 대한 평가는 서른즈음에(2011) 참조). 변혁당의 강령에는 여성, 생태, 소수자 부문이 강화되고 프롤레타리아 독재는 빠졌지만, 사회주의 혁명, 노동자 계급정당, 노동자 통제, 민주적 계획경제, "노동자 총파업과 전 민중적 항쟁의 결합으로" 수립되는 '노동자권력'이 명기되어 있다(사회변혁노동자당 2016). 강령이란 구성 세력의 타협의 산물이지만, 이 강령만으로는 변혁당보다 혁명당에 가까운데 어떠한 전략모델 혹은 어떠한 전망과 전략과 이론에 기초한 당운동인지 알 수 없다.

통합당을 추구했다는 변혁당의 강령은 같은 통합당이지만 혁명의 경로와 방도를 언급하지 않는 포르투갈의 좌파블록이나 독일의 좌파당 그리고 NPA와 다르다. 돌이켜 보면 변혁좌파인 노동자의 힘의 주변화를 벗어나려는 혹은 대중성을 확보하려는 시도는 사노위라는 혁명당의 코르셋에 갇혔다. 이 코르셋을 벗으려고 변혁당으로 변신했지만, 코르셋의 단추만 푼 반자본 통합당에 머물렀다. 사노위나 변혁당의 강령에는 빈 공간론이나 신자유주의에 반대하는 대중과의 관계에 대한 이론적 고민 등 신자유주의 시대에 등장한 좌파통합당 운동의 배경과 특질에 대한 고민이 없다. 변혁당의 답보는 상당 부분 당운동론 혹은 전략모델의 이론적 애매함 때문이라고 할 수 있다.

급진좌파당의 배경이 된 사회주의 위신의 추락이나, 레닌주의 혁명모델의 난처함 그리고 지구화된 신자유주의의 공격은 한국의 좌파들도 유럽 좌파와 공유하는 것이다. 다만 한국에서는 사민당이 주류가 되어본 적이 없고 중도좌파인 정의당이 제도에 진입하여 상당한 대중적 위신을 가지고 있다는 점이 다르다. 따라서 빈 공간이 있는지는 아직 판단하기 이르다. 이 상황에서 변혁당이 사회주의 대중정당을 추진하는 것은 반자본 활동가당의 한계를 벗어나기 위한 것이고, 따라서 대중성을 확보하기 위해 강령을 세탁하여 혁명적 요소를 버릴 수밖에 없다. 그러나 정의당이나 민중당(2020년 6월 진보당으로 개명)이 있는 상황에서 반신자유주의 대중정당인 노동당조차 답보상태를 벗어날 수 없었던 만큼, 강령의 세탁이나 세력의 통합만으로는 대중성을 확보하기 어려울 것이다. 사회주의를 선전하고 대중화해야 하는 것은 맞지만 사회주의 위신의 추락을 부정할 수 없기 때문에 사회주의를 내거는 것만으로는 빈 공간이 없거나 좁은 상황에서 대중성은 담보되지 않는다.

이 의미에서 많은 급진좌파당이나 적녹당이 당명에서 혁명이나 노동자, 노동계급은 물론 사회주의나 공산주의를 뺀, 즉 이념적 운동과 노동계급 중심주의를 지양하면서 수식어 없는 '좌파'left를 채택한 고민을 이해할 필요가 있다. 이런 입장은 노동계급 중심주의 혹은 프롤레타리아 헤게모니와 여성/생태 등 신좌파 의제 등과의 충돌을 피하기 위해 자본과 노동의 관계가 아니라 자본주의 체제의 불합리에 주목하는 자본주의와 인간 혹은 자본주의와 인민의 관계를 중심에 놓은 것이라고 할 수 있다.

이런 모든 고민은 유럽의 좌파들 특히 포르투갈의 좌파블록(BE), 독일의 좌파당(Die Linke), 덴마크의 적녹동맹(RGA), 그리스의 Syriza가 이미 20년 내지 30년 전부터 부딪친 고민이었다. 따지고 보면 노동자의 힘에서 시작된 좌충우돌은 급진좌파당/좌파통합당 모델을 채택하든 않든 간에 지구화된 신자유주의 시대의 새로운 당운동인 이 모델의 고민 혹은 성립계기와 특질에 대한 명료한 이해가 없었기 때문이라고 할 수 있다. 사회주의 위신의 추락, 레닌주의 혁명모델의 난처함, 빈 공간의 존재 여부, 반신자유주의 전선과 대중, 개량주의 세력과의 관계, 혁명성과 대중성의 모순 혹은 개량과 혁명의 이분법에 대한 태도 등을 고려에 넣은 명확한 전망과 전략에 기초한 이론적 갱신이 없다면 실패할 가능성이 크다.

3. 소결

자본주의 체제는 좌파에게 끊임없이 우경화와 제도화의 압력으로 작용한다. 좌파통합당 혹은 좌파 대중정당이 성공하기 위해선 견해의 차이를 존중하는 다원주의에 대한 확고한 인식이 필요하고 이것은 남들에게는 독선으로 보이는 정파적 주장의 강요를 절제해야 한다. 교조적 정파들이 올바른 노선에 집착하여 올바른 강령을 만들려는 순간 대중정당은 실패할 것이다. 통합당/대중정당을 추구한다면 개량과 혁명의 이분법이나 역사적 평가를 둘러싼 응어리를 넘어야 하고, 나와 다른 세력을 존중하고 함께하는 다원주의 그리고 관용과 포용의 제도와 작풍, 모든 문제에 대해 대중이 참여하여 진지하게 토론하는 열린 문화가 성패를 가를 것이다. 핵심은 사회주의 위신의 추락과 레닌주의 혁명모델의 난처함이 배경에 있는 지구화된 신자유주의 시대에 대중과 좌파당이 어떤 관계를 맺을 것인가이다.

참고문헌

사회변혁노동자당, 2016. <소개>. http://rp.jinbo.net/(검색일: 2020.4.29.).

서른즈음에, 2011. 「강령초안 단일안 토론자료에 대한 의견」. http://blog.jinbo.net/rnp/154?category=14(검색일: 2020.4.29).

이광일, 2008.『좌파는 어떻게 좌파가 됐나』, 메이데이.

이광일, 2010.「'노동자의 힘'의 정치 궤적의 의미와 한계」.《마르크스주의 연구》, 7/1: 174-206.

이기웅, 2010.「반자본주의신당 NPA - 프랑스 급진 좌파의 새로운 지평」.《마르크스주의 연구》, 7/3: 217-252.

정병기, 2007.「한국 민주화의 진전과 진보정당의 전망: 민주노동당을 중심으로 본 탈물질주의 좌파정당의 가능성」.《민주화운동기념사업회 연구소 학술행사 자료집 2007》, 257-274.

정성진, 2010.「대안세계화운동과 급진좌파 정당: 영국 사회주의노동자당과 프랑스 혁명적공산주의동맹의 경험」.《마르크스주의 연구》, 7/4: 47-86.

조현연, 2009.「한국 정당정치의 위기와 과제; 민주노동당의 분당 과정 연구: 정파, 제도, 리더십을 중심으로」.《기억과 전망》, 제20호.

Amini, Babak (ed.), 2016. The Radical Left in Europe in the Age of Austerity. London & New York: Routledge.

Antarsya, 2012a. "Statement on the parliamentary elections to be held on May 6 in Greece." at http://www.internationalviewpoint.org/spip.php?article2582(접속일: 2020.2.29).

Antarsya, 2012b. "The text of the ANTARSYA Program" [in Greek]. at http://www.Antarsya.gr/node/570(접속일: 2020.2.29).

Armstrong, Mick, 2014. "A critique of the writings of Murray Smith on broad left parties." *Marxist Left Review*, No. 7, Summer 2014.

Balampanidis, Ioannis, 2019. *Eurocommunism: From the communist to the radical European Left.* Routledge.

Bale, Tim and Richard Dunphy, 2011. "The Radical Left In Coalition Government: Towards A Comparative Measurement Of Success And Failure." *Party Politics,* 17(4): 488-504.

Becker, Sascha O., Thiemo Fetzer, and Dennis Novy. 2017. "Who voted for Brexit? A comprehensive district-level analysis." *Economic Policy,* 32(92): 601-650.

Bensaid, Daniel, Alda Sousa, Alan Thornett and others, 2011. *New Parties of the Left: Experiences from Europe.* Resistance Books.

Bobbio, Norberto, 1996. *Left And Right: The Significance of a Political Distinction.* Cambridge: Polity Press.

Bookchin, Murray, 2012. *Social Ecology and Communalism.* Debbie Bookchin. 서유석 옮김, 2012. 『머레이 북친의 사회적 생태론과 코뮌주의』. 서울: 메이데이.

Bouma, Amieke, 2016. "Ideological Confirmation and Party Consolidation: Germany's Die Linke and the Financial and Refugee Crises." in March, Luke and Daniel Keith (eds.). *Europe's radical left: from marginality to the mainstream?* London & New York: Rowman & Littlefield: 133-154.

Callinicos, Alex, 2008. "Where is the radical left going?" *International Socialism,* 120. Also at http://internationalviewpoint.org/spip.php?article1560(접속일: 2020.2.29).

Canovan, Margaret, 1999. "Trust the People! Populism and the Two Faces of Democracy." *Political Studies,* 47(1): 2-16.

Chiocchetti, Paolo, 2017. *The Radical Left Party Family in Western Europe, 1989-2015.* London & Newyork: Routledge.

Cliff, Tony and Donny Gluckstein, 1996. *The Labour Party: A Marxist History.* Bookmarks. 이수현(역), 2008. 『마르크스주의에서 본 영국노동당의 역사』. 서울: 책갈피.

D'Angeli, Gabriele, 2012. "The KKE and the Greek revolution" (19 April 2012). http://www.marxist.com/the-kke-and-the-greek-revolution.htm(접속일: 2020.2.29).

Daiber, Birgit, Cornelia Hildebrandt, and Anna Striethorst (eds.), 2012. *From Revolution to Coalition - Radical Left Parties in Europe.* Rosa Luxemburg Stiftung.

Dan R., 2015. "The lessons of SYRIZA for U.S. socialists." at http://socialistworker.org/2015/07/29/the-lessons-of-syriza-for-us-socialists(접속일: 2020.2.29).

Davies, Alan, 2013. "A contribution to the broad parties debate." at http://www.internationalviewpoint.org/spip.php?article3003(접속일: 2020.2.29).

De Cabanes, Antoine and Yann Le Lann, 2018. "France Insoumise versus the Front National: The Differences Between Far-Right and Left-wing Populism." *integration - Disintegration - Nationalism.* Merlin Press Ltd.: 160-175.

De la Torre, Carlos, 2015. *The Promise and Perils of Populism: Global Perspectives.* Lexington: The University Press of Kentucky.

Draper, Hal, 1987. *The Dictatorship of the Proletariat from Marx to Lenin.* New York: Monthly Review Press.

Draper, Hal, 1999. "The Myth of Lenin's 'Concept Of The Party': Or What They Did to What Is To Be Done?" *Historical Materialism*, 4(1): 187-214.

Ducange, Jean-Numa, Philippe Marlière, and Louis Weber, 2013. *La gauche radicale en Europe.* Paris: Éditions du Croquant.

Duménil, Gérard, and Dominique Lévy, 2004. *Capital resurgent. Roots of the neoliberal revolution. Cambridge*: Harvard University Press.

Dunphy, Richard, 2004. *Contesting Capitalism? Left Parties and European Integration.* Manchester: Manchester University Press.

Dunphy, Richard, 2016. "Struggling for Coherence: Irish Radical Left and Nationalist Responses to the Austerity Crisis." in March, Luke and Daniel Keith (eds.). *Europe's radical left: from marginality to the mainstream?* London & New York: Rowman & Littlefield: 191-209.

Dupret, Paul-Emile, 2009. "Possibilities and Limitations of the Anti-Capitalist Left in Belgium." in Hildebrandt, Cornelia and Birgit Daiber (eds.). *The Left in Europe. Political Parties and Party Alliances between Norway and Turkey.* Rosa Luxemburg Foundation Brussels Office: 8-17.

Eleftheriou, Costas, 2016. "Greek Radical Left Responses to the Crisis Three Types of Political Mobilisation, One Winner." in March, Luke and Daniel Keith (eds.). *Europe's radical left: from marginality to the mainstream?* London & New York: Rowman & Littlefield: 289-309.

Eley, Geoff, 2002. *Forging democracy: The history of the Left in Europe, 1850-2000.* New York: Oxford University Press.

Erlingsdottir, Auður Lilja, 2012. "The Left in Iceland." in Daiber, Birgit,

Cornelia Hildebrandt, and Anna Striethorst (eds.). *From Revolution to Coalition - Radical Left Parties in Europe.* Rosa Luxemburg Stiftung: 41-49.

Escalona, Fabien and Mathieu Vieira, 2016. "The French Radical Left and the Crisis: 'Business as Usual' rather than 'le Grand Soir.'" in March, Luke and Daniel Keith (eds.). *Europe's radical left: from marginality to the mainstream?* London & New York: Rowman & Littlefield: 115-132.

Esping-Anderson, Gøsta, 1990. *The Three Worlds of Welfare Capitalism.* Princeton, New Jersey: Princeton University Press. 박시종 옮김, 2007, 『복지 자본주의의 세 가지 세계』. 서울: 성균관대학교출판부.

Finn, Daniel, 2016. "The Adaptable Sinn Féin." in Príncipe, Catarina and Bhaskar Sunkara (eds.). *Europe in Revolt.* Chicago, Illinois: Haymarket Books: 129-142

Flenady, Liam, 2016. "Workers' Party of Belgium leader: 'We have to struggle to bring down this European Union and build another form of cooperation'" (18 February 2016). http://links.org.au/node/4622(접속일: 2020.2.29).

Frankland, E. Gene, 1995. "Germany: The rise, fall and recovery of Die Grünen." in Richardson, Dick and Chris Rootes (eds.). *The Green Challenge: The development of Green parties in Europe.* London and New York: Routledge: 17-32.

Freire, André and Marco Lisi, 2016. "The Portuguese Radical Left and the Great Recession: Old Challenges and New Responses." in March, Luke and Daniel Keith (eds.). *Europe's radical left: from marginality to the mainstream?* London & New York: Rowman & Littlefield: 253-271.

Gallagher, Michael, Michael Laver, and Peter Mair. 1995. *Representative Government in Modern Europe: Institutions, Parties and Governments.* Boston: McGraw Hill.

Gomez, Raul, Laura Morales, and Luis Ramiro, 2016. "Varieties of radicalism: Examining the diversity of radical left parties and voters in Western Europe" (the final pdf version). (Another version in *Western European Politics,* 39(2): 351-379).

Heilig, Dominic, 2012. "The Spanish United Left." in Daiber, Birgit, Cornelia Hildebrandt, and Anna Striethorst (eds.). *From Revolution to Coalition - Radical Left Parties in Europe.* Rosa Luxemburg Stiftung: 255-275.

Heilig, Dominic, 2016. *Mapping the European Left: Socialist Parties in the EU.* Rosa Luxemburg Stiftung New York Office.

Hildebrandt, Cornelia, 2012. "The Left Party in Germany." in Daiber, Birgit,

Cornelia Hildebrandt, and Anna Striethorst (eds.). *From Revolution to Coalition - Radical Left Parties in Europe.* Rosa Luxemburg Stiftung: 93-113.

Hildebrandt, Cornelia and Birgit Daiber (eds.), 2009. *The Left in Europe. Political Parties and Party Alliances between Norway and Turkey.* Rosa Luxemburg Foundation Brussels Office.

Hildebrandt, Cornelia and Striethorst, Anna, 2010. "The left in Germany and the crisis." at http://www.transform-network.net/en/home/projects/display-projects/article//Strategic-Perspectives-of-the-European-Left-l-Why-the-Crisis-Seems-to-Favour-Rather-the-Right.html [접속 불능].

Hobolt, Sara B., 2016. "The Brexit vote: a divided nation, a divided continent." *Journal of European Public Policy* 23(9): 1259-1277.

Holmes, Michael and Knut Roder. 2012. "The Left from Laeken to Lisbon." in M. Holmes and K. Roder (Eds). *The Left and the European Constitution. From Laeken to Lisbon.* Manchester: Manchester University Press: 1-17.

Holubec, Stanislav, 2016. "The Radical Left of the New EU: Between Communist Nostalgia and Postmodern Radicalism." in Amini, Babak (ed.). *The Radical Left in Europe in the Age of Austerity.* London & New York: Routledge: 126-134.

Horn, Gerd-Rainer, 2007. *The Spirit of '68: Rebellion in Western Europe and North America, 1956-1976.* New York: Oxford University Press Inc.

Hudson, Kate, 2012. *The New European Left. A Socialism for the Twenty-First Century?* Palgrave Macmillan.

Hudson, Kate, 2000. *European Communism since 1989. Towards a New European Left?* Palgrave Macmillan.

Johansen, Inger V., 2012. "The Left and Radical Left in Denmark." in Daiber, Birgit, Cornelia Hildebrandt, and Anna Striethorst (eds.). *From Revolution to Coalition - Radical Left Parties in Europe.* Rosa Luxemburg Stiftung: 10-25.

Katsambekis, Giorgos and Alexandros Kioupkiolis (eds.), 2019. *The Populist Radical Left in Europe.* Routledge.

Katsambekis, Giorgos, 2019. "The Populist Radical Left in Greece: Syriza in opposition and in power." in Katsambekis, Giorgos and Alexandros Kioupkiolis (eds.). *The Populist Radical Left in Europe.* Routledge: 21-46.

Katsourides, Yiannos, 2016. *Radical Left Parties in Government: The Cases of SYRIZA and AKEL.* Palgrave Macmillan.

Kelly, John, 2018. *Contemporary Trotskyism: Parties, Sects and Social Movements in Britain.* New York: Routledge.

Kioupkiolis, Alexandros, 2019. "Late modern adventures of leftist populism in Spain: The case of Podemos, 2014-2018." in Katsambekis, Giorgos and Alexandros Kioupkiolis (eds.). *The Populist Radical Left in Europe.* Routledge: 47-72

Kitschelt, Herbert, Zdenka Mansfeldova, Radoslaw Markowski, and Gabor Toka, 1999. *Post-communist party systems: competition, representation, and inter-party cooperation.* Cambridge: Cambridge University Press.

KKE, 2012. "Statement of the CC of the KKE on the election result of the 6th May 2012" (7 May 2012). http://inter.kke.gr/News/news2012/2012-05-08-cc-statement/[접속불능].

Kontula, Anna and Tomi Kuhanen, 2012. "Rebuilding the Left Alliance - Hoping for a New Beginning." in Daiber, Birgit, Cornelia Hildebrandt, and Anna Striethorst (eds.). *From Revolution to Coalition - Radical Left Parties in Europe.* Rosa Luxemburg Stiftung: 26-40.

Kouvelakis, Stathis, 2012. "Greece: Syriza after its founding congress - views from the party's left." at http://links.org.au/node/3460(접속일: 2020.2.29).

Kouvelakis, Stathis, 2015. "Syriza and socialist strategy - part one." in *Socialist worker*, Issue No. 2444. at https://socialistworker.co.uk/art/40099/Syriza+and++socialist++strategy+-+part+one(접속일: 2020.2.29).

Krivine, Alain, Daniel Bensaïd, François Sabado, and Pierre Rousset, 2009. "From the LCR to the NPA." *IV Online magazine,* IV408 - January 2009.

Kulke, Roland and Mark Khan, 2012. "The Electoral Systems in the Countries of Europe." in Daiber, Birgit, Cornelia Hildebrandt, and Anna Striethorst (eds.). *From Revolution to Coalition - Radical Left Parties in Europe.* Rosa Luxemburg Stiftung: 372-381.

La Gauche, 2014. "Belgium: Far-left breakthrough as Workers' Party enters parliaments" (July 11, 2014). http://links.org.au/node/3951(접속일: 2020.2.29).

Laclau, Ernesto, 1977. *Politics and Ideology in Marxist Theory.* London: NLB.

Laclau, Ernesto, 2005. *On Populist Reason.* London: Verso.

Laclau, Ernesto and Chantal Mouffe, 2001. *Hegemony and Socialist Strategy: Towards a Radical Democratic Politics* (Second Edition). Verso.

Lane, Jan-Erik and Svante Ersson. 1987. *Politics and Society in Western Europe.*

London: Sage.
Langenbacher, Nora and Britta Schellenberg (eds.), 2011. *Is Europe on the "Right" Path? Right-wing extremism and right-wing populism in Europe.* Friedrich-Ebert-Stiftung.
Lenin, V., 1952. *Selected Works*, Vol. 1, part 1. Moscow: Foreign Languages Publishing House.
Lenin, V., 1961. *Collected Works*, Volume 5: 347-530. Moscow: Foreign Languages Publishing House. 최호정역, 1999. 『무엇을 할 것인가?』. 서울: 박종철출판사.
Lenin, V., 1964. "One Step Forward, Two Steps Back: The Crisis in Our Party." *Collected Works*, Volume 7: 203-425. Progress Publishers, Moscow. 홍수천 역, 1995. 『일보전진 이보후퇴』. 서울: 풀무질.
Lenin, V., 1970. *"Left Wing" Communism, an Infantile Disorder.* Moscow: Progress. 김남석 역, 1989. 『좌익소아병』. 서울: 돌베개.
Leplat, Fred, 2011. "Preface." in Bensaid, Daniel et. al., *New Parties of the Left: Experiences from Europe.* Resistanse Books: 7.
Liégard, Guillaume, 2009. "The New Anti-Capitalist Party, a promising birth." *IV411* - April 2009.
Mair, Peter, 1997. *Party system change: approaches and interpretations.* Oxford University Press.
Mair, Peter and Cas Mudde, 1998. "The party family and its study." *Annual Review of Political Science,* 1: 211-229.
March, Luke, 2009. "Contemporary far left parties in Europe: from Marxism to the mainstream?" *IPG,* 1/2009.
March, Luke, 2011. *Radical Left Parties in Europe.* Abingdon: Routledge.
March, Luke, 2012. "Problems and Perspectives of Contemporary European Radical Left Parties: Chasing a Lost World or Still a World to Win?" *international Critical Thought*, 2(3): 314-339.
March, Luke and Cas Mudde, 2005. "What's left of the radical left? The European radical left after 1989: Decline and mutation." *Comparative European Politics,* 3: 23-49.
March, Luke and Daniel Keith (eds.), 2016. *Europe's radical left: from marginality to the mainstream?* London & New York: Rowman & Littlefield.
Marioulas, Julian, 2012. "The Greek Left." in Daiber, Birgit, Cornelia Hildebrandt, and Anna Striethorst (eds.). *From Revolution to Coalition - Radical Left Parties in Europe.* Rosa Luxemburg Stiftung: 292-308.
Marx, Karl, 1970. "Critique of the Gotha Programme." in Marx/Engels. *Selected Works*, Volume Three: 13-30. Moscow: Progress Publishers.

Marx, Karl and Friedrich Engels, 1969. *Selected Works*, Vol. One: 98-137. Moscow: Progress Publishers. 남상일 옮김, 1989. 『공산당 선언』, 서울: 백산서당.

McKerrell, Nick, 2002. "The United Front Today." *International Socialism,* 2:97 (Winter 2002). Also at https://www.marxists.org/history/etol/newspape/isj2/2002/isj2-097/mckerrell.htm(접속일: 2020.2.29).

Minkenberg, Michael, 2011. "The radical right in Europe today: Trends and patterns in East and West." in Langenbacher, Nora and Britta Schellenberg (eds.). *Is Europe on the "Right" Path? Right-wing extremism and right-wing populism in Europe.* Friedrich-Ebert-Stiftung: 37-55.

Moffitt, Benjamin, 2016. *The Global Rise of Populism: Performance, Political Style, and Representation.* Stanford: Stanford University Press.

Mouffe, Chantal, 2005 *On the Political.* London: Routledge.

Molyneux, John, 1978. *Marxism and the Party.* London: Pluto Press. 이진환 옮김, 1993. 서울: 책갈피.

Mudde, Cas, 2004. "The Populist Zeitgeist." *Government and Opposition,* 39(4): 542-563.

Mudde, Cas, 2006. "Anti-system politics." *Developments in European politics.* Basingstoke: 178-195.

Musto, Marcello, 2016. "Introduction." in Amini, Babak (ed.). *The Radical Left in Europe in the Age of Austerity.* London & New York: Routledge: 1-6.

Olsen, J., Koß, M., and Hough, D., 2010. "From Pariahs to Players? Left parties in National Governments." in J. Olsen, M. Koß and D. Hough (eds.). *Left Parties in Government.* New York: Palgrave Macmillan: 1-15.

Ostiguy, Pierre, 2017. "Populism: A Socio-Cultural Approach." in Kaltwasser, Cristóbal Rovira, Paul A. Taggart, Paulina Ochoa Espejo, and Pierre Ostiguy (eds.). *The Oxford Handbook of Populism.* Oxford: Oxford University Press: 73-97.

Porcaro, Mimmo, 2012. "The Italian Communist Refoundation Party: Apparent Continuity And Actual Break." in Daiber, Birgit, Cornelia Hildebrandt, and Anna Striethorst (eds.). *From Revolution to Coalition - Radical Left Parties in Europe.* Rosa Luxemburg Stiftung: 215-232

Príncipe, Catarina and Bhaskar Sunkara (eds.), 2016. *Europe in Revolt.* Chicago. Illinois: Haymarket Books.

Ramiro, Luis, 2016. 'Riders on the Storm: United Left and Podemos during the 2008 Great Recession.' in March, Luke and Daniel Keith (eds.). *Europe's radical left: from marginality to the mainstream?* London & New York: Rowman & Littlefield: 311-330.

Rees, John, 2002. "The broad party, the revolutionary party and the united front." *International Socialism*, 2: 97 (Winter 2002). Also at https://www.marxists.org/history/etol/writers/rees-j/2002/xx/party.htm (접속일: 2020.2.29).

Richardson, Dick, 1995. "The Green challenge: Philosophical, programmatic and electoral considerations." in Richardson, Dick and Chris Rootes (eds.). *The Green Challenge: The development of Green parties in Europe.* London and New York: Routledge: 170-183.

Richardson, Dick and Chris Rootes (eds.), 1995. *The Green Challenge: The development of Green parties in Europe.* London and New York: Routledge.

Rokkan, Stein, 1970. *Citizens, Elections, Parties: Approaches to the Comparative Study of Political Development.* Oslo: Universitetsforlaget.

Rootes, Chris, 1995. "Environmental consciousness, institutipnal structures and political competition in the formation and development of Green parties." in Richardson, Dick and Chris Rootes (eds.). *The Green Challenge: The development of Green parties in Europe.* London and New York: Routledge: 170-183.

Sabado, François, 2008. "The NPA, a new experience of building an anti-capitalist party -A reply to Alex Calinicos" (24 November 2008). http://www.internationalviewpoint.org/spip.php?article1559(접속일: 2020.2.29).

Sassoon, Donald, 2010. *One Hundred Years of Socialism: The West European Left in the Twentieth Century* (revised edition). London & New York: I.B.Tauris.

Seierstad, Dag, 2012. "The Left In Norway: Politics in a centre-left government." in Daiber, Birgit, Cornelia Hildebrandt, and Anna Striethorst (eds.). *From Revolution to Coalition - Radical Left Parties in Europe.* Rosa Luxemburg Stiftung: 50-64.

Smith, Murray, 2003a. "The broad party, the revolutionary party and the united front: a reply to John Rees" (first published in *Frontline*, 9 (Feb/Mar. 2003). www.redflag.org.uk). Available at http://www.isj.org.uk/index.php4?id=5&issue=100(접속일: 2020.2.29).

Smith, Murray, 2003b. "The broad party, the revolutionary party and the united front [2]." *Issue*, 23. Also at http://links.org.au/node/69(접속일:

2020.2.29).
Smith, Murray, 2014. "'Broad left parties': Murray Smith replies to Socialist Alternative's Mick Armstrong" (2014, summer). http://links.org.au/node/3919(접속일: 2020.2.29).
Søndergaard, Søren, 2019. "Denmark's Red-Greens: what answers when the climate crisis shakes up politics?" (October 14, 2019). http://links.org.au/denmark-red-greens-answers-when-climate-crisis-shakes-up-politics(접속일: 2020.2.29).
Sousa, Alda and Jorge Costa, 2011. "Starting a new with the Left Bloc." *New Parties of the Left: Experiences from Europe.* Resistanse Books: 165-180.
Steiner, Barbara, 2012. "Communists we are no longer, Social Democrats we can never be the Swedish Left Party." in Daiber, Birgit, Cornelia Hildebrandt, and Anna Striethorst (eds.). *From Revolution to Coalition - Radical Left Parties in Europe.* Rosa Luxemburg Stiftung: 65-77.
Stiks, Igor, 2016. "'New Left.' in the Post-Yugoslav Space: Issues, Sites, and Forms." in Amini, Babak (ed.), *The Radical Left in Europe in the Age of Austerity.* London & New York: Routledge: 135-146.
Stobart, Luke, 2016. "From the Indignados to Podemos?." in Príncipe, Catarina and Bhaskar Sunkara (eds.). *Europe in Revolt.* Chicago, Illinois: Haymarket Books: 175-190.
Synaspismos, 2012. "ELECTORAL PROGRAM SYRIZA UNITE SOCIAL FRONT - elections May 6, 2012" [in Greek]. at http://www.syn.gr/gr/keimeno.php?id=26945(접속일: 2020.2.29).
Tanuro, Daniel, 2014. "Belgium: Towards a major confrontation after successful general strike" (December 17, 2014). http://links.org.au/node/4204(접속일: 2020.2.29).
Thornett, Alan, 2012. "'No to a bosses' Europe - the politics of the EU and the eurozone crisis" (18 April 2012). http://www.internationalviewpoint.org/spip.php?article2578(접속일: 2020.2.29).
Thorsteinsson, Vidar, 2016. "The Iceland Myth." in Príncipe, Catarina and Bhaskar Sunkara (eds.). *Europe in Revolt*, Chicago, Illinois: Haymarket Books: 63-78.
Toplišek, Alen, 2019. "Between populism and socialism: Slovenia's Left party" in Katsambekis, Giorgos and Alexandros Kioupkiolis (eds.). *The Populist Radical Left in Europe.* Routledge: 73-92.
TPTG, 2011. "Burdened with debt: 'Debt crisis' and class struggles in Greece." in Vradis, Antonis and Dimitris Dalakoglou (eds). *Revolt and*

crisis in Greece. AK Press & Occupied London.

Trotsky, Leon, 1938. *The Death Agony of Capitalism and the Tasks of the Fourth International: The Transitional Program.* New York: Pathfinder Press, 1970.

Van Haute, Emilie (ed.), 2016. *Green parties in Europe.* Routledge.

Vibe, Vegard Furustøl, 2011. "Explaining social movement outcomes in France: a case study of four movements" (Master thesis). Department of Comparative Politics: Universtas Bergensis.

Videt, Bertil, 2011. "Introduction." *New Parties of the Left: Experiences from Europe.* Resistanse Books: 9-23.

Von Beyme, Klaus. 1985. *Political Parties in Western Democracies.* Aldershot, UK: Gower.

Wagener, Sascha, 2012. "The Left in Luxemburg." in Daiber, Birgit, Cornelia Hildebrandt, and Anna Striethorst (eds.). *From Revolution to Coalition - Radical Left Parties in Europe.* Rosa Luxemburg Stiftung: 129-143.

색인

(A-Z, 당, 당연합)

(ㄱ~ㅎ)